U0806447

NATIONAL INNOVATION STRATEGY
AND ENTREPRENEURSHIP

国家创新战略与企业家精神

赵刚◎著

中信出版集团 · 北京

图书在版编目（CIP）数据

国家创新战略与企业家精神 / 赵刚著 . -- 北京：
中信出版社，2017.11
（中国道路丛书）
ISBN 978-7-5086-8229-7

I. ①国… II. ①赵… III. ①国家创新系统－研究－
中国 ②企业家－企业精神－研究－中国 IV. ① F204
② G322.0 ③ F279.23

中国版本图书馆 CIP 数据核字（2017）第 251512 号

国家创新战略与企业家精神

著　　者：赵　刚
出版发行：中信出版集团股份有限公司
（北京市朝阳区惠新东街甲 4 号富盛大厦 2 座　邮编　100029）
承 印 者：北京通州皇家印刷厂

开　　本：787mm × 1092mm　1/16　　印　　张：17.5　　字　　数：238 千字
版　　次：2017 年 11 月第 1 版　　印　　次：2017 年 11 月第 1 次印刷
广告经营许可证：京朝工商广字第 8087 号
书　　号：ISBN 978-7-5086-8229-7
定　　价：56.00 元

版权所有 · 侵权必究
如有印刷、装订问题，本公司负责调换。
服务热线：400-600-8099
投稿邮箱：author@citicpub.com

《中国道路丛书》学术委员会

学术委员会主任：孔　丹

委　员（按姓氏笔画）：

丁　耘　马　戎　王小强　王绍光　王海运　王维佳

王湘穗　方流芳　尹韵公　甘　阳　卢周来　史正富

冯　象　吕新雨　乔　良　向松祚　刘　仰　刘小枫

刘瑞生　刘纪鹏　苏　力　李　玲　李　彬　李希光

李若谷　玛　雅　周和平　杨凯生　杨松林　何　新

汪　晖　张文木　张　宇　张宇燕　张维为　陈　平

陈春声　武　力　罗　援　季　红　金一南　周建明

房　宁　赵汀阳　赵晓力　祝东力　贺雪峰　聂庆平

高　梁　黄　平　黄纪苏　曹　彤　曹和平　曹锦清

崔之元　梁　晓　彭光谦　韩毓海　程曼丽　温铁军

强世功　蒲　坚　熊　蕾　潘　维　霍学文　戴锦华

《中国道路丛书》编委会

编委会主任：孔　丹

编委会执行主任：季　红

委　员（按姓氏笔画）：

王海龙　王晓泉　王湘穗　玛　雅　张　宇　张　桐

欧树军　祝东力　高　梁　陶庆梅　黄　平　彭光谦

韩毓海　强世功　鄢一龙

《中国道路丛书》总序言

新中国成立60多年以来，中国一直在探索自己的发展道路。特别是在改革开放30多年的实践中，努力寻求既发挥市场活力，又充分发挥社会主义优势的发展道路。

改革开放推动了中国的崛起。怎样将中国的发展经验进行系统梳理，构建中国特色的社会主义发展理论体系，让世界理解中国的发展模式？怎样正确总结改革与转型中的经验和教训？怎样正确判断和应对当代世界的诸多问题和未来的挑战，实现中华民族的伟大复兴？这都是对中国理论界的重大挑战。

为此，我们关注并支持有关中国发展道路的学术中一些有价值的前瞻性研究，并邀集各领域的专家学者，深入研究中国发展与改革中的重大问题。我们将组织编辑和出版反映与中国道路研究有关的成果，用中国理论阐释中国实践的系列丛书。

《中国道路丛书》的定位是：致力于推动中国特色社会主义道路、制度、模式的研究和理论创新，以此凝聚社会共识，弘扬社会主义核心价值观，促进立足中国实践、通达历史与现实、具有全球视野的中国学派的形成；鼓励和支持跨学科的研究和交流，加大对中国学者原创性理论的推动和传播。

本《丛书》的宗旨是：坚持实事求是，践行中国道路，发展中国学派。

始终如一地坚持实事求是的认识论和方法论。总结中国经验、探讨中国模式，应注重从中国现实而不是从教条出发。正确认识中国的国情，正确认识中国的发展方向，都离不开实事求是的认识论和方法论。一切从实际出发，以实践作为检验真理的标准，通过实践推动认识的发展，这是中国共产党的世纪奋斗历程中反复证明了的正确认识路线。违背它就会挫折失败，遵循它就能攻坚克难。

毛泽东、邓小平是中国道路的探索者和中国学派的开创者，他们的理论创新始终立足于中国的实际，同时因应世界的变化。理论是行动的指南，他们从来不生搬硬套经典理论，而是在中国建设和改革的实践中丰富和发展社会主义理论。我们要继承和发扬这种精神，摒弃无所作为的思想，拒绝照抄照搬的教条主义，只有实践才是真知的源头。本《丛书》将更加注重理论的实践性品格，体现理论与实际紧密结合的鲜明特点。

坚定不移地践行中国道路，也就是在中国共产党领导下的中国特色社会主义道路。我们在经济高速增长的同时，也遇到了来自各方面的理论挑战，例如将新中国改革开放前后两个历史时期彼此割裂和截然对立的评价；例如极力推行西方所谓“普世价值”和新自由主义经济理论等错误思潮。道路问题是大是大非问题，我们的改革目标和道路是高度一致的，因而，要始终坚持正确的改革方向。历史和现实都告诉我们，只有社会主义才能救中国，只有社会主义才能发展中国。在百年兴衰、大国博弈的历史背景下，中国从积贫积弱的状态中奋然崛起，成为世界上举足轻重的大国，成就斐然，道路独特。既不走封闭僵化的老路，也不走改旗易帜的邪路，一定要走中国特色的社会主义正路，这是我们唯一正确的选择。

推动社会科学各领域中国学派的建立，应该成为致力于中国道路探讨的有识之士的宏大追求。正确认识历史，正确认识现实，积极促进中国学者原创性理论的研究，那些对西方理论和价值观原教旨式的顶礼膜拜的学风，应当受到鄙夷。古今中外的所有优秀文明成果，我们都应该兼收并蓄，但绝不可泥古不化、泥洋不化，而要在中国道路的实践中融会贯通。以实践创新推动理论创新，以理论创新引导实践创新，从内容到形式，从理论架构到话语体系，一以贯之地奉行这种学术新风。我们相信，通过艰苦探索、努力创新得来的丰硕成果，将会在世界话语体系的竞争中造就立足本土的中国学派。

本《丛书》具有跨学科及综合性强的特点，内容覆盖面较宽、开放性、系统性、包容性较强。分为学术、智库、纪实专访、实务、译丛等类型，每种类型又涵盖不同类别，例如在学术类中就涵盖文学、历史学、哲学、经济学、政治学、社会学、法学、战略学、传播学等领域。

这是一项需要进行长期努力的理论基础建设工作，这又是一项极其艰巨的系统工程。基础理论建设严重滞后，学术界理论创新观念不足等现状是制约因素之一。然而，当下中国的舆论场，存在思想乱象、理论乱象、舆论乱象，流行着种种不利于社会主义现代化事业和安定团结的错误思潮，迫切需要正面发声。

经过60多年的社会主义道路奠基和30多年改革开放，我们积累了丰富的实践经验，迫切需要形成中国本土的理论创新和中国话语体系创新，这是树立道路自信、制度自信、理论自信，在国际上争取话语权所必须面对的挑战。我们将与了解中国国情，认同中国改革开放发展道路，有担当精神的中国学派，共同推动这项富有战略意义的出版工程。

中信集团在中国改革开放和现代化建设中曾经发挥了独特的作用，它不仅勇于承担大型国有企业经济责任和社会责任，同时也勇于承担政治责任。它不仅是改革开放的先行者，同时也是中国道路的践行者。中信将以历史担当的使命感，来持续推动中国道路出版工程。

2014 年 8 月，中信集团成立了中信改革发展研究基金会，构建平台，凝聚力量，致力于推动中国改革发展问题的研究，并携手中信出版社共同进行《中国道路丛书》的顶层设计。

本《丛书》的学术委员会和编辑委员会，由多学科多领域的专家组成。我们将进行长期的、系统性的工作，努力使《丛书》成为中国理论创新的孵化器，中国学派的探讨与交流平台，研究问题、建言献策的智库，传播思想、凝聚人心的讲坛。

孔丹

2015年10月25日

目录

Contents

第一章　科技革命和产业变革重塑全球格局

第一节　第一次科技革命与英国的崛起 / 001

第二节　第二次科技革命与德美的崛起 / 003

第三节　第三次科技革命与两极格局的形成 / 009

第四节　新科技革命与多极化趋势 / 013

第五节　当前的国际科技格局 / 018

第二章　三大转移迎来了全球创新的时代

第一节　产品转移、产业转移和技术转移 / 027

第二节　新格局下的国家创新战略 / 034

第三节　推动开展国际产能合作 / 045

第四节　建设科技开放特区 / 050

第三章　吸取历史经验教训，推动制度变革

第一节　主要国家科技国际化战略的启示 / 053

第二节　历史教训警示 / 069

第三节　制度改革 / 071

第四章 依靠三大创新引领中国结构转型升级
第一节 中国离创新型国家还有多远 / 085
第二节 全链创新 / 099
第三节 全面创新 / 106
第四节 全球创新 / 108
第五节 抓住创新的历史机遇 / 118

第五章 立足中国的发展战略，打造全球创新
第一节 全球科技创新中心 / 125
第二节 发达国家的全球创新体系建设 / 132
第三节 全球问题引领全球创新方向 / 134
第四节 全球创新网络 / 137
第五节 中外创新对话 / 153

第六章 以发展援助与合作为依托，促进全球创新
第一节 发展援助与合作的背景和意义 / 163
第二节 发展援助与合作的典型国家 / 171
第三节 发展援助与合作的典型案例 / 181
第四节 发展援助与合作的特点和存在的问题 / 189
第五节 对外援助与合作的政策建议 / 196

第七章 依靠企业家群体主导下一轮科技革命和产业变革
第一节 全球创新与企业 / 203
第二节 保护和激发企业家精神 / 205
第三节 鼓励企业开展基础性、前沿性创新研究 / 205

第八章 **寻找突破口，实现全球创新目标**

第一节 未来全球科技创新趋势 / 215

第二节 战略性新兴产业——以能源互联网为例 / 219

第三节 推动战略性新兴产业国际化 / 224

第四节 中国制造 2025 / 233

附 录

附录一 解读创新型国家建设 / 249

附录二 京津冀问题只能通过科技创新解决 / 259

参考文献 / 263

| 第一章 |

科技革命和产业变革重塑全球格局

科学技术是一种在历史上起推动作用的、革命性的力量。科技革命将会引发社会产业结构的调整、社会政治权力的更替以及世界格局的变革，产生全方位、全息性的巨大影响。新科技体系的诞生与旧科技体系的消亡，新产业经济模式的诞生与旧产业经济模式的消亡，新社会政治体制的诞生与旧社会政治体系的消亡以及新世界格局的诞生与旧世界格局的消亡，正在呈周期性全息效应转化。

第一节　第一次科技革命与英国的崛起

一、第一次科技革命

第一次科技革命是 18 世纪以蒸汽机的发明和应用为标志的工业大革命。这场革命促进了纺织工业、冶金工业、机械工业、造船业以及航海交通的大发展，在极大地推动当时欧洲各国生产力发展的同时，使人类社会从手工工场时代进入机器大工业时代。

在第一次科技革命之前，虽然15世纪、16世纪的地理大发现使世界各大洲之间开始发生交往，但这种联系是不经常的、片面的，因而不存在现代意义上的国际关系。第一次工业革命后，随着天文学、地理学的发展，航海事业达到空前规模，各大洲内部和各大洲之间开始了经常性的、较为密切的联系，全球性的国际关系才逐渐形成。

二、英国的崛起

借助于第一次科技革命，一直以来处于欧洲文明边缘的小岛国——英国一跃成为世界上最强大的国家，开创了“英国治下的和平”时代。1688年，英国通过“光荣革命”完成了近半世纪的资产阶级革命，其资本主义进入蓬勃发展时期。新航路开辟后，大量涌入的廉价印度棉布，使得英国国内棉纺织业的经营者和生产者感到必须革新技术，提高生产效率。于是，“飞梭”和“珍妮纺纱机”便应运而生。1733年，机械工匠凯伊发明了“飞梭”。“飞梭”的使用，提高了织布的生产效率，并推动了纺纱技术的革新。1765年，纺织工人哈格里夫斯发明了手摇纺车，将纺纱效率提高了8~18倍。此后，棉纺织业的革新层出不穷。但是，棉纺织业存在一个致命的弱点，即动力系统一直处于滞后状态并影响生产的发展。因此，研制新的动力系统就成为亟待解决的难题。1765年，技工瓦特经过反复实验终于发明了低耗、高效的蒸汽机，并开始应用于棉纺织业。蒸汽机的广泛采用，不仅促进了棉纺业、毛纺业、采煤业的发展，而且大大加速了英国工业革命的进程。

英国的工业革命是从18世纪60年代珍妮纺纱机的问世，到19世纪30年代蒸汽机的广泛应用、火车和轮船的出现而基本完成的。工业革命的巨大变革使英国的经济地位发生了根本变化，使其工业不仅在欧洲而且在全世界获得了领先地位，成为“世界工厂”。至1820年，英国的煤产量占全世界煤产量的75%，生铁产量占世界的40%，它的工业总产值占世界工业总产值的一半。此后，尽管其他国家的工业化有了发展，但直到1850年，英国煤产量和生铁产量仍然分别占世界总产量的60.2%和50.9%，它的工业总产值占世界总产值的比重仍高达39%。工业上的垄断带来了世界范围内的工商业垄断，1820—1850年，英国在世界贸易总额中所占的比重由18%上升到21%。① 凭借着雄厚的经济实力，英国建立了世界上最强大的军事力量，基本上控制了世界的战略要地和海上交通要道，并在海外殖民扩张中，先后战胜了自己的竞争对手荷兰、西班牙、法国等国，成为世界上最大的殖民帝国。到1876年，英国的殖民地横跨东西半球，面积达2 250万平方公里，拥有2.5亿人口，成为“日不落帝国”。可以说，第一次工业革命造就了英国的霸主地位。

英国的工业革命对欧美各国产生了强烈的震撼，其强大的冲击力席卷了欧美大陆，各国纷纷效法英国进行科技革命。18世纪末和19世纪初，法国和美国先后开始工业革命，19世纪60年代，随着中国“师夷长技以制夷”的洋务运动的开始，工业革命的成果被引入中国；日本也对英国进行了一定程度的效仿。在这一过程中，由于资本主义制度的侵略性和对外扩张性，处于封建制度、政治经济相对落后的亚非拉国家不幸成了工业革命的牺牲品，成为资本主义强国发展经济的附庸，政治上也失去了独立性。正如王逸舟对第一次工业革命所分析的那样，“对国际关系而言，它的深远意义在于，使资本主义制度确立了世界范围的霸权地位，使非西方文明成为隶属于西方的历史客体，使国际政治从一开始就打上了西方文明的烙印。”②

第二节 第二次科技革命与德美的崛起

19世纪是科学技术研究的黄金时代。这一时期，旧的研究领域出现累累硕果，新的研究领域被不断开辟，前景一片光明，涌现了一大批科学伟人和

① 王觉非．近代英国史［M］．南京：南京大学出版社，1997：256.

② 王逸舟．当代国际政治析论［M］．上海：上海人民出版社，1995.

技术巨匠，他们提出的定律、定理、公式、方程，进一步揭示了大自然的奥秘、万物运动和相互作用的规律，为人类认识世界、改造世界、创造物质财富提供了有利条件。

一、第二次科技革命

19 世纪的物理学达到了精密实验同抽象数学理论之间的紧密一致，使物理学成果在应用上达到了前所未有的深度和广度。卡诺（1796—1832），是法国物理学家、工程师，曾在热力学方面做出重大贡献。1824 年，他提出卡诺循环和卡诺定理，为以后热力学第二定律的建立奠定了重要基础。焦耳（1818—1889），是英国物理学家，他测定了热功当量，为建立能量守恒和转换定律做出了贡献。1841 年，他发现了电流通过导体时产生热量的规律。次年，楞次也发现了这一现象。因此科学界把这一规律称之为焦耳－楞次定律，亦称焦耳定律。卡诺和焦耳的热力学研究，统一了热和功的科学，并促进了化学变化理论的发展。麦克斯韦（1831—1879），是英国物理学家，经典电磁理论的奠基人。1873 年，他出版了《电学和磁学论》一书，在法拉第等人的研究基础上，总结了 19 世纪中叶以前的科学成果，提出了电磁场的基本方程，即麦克斯韦方程组。他认为电磁过程在空间是以一定速度（相当于光速）传播的，彻底否定了超距作用的错误概念，并得出光的本质是电磁波的结论。

在化学方面，19 世纪所取得的成就也令人瞩目。意大利化学家坎尼扎罗（1826—1910）在拉瓦锡命名法和道尔顿原子论的基础上，对原子－分子理论进行了深入研究。1858 年，他确定了有关原子量、分子量的正确概念。德国有机化学家凯库勒（1829—1896）一直从事有机化合物结构理论的研究，成绩卓著。1865 年，他提出苯分子为环状结构的理论，这对有机化学的发展起了重大的推动作用。俄国化学家门捷列夫（1834—1907）和德国化学家迈耶，发现了自然科学基本规律——化学元素周期律，并据此预见了一些尚未发现的元素。1869—1871 年，门捷列夫运用元素性质周期性的观点，写了《化学原理》一书。1887 年，他提出溶液水化理论，是近代溶液学说的先驱。他长期研究气体和液体的体积与温度以及压力的关系，并于 1860 年发现了气体的临界温度。1888 年，他首先提出煤地下气化的主张。此后，化学同物理学的联系越来越密切，在某些领域已紧密结合起来，可见这两个学科在工业上的应用得到大大加强。

除此之外，19 世纪的工业应用科学发展得也很快。其中最突出的就是贝塞麦炼钢法的发明和广泛应用。19 世纪 60 年代，德国西门子·马丁发明了平炉炼钢法，使贝塞麦炼钢法得到进一步发展。1878 年，英国人 S. G. 托马斯发明碱性空气底吹转炉炼钢法，解决了冶炼高磷生铁的问题。这种新式炼钢炉后来称为“托马斯转炉”。这样，钢材生产就实现了根本性变革。

由于电磁学、机械技术和钢铁技术的进步与发展，笨重的蒸汽机及其传统的传动系统已经不能满足生产的需要，电机被发明出来并在生产中得到立即应用。随着送变电技术的不断完善，到 19 世纪末 20 世纪初，以电的发明和电力技术的广泛应用为主要标志的第二次技术革命已经完成，生产及社会生活的电气化迅速在世界范围内推广。①

二、德美的崛起

第一次工业革命的发源地英国和紧随其后完成工业革命的法国，在新一轮工业革命中成为落伍者。完成了统一大业的德国和取得了南北战争胜利的美国成为此次新的工业技术革命的新星，大放异彩。

德国在这次科技革命中完成了一个重大突破，即科学向应用于生产的方向转变。德国人把基础理论研究、应用科学研究与生产过程联系起来，彼此相互渗透，相互促进。重大的科学发现很快就转变为应用于生产的科学技术，使生产成为科学的应用。同时，生产的发展和应用科学的起步，又推动了基

① 冯宋彻．科技革命与世界格局［M］．北京：北京广播学院出版社，2003：36.

础科学的研究。正是这种相互作用，使19世纪很多重大的科技发明开花在英法，结果却在德国。① 科技中心转移到德国后，大大推进了德国生产力的发展。在19世纪的最后30年，德国建立起了现代化的工业体系，德国工业用了不到30年的时间就超过了英国。20世纪初，德国的工业生产总值增长了4.7倍，占世界工业总产值的16%，仅次于美国，居于世界第2位。② 当时德国冶金业的实力，比英法两国加在一起还强大得多。其他如造船业、纺织业、化学工业、电气工业，特别是机器制造工业，德国都是称雄世界。

美国充分把握了产业革命这一有利时机，凭借其得天独厚的优越条件，使第二次产业革命在美国蓬勃发展。美国政府积极发展教育，大力倡导科学技术研究，并大力资助科学研究。它充分利用已有的理论资源和发明，不断改进创新，推出大批令人瞩目的技术发明和技术革新。在第二次科技革命的推动下，美国经济获得了前所未有的大发展，其间除几次短暂的经济衰退外，美国经济一直处于稳步增长之中，而且发展速度是包括德国在内的所有欧洲国家所未能达到的。1870—1900年，美国工业每年平均增长速度达到7.1%，1900—1913年为6.6%。1890年，美国工业总产值首次超过农产品总产值，标志着工业在国民经济中主导地位的确立。在工业化的过程中，美国渐渐确立了其世界经济强国的地位。1860年，美国工业总产值居世界工业总产值的第4位，落后于英国、法国和德国。1894年，美国已跃居世界第1位，工业总产值等于欧洲各国工业总产值的一半。20世纪初，美国在工业上的优势更加突出。1913年，它的工业总产值占世界工业总产值的1/3以上，比英、德、法、日四国工业总产值的总和还要多。③

英国企业界因循守旧，不愿采用国外新技术，也不重视技术教育，缺乏

---

① 李景治．科技革命与大国兴衰［M］．北京：华文出版社，2000.

② 宋则行，樊亢．世界经济史（上卷）［M］．北京：经济科学出版社，1998：243.

③ 余志森．美国史纲——从殖民地到超级大国［M］．上海：华东师范大学出版社，1992：195－196.

创新。在管理方面，它长期保持着资本主义初期的那种经营管理方式。到1914年，英国已走在沦为美国和德国的技术殖民地的下坡路上。[①] 英国工业总产值在世界工业总产值中所占的比重逐年下降。例如，英国煤和铁的开采量，1870年各占世界总产量的一半，到1913年煤的开采量仅占21.8%，铁的开采量仅占13.2%。19世纪末，英国的工业增长速度只及19世纪中期的一半，英国已不再是“世界工厂”。

与英国的衰落相比，法国的相对国力下降更快。普法战争使法国损失了200亿法郎（包括战争赔款），法国还被迫割让重要的工矿业区阿尔萨斯和洛林，这使法国的实力大受打击。1871—1884年，当第二次产业革命在美国和德国如火如荼进行的时候，法国还在进行战后的恢复和重建工作。同时，法国像英国一样拥有广大的殖民地，它大量对外输出资本，导致大量的资金外流，国内企业的投资规模相对缩小，生产部门的资金不足，陈旧的机器设备无力更新，这自然阻碍了工业生产的迅速发展。由于工业发展缓慢，法国在世界工业中所占的比重，由1870年的10.3%下降为1913年的6.4%。法国在世界贸易中所占的比重，亦由1850年的11%下降到1913年的8%，即上述两项指标均从世界第2位下降至第4位。[②]

三、国际格局的演变

正是这种科技经济发展不平衡引起的国际力量对比的变化，促使各个大国在国际舞台上的地位和角色发生了变化，美国、德国、日本的地位上升，英、法、俄的地位下降。英、法力图保持原有的地位和利益，而后起的德国、美国则要取代英、法的地位，称雄世界。随着德国和英法矛盾的激化，各种国际力量迅速重新组合，形成了英、法、俄组成的协约国与德、意、奥组成

---

① 蒋孟引．英国史［M］．北京：中国社会科学出版社，1988：653－655.

② 胡才珍．20世纪科技革命与世界历史进程［M］．北京：中国青年出版社，1999：43.

的同盟国两大集团军事对峙的局面，最终导致第一次世界大战的爆发。

战争导致了世界格局的巨大变化。欧洲最强大的德国在战争中受到致命打击，丧失了在欧洲和世界事务中的发言权。英法两国虽然是战胜国，勉强保住了原有的地位和利益，但是战争消耗太大，实力受到严重削弱，分别由债权国沦为债务国。美国、日本成为第一次世界大战的最大受益者。第一次世界大战使美国成为欧洲主要国家的债权国。战争期间及战后经济恢复时期，英国共向美国借款42.77亿美元，法国向美国借款34.01亿美元，意大利向美国借款16.48亿美元，其他欧洲国家也或多或少向美国借款。这些钱都是以贷款的形式作为购买美国的粮食与供应品而预付的。作为世界最大的债权国、欧洲各国的共同债主，美国在欧洲乃至世界格局中的地位日益突出。日本在战争期间乘欧洲列强卷入战争之机，进一步扩大了其在远东特别是在中国的影响。但是日本在远东的扩张遇到了美国的竞争与牵制。为了解决远东问题，美日等国在华盛顿签署了《九国公约》，日本保住了在远东和中国的优势，但受到了美国的牵制。

1919年1月18日至5月7日，战胜国在巴黎郊外的凡尔赛召开和会，签订了《凡尔赛条约》。会上成立了国际联盟（简称“国联”），其行政院由9个理事组成，美、英、法、意、日五强各占一个固定席位。德国与苏维埃俄国被排斥在国联之外。国联和世界事务实际上操纵在美、英、法三强手中，这就是凡尔赛会议后的国际格局，史称“凡尔赛体制”。由于凡尔赛体制本身的不公正性和大国之间难以协调的矛盾，该体制很快就土崩瓦解了。

1929—1933年，资本主义国家爆发了空前猛烈的资本主义危机。德意两国企图通过建立法西斯独裁统治、扩军备战和发动侵略战争的方法来摆脱危机，夺取欧洲、亚洲和世界的霸权。1936年10月，德国和意大利签订协定结成军事同盟。这样，在欧洲出现了柏林－罗马轴心，同时也形成了最危险的战争策源地。在亚洲，日本法西斯也急剧扩张。1931年，它发动“九一八”事变，侵占了中国的东北三省。1937年，它发动“七七卢沟桥”事变，侵占了中国的华北，开始了全面侵华战争。这样，在亚洲就形成另一个战争策源地。

1939 年 9 月，第二次世界大战爆发，世界格局发生急剧变化。挑起世界大战的法西斯德日意轴心国集团和美苏英法等国组成的反法西斯联盟经过长达 6 年的战争，反法西斯联盟终于取得了胜利。由于反法西斯战争的胜利，国际政治力量的对比发生了更为深刻的变化，曾经横行欧亚的德意日彻底失败，在战后相当长时期被排除于国际事务之外；法国在战争中损失惨重，元气大伤，国际地位急剧下降；称雄世界百年的大英帝国被战争搞得疲惫不堪，沦为二等强国，以欧洲为中心的国际政治格局宣告终结，以美、苏两大强国为首的两极格局即雅尔塔体系开始形成。

第三节 第三次科技革命与两极格局的形成

20 世纪中期，第三次科学技术革命开始出现。这次科学技术革命以原子能、计算机，特别是微电子技术、生物工程技术和空间技术为主要标志。这是人类历史上规模最大和最深刻的一次科技革命，它比以往任何一次科技革命都更为强烈地推动了整个社会经济的发展，也更为持久和深刻地推动了国际格局的发展和演变。

一、第三次科技革命

第三次科技革命的源头可以上溯到 20 世纪 30 年代初。当时出现了一些新学科的萌芽，例如核物理与核化学的萌芽、火箭技术的萌芽、计算机技术的萌芽，等等。但这次科技革命的真正开始是在第二次世界大战之后，特别是 20 世纪 50 年代中期以后，在第二次世界大战中出现的电子计算机、原子能等技术很快被广泛应用于民用工业。原子能的利用不仅带来武器性质的变革和战争形式与规模的改变，而且也为社会生活提供了新的能源与动力。人造卫星的发射与电子计算机的广泛应用，引起了交通与通信的革命性发展。所有这些在空前地促进生产力发展的同时，也为冷战奠定了物质基础。

此次科技变革呈现如下特点①：

（1）现代科学技术形成一个多学科、跨领域的网络体系，涌现出一大批新技术群和新产业群。“二战”后，自然科学呈现出高度分化和高度综合的趋势，这两种趋势使科学在新的水平上日趋整体化，形成了大跨度、大范畴、多栖型的新的边缘学科，如信息技术、新材料技术、新能源技术、生物技术、海洋技术、空间技术等。不仅自然科学的各学科之间互相渗透，而且出现了自然科学与社会科学相互融合的趋势。信息论、控制论和系统论这三门新兴学科把自然科学与社会科学贯通起来，成为两者研究的共同的方法论。这种“横向学科”在自然科学系统和社会科学系统的交叉点上进行新的探索和研究，克服了因科学知识不断分化而形成的信息壁垒，催化了自然科学与社会科学“化合”过程的进一步深入发展。

（2）重视基础研究，一系列基础理论研究获得了重大突破。20 世纪 30 年代以后，欧洲大批世界一流的理论科学家相继移居美国，推动了基础研究的发展，第二次世界大战中从原子能的基础研究发展到原子弹的爆炸，有力地证明了基础研究的重要性。因此，基础研究引起了美国政府的高度重视，他们大力支持和鼓励基础研究，并设立国家基金会，以支持、组织和领导有关的工作，并于 1946 年 8 月成立海军研究局，后又相继成立陆军研究局、空军科学研究局、原子能委员会、国家卫生研究所等研究机构，这些研究机构均支持基础研究发展。1950 年成立的全国科学基金会，是美国政府专门为资助基础研究设立的第一个机构，为数学、物理、生物等领域的基础研究提供了大量经费。

（3）创新活动非常频繁，科技专利数量倍增。所谓创新活动是将发明推

---

① 王杨．第三次科学技术革命的历史背景、特点及其影响［J］．学习月刊，1998（4）．

进到商业经营阶段，其最重要的标志是：这种发明创新对经济发展产生重大影响。在资本主义世界，要利用新产品竞争或更高质量商品来战胜对手，首先必须占有创新成果。因此，在第三次科技革命中，美国及许多资本主义国家都非常重视创新活动，自始至终都大力将科学技术用于研究和创造新的、前所未有的或大大改进的产品，并以最快的速度投入商业应用中。

二、两极格局的形成

第三次科技革命始于美国。“二战”期间，美国的经济实力急剧膨胀。1947 年，美国的工业生产占资本主义世界的 53.9%，超过其他资本主义国家工业生产的总和。美国的出口贸易占资本主义世界出口贸易总额的 1/3，黄金储备在 1949 年为 245.6 亿美元，占整个资本主义世界黄金储量的 74%，一跃成为世界头号的“金元帝国”。此外，由于远离欧洲战场，美国相对稳定的和平环境吸引了欧洲大批高科技人才。1930 年美国拥有 4.6 万名科技人员，1940 年增加到 9.2 万，1950 年又增加到 17.5 万，而到 1960 年已达 30 万。雄厚的经济实力和大量的科技人才造就了美国科学技术的黄金时代。作为第三次科技革命的策源地，美国在原子能、基本粒子、高能物理、计算数学、电子技术、空间技术、高分子化学、分子生物学等尖端科技领域都有重大的突破，同时在激光技术、遥感技术、生物工程、农业科学、医药学、新材料和新能源方面也取得了显著的成果。在自然科学和基础理论方面（包括化学、物理学和医学），美国科学家获得了战后颁发的诺贝尔学奖的半数左右，其中大部分是在第三次科技革命期间获得的。

据统计，战后资本主义世界的重大科技发明有 65% 是美国首先研究成功的，75% 是美国首先付诸应用的。[①] 大量的科技成果应用于工农业生产，这使

① 于德惠，赵一明．理性的辉光：科技革命与世界新格局［M］．长沙：湖南出版社，1992：234.

美国经济走上了快车道。科技的发展与进步对美国经济、军事实力的增长起到了决定性的作用，进一步巩固了美国作为资本主义世界的领袖地位，使美国成为世界上最强大的超级大国。

战后初期，苏联紧紧抓住第三次科技革命的契机，投入大量人力、物力、财力，取得了一大批骄人的成就。1949 年 9 月 25 日，塔斯社宣布苏联已经揭示出原子弹研制的秘密。1950 年，苏联的第一台电子计算机投入运转。1953 年，苏联成功爆炸了第一颗氢弹，打破了美国的核垄断地位。1954 年，苏联建成世界上第一座原子能发电站。1957 年 10 月 4 日，苏联先于美国 3 个月，成功地发射了第一颗人造地球卫星——“人造卫星 1 号”。1961 年，苏联首先成功实现了人类第一次载人飞船的飞行。苏联核技术、计算机技术和空间技术的发展带动了苏联整个科学技术的进步，并引发了一场产业革命。核工业、宇航工业、喷气飞机制造业、无线电电子工业、仪表工业等新兴产业纷纷建立，钢铁工业、有色冶金工业、化学工业、医疗工业、机器制造和金属加工工业、汽车制造业、船舶制造业等传统产业部门也实现了技术更新。在此过程中，苏联建成了强大而完整的现代工业体系，经济实现高速发展，其增长速度与西方发达国家相比居于优势地位。从 1950 年至 1978 年，苏联社会总产值增长 6.9 倍，年均增长 7.7%，其中工业总产值增长 10.4 倍，年均增长 9.1%，农业总产值增长 1.6 倍，年均增长 3.5%，国民收入增长 7.1 倍，年均增长 7.8%，[①] 大大缩短了与美国的差距。1950 年苏联的国民收入仅为美国的 31%，到 1975 年已达美国的 66%，同期工业总产值由不到美国的 30% 上升到 80%，工业劳动生产率从不到美国的 30% 上升到 55%，20 多种工业产品的产量已超过美国而居世界第 1 位。[②] 苏联无可争议地成为能与美国一争高

① 赵锡玲. 苏联经济的调整与改革［M］. 成都：四川大学出版社，1988：40.

② 于德惠，赵一明. 理性的辉光：科学技术与世界新格局［M］. 长沙：湖南出版社，1992：154.

下的世界第二经济军事大国。1972 年美苏两国首脑签署《反弹道导弹条约》，标志着美国基本上承认了苏联的超级大国地位。

第三次科技革命对国际关系产生了深刻的影响。一方面，它加剧了资本主义各国发展的不平衡，使资本主义各国的国际地位发生了新变化；另一方面，它使社会主义国家在与西方资本主义国家抗衡的斗争中具有强大的动力。同时，第三次科技革命扩大了世界范围的贫富差距，促进了世界范围内社会生产关系的变化。此外，第三次科技革命还对全球问题产生影响：一方面，科技革命的发展扩大了人类改造自然的活动领域，提高了人类向自然做斗争的能力，从而把人类社会的物质文明和精神文明推进到一个前人无法想象的新高度；另一方面，科技革命的发展也带来一系列棘手的社会问题，如：生态环境的恶化、自然资源和能源的过度消耗以及核灾难的威胁，这些问题难以控制地恶性发展，使人类的处境受到越来越严重的困扰，成为举世关注的全球性问题。

第四节　新科技革命与多极化趋势

一、新科技革命

20 世纪 70 年代，第二次世界大战后开始的科技革命在深度和广度上都获得了新的拓展。这次新科技革命主要包括信息技术、生物技术、新材料技术、新能源技术、海洋开发技术和空间技术的革命。1971 年，美国英特尔公司在大规模集成电路的基础上，首先发明了微处理器，使计算机走出了科研机构的象牙塔，开始广泛应用于工业生产，由此引发了一场新的科学技术革命。在 20 世纪 70 年代的新科技革命中，美国在许多领域继续领先，西欧、日本紧随其后，与美国在计算机、机器人、人工智能、新材料、生物技术和航天技术等领域内展开了激烈的竞争与角逐。日本、西欧等资本主义国家的科技发展十分迅速，使日本、西欧在许多技术领域赶上美国，并且在个别领域内开始超过美国，因此，在世界科技领域内形成了美国、日本、西欧三足鼎立的局面。

二、多极化趋势

新科技革命的出现不仅推动了整个西方资本主义世界经济的发展，而且使得西方资本主义阵营内的力量对比发生了变化。自“二战”后美国一直沉溺于同苏联的军备竞赛，为此背上了沉重的包袱。在新的科技革命面前，美国反应迟钝，结果在经济技术市场上逐渐丧失了竞争力。日本、西欧的产品向美国大举“入侵”，抢占美国在世界市场的地盘。到 1986 年，美国制成品出口的世界份额由 1955 年的 25. 9% 降为 15. 2% 。加上 20 世纪 70 年代的美元危机和石油危机，美国基本上丧失了“二战”后初期在西方世界的绝对霸主地位，其对盟国的影响力也大为减弱。

面对新的科技革命浪潮，日本果断地从“贸易立国”战略向“科技立国”战略转变。首先，在科技研究经费方面，日本的科研经费以超过经济增长速度 1 倍的速度增长，在世界上独占鳌头，其绝对数已从西方主要国家的末位上升到第 2 位，超过第 3 位的德国 1 倍多。其次，在技术贸易方面，1976—1985 年，日本向亚洲（不包括西亚）的技术出口额增至 2. 7 倍，向北美的技术出口额增至 4. 6 倍，向欧洲的技术出口额增至 2. 7 倍，占日本技术出口总额的比例分别为 37. 4% 、25. 1% 、19. 4% 。从 20 世纪 70 年代开始，日本依靠“科技立国”战略迅速崛起，整体经济实力与美国的差距逐年缩小，部分重要指标的人均水平甚至赶上或超过美国。1975 年和 1986 年，日本的一些经济指标与美国对比的百分数是：国内生产总值分别为 32. 8% 和 47. 0% ；工业生产分别为 25. 3% 和 49. 3% ；出口贸易分别为 56. 7% 和 96. 6% ，按人均水平计算日本已超过美国。1990 年，日本对外净资产首次突破3 000亿美元，达到3 280.59亿美元，对外净资产连续6年居世界第一。[①] 日本已成为世界上最大的债权国，这意味着新的强大的世界经济中心的出现。随着经济实力的增强，日本的“政治大国”之梦迅速膨胀，从加强同美国及欧洲之间的科学技术合作，到参与构筑日、美、欧为主导的国际新秩序，从对亚洲特别是东南亚的开发援助，到建立亚洲新秩序，日本“政治大国”的外交经纬网越织越大。[②] 尽管20世纪80年代日本在军事、政治上还没有摆脱美国，成为独立的一极，但它已经以其技术和经济力量冲击着旧的两极世界格局，冲击着美国在西方资本主义世界的霸主地位。

与美国、日本相比，西欧在新技术革命中相对处于落后状态。为了改变这种不利的局面，西欧各国采取联合行动，集中各国的人力、物力、财力携手攻关，与美日抗衡。1985年年初，法国总统密特朗提出“尤里卡计划”并得到欧洲共同体国家的积极响应。这是一项欧洲各国科学技术研究的合作计划，其目的是通过欧洲各国政府和民间的多方面合作，加强欧洲高科技的研究，为经济的进一步发展创造条件，以对抗美、日、苏等国家和地区的激烈竞争，使欧洲成为世界政治多极化发展中的一支相对独立的力量。尤里卡计划的项目开发周期大多为3～5年，它着眼于近期市场竞争的民用高科技项目，其中包括超导芯片、高清晰度电视、教育和个人计算机、大容量密集矢量计算机、非晶硅、半导体芯片、航天飞机、阿丽亚娜航天计划等。尤里卡计划的成功实施增强了西欧在经济上的国际竞争能力，有3/4的参与者提高了其在欧洲或者世界范围内的市场份额。[③] 西欧国家开始谋求在政治上和军事上摆脱美国控制的力量，争取平等的伙伴关系。

---

① 宋则行，樊亢．世界经济史（下卷）［M］．北京：经济科学出版社，1998：408.

② 于德惠，赵一明．理性的辉光：科技革命与世界新格局［M］．长沙：湖南出版社，1992：215.

③ 王春法．经济全球化背景下的科技竞争之路［M］．北京：经济科学出版社，2000：367.

苏联领导人由于长期受到僵化的官僚体制和封闭的经济体系的束缚，没有及时看到外部世界的变化，忽视了与西方国家的科技合作和交流，本能地排斥来自西方的高新技术，因此对第四次科技革命的性质、范围、特征、作用等缺乏应有的认识，未能采取迅速有效的应对措施，造成苏联在新科技革命的众多关键领域被西方发达国家远远地甩在了后面。如电子计算机技术，苏联“显然比日本和美国落后，在电子学的多数领域苏联甚至与西欧相差 10 年”①。直到 1986 年，苏联才拥有大型及微型计算机 10 万台，而美国已超过 100 万台。在生物技术研究等领域，苏联也远远落后于美国、日本和西欧国家。总之，“在科技方面，苏联落后于西方发达国家约 15 年”②。

由于没能及时迅速地占领当代科技发展的制高点，苏联社会经济失去了快速发展的巨大动力。自 20 世纪 70 年代中期起，苏联经济增长的速度开始明显减慢，一些主要经济指标的年均增长率呈直线下降之势。1976—1980 年，苏联工业总产值、农业总产值、国民收入、社会劳动生产率的年均增长速度分别降至 4.4%、1.7%、3.8% 和 3.3%，1981 年至 1985 年进一步降至 3.7%、1.1%、3.1% 和 3.1%，与美国的经济实力差距又趋扩大。根据苏联官方公布的数字，1975 年苏联的国民收入总额相当于美国的 67%，到 1987 年时却降到了 64%。实际上，苏联与美国之间的实力差距要比官方所说的大得多。1987 年，时任苏联科学院世界经济与国际关系研究所所长的普里马科夫在北京曾透露，苏联的国民收入总额仅相当于美国的 50%，而另一位苏联经济学者博洛金使用购买力平价法测出当时苏联的国民生产总值约为美国的 38%。③ 经济发展速度持续减缓，使整个国家的状况不断恶化，到 80 年代后

---

① 冯江源．当代科学交流与国际关系［M］．北京：中国科学技术出版社，1990：110.

② 江流，陈之骅．苏联演变的历史思考［M］．北京：中国社会科学出版社，1994：140.

③ 于德惠，赵一明．理性的辉光：科学技术与世界新格局［M］．长沙：湖南出版社，1992：158.

期，苏联实际已处于严重经济危机的边缘，并由此引发了政治危机、民族危机和举国上下的信仰危机。在国内外各种因素的综合作用下，苏联迅速土崩瓦解，毁于一旦。以雅尔塔体系为基础的美苏两极对抗格局也随之烟消云散。

总体来看，当第一次、第二次科技革命发生时，发展中国家被遗忘在边缘角落；第三次科技革命和新科技革命爆发后，发展中国家蹒跚跟进。目前，绝大多数发展中国家普遍处于工业化进程之中，因此在新的历史机遇和严峻挑战面前发生了力量的分化。一方面，新的科学技术是生产力发展的结果和要求，这是建立在发达的工业经济基础之上的，因此科技进步为许多发展中国家借助国际技术，高起点、低成本地跨越某些经济发展阶段而后来居上创造了条件。有一批发展中国家抓住机遇，较快掌握了现代信息技术，实现了快速发展，拉近了与发达国家之间的距离，其国际地位也因此有了明显提高，成为新世纪国际关系舞台上比较重要的角色。另一方面，由于技术革命向产业革命的转移周期和技术产品的市场生命周期将越来越短，加之西方国家对信息产品国际市场的垄断，初级产品与信息产品的价格剪刀差进一步拉大，形成了以信息产品价格为基准、初级产品价格依附于信息产品价格的体系。对发展中国家来说，“后发优势”的作用在减弱，劳动力资源优势日趋丧失，发展中国家必须付出更大的努力才能赶上发达国家。从根本上来说，南北之间的差距并不是一种稳态结构，因为整个世界的相关性和协同共适，终究会使差距转化，达到相对均衡、合理发展的格局状态。但是对最不发达国家而言，从科学技术的极大进步到国民经济的长足进步，再到世界格局的重要角色，在相当长的时期内是可望而不可即的，它们在世界格局中的地位将日趋“边缘化”。这种分化也表明，国际经济旧秩序的不平等性随着科学技术的迅猛发展将更加突出，打破国际经济旧秩序、建立国际经济新秩序的要求更加迫切。

第五节　当前的国际科技格局

一、第四次科技革命

对于第四次科技革命和产业变革，有人判断会发生在智能制造领域，也有人判断会发生在新能源领域。在绿色能源时代，很多企业都在开发太阳能、风能、核能、海洋能等，但未来的主流能源到底是哪一种能源，没有定论。

现在世界上很多专家在对此进行探讨，其中包括比尔·盖茨。他建立了比尔和梅琳达·盖茨基金会，主要用于扶贫、治疗重大疾病和研究新能源。比尔·盖茨认为第四次科技革命会发生在新能源领域，所以他投资了新能源。在巴黎的一次大会上，他联合全世界很多企业家发起了突破能源界限的联盟以支持和发现新能源技术，其中就包括马云。比尔·盖茨判断新能源革命最可能发生在两大领域：第一，太阳能。他说太阳能取之不尽，用之不竭，只要产品设备可以提高转化率，就可以带来突破性的进展。第二，核能。从世界发展的趋势来看，核能是很干净的，也是比较安全的能源。如果能把安全性问题突破，消除泄漏和辐射问题，并把核能做到小型化、微型化，那么能源问题也就能更好地解决。

比尔·盖茨认为现在核能发展的路线是错误的，现在做核电站不能越做越大，应该越做越小。在信息化革命时期，美国一直在推动计算机小型化、微型化，并推广普及。这使美国在这一轮竞争中完胜日本，而日本却因此步入了失落的20年。比尔·盖茨认为，未来能源要小型化，并推广普及。到那时，革命性的技术革命就会出现，新的产品布局也将出现。现在，美国最担忧中国借第四次科技革命的机会一举超过美国。

奥巴马上台后，关注点重点放在清洁能源上。在上任前，他就提出了美国发展的三大战略，其中第二个就是发展清洁能源。美国人很早就认识到新能源革命将主导下一次革命。整体来看，机械化、自动化、智能化是工业革命的一条主线，此外还包括能源和生物技术。未来，生物技术也有可能改写世界格局。所以现在欧洲开发了大量的脑计划、脑科学。中国“十三五”期间也把脑科学列入重点计划，包括人脑的研究、神经系统的研究和认知系统的研究都是重要的内容。

回顾过去，几次科技革命和产业变革改写了世界格局，中国在新一轮科技革命和产业变革中，要牢牢把握机会。

二、国际科技实力对比

从研发投入、诺贝尔奖获得次数、大学排名、知识产权、科技论文发表数及引用数、研究前沿等几个方面，我们借以判断一个国家的科技实力。

1. 研发投入

联合国教科文组织在巴黎总部发布的《2015 年科学报告：面向 2030》中提出，美国用于研发的投资占全球的 28%，依旧处于领先位置，中国紧随其后（20%），超越欧盟（19%）和日本（10%），见图 1.1、图 1.2。占世界人口 67% 的其他地区的研发投入仅占全球研发投资的 23%，巴西、印度和土耳其等新兴国家用于研发的投资正在迅速增加。

当前全球研发投资的增长在很大程度上要归功于私营部门。在高收入国家（澳大利亚、加拿大、美国等），公共部门对科技研发投入在减少；在低收入国家，科研投资则在不断增长。

2. 诺贝尔奖获得次数

英国《泰晤士高等教育》（THE）发布了 2000—2014 年全球范围的科学与经济领域诺贝尔奖得主的统计结果。

以获奖者的出生地或祖籍（而非国籍）为划分规则，不包含文学奖与和平奖，美国（71 人，29.8 分）排名第一，英国（12 人，6.0 分）、日本（13 人，4.3 分）位列第二、第三，然后依次是德国、以色列、法国、俄罗斯、

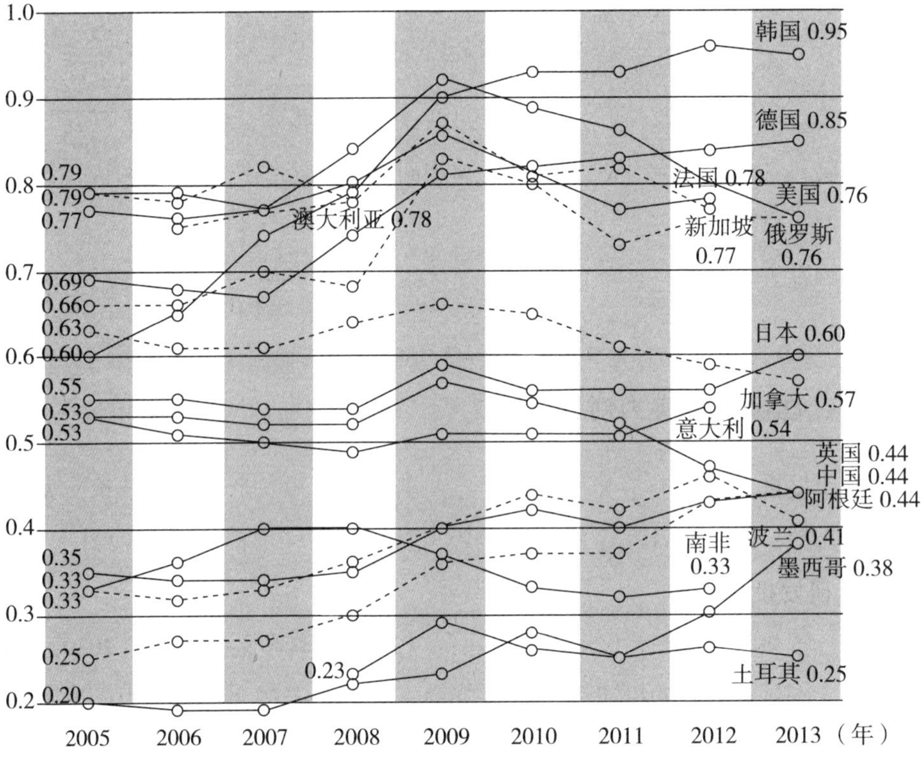

图 1. 1　2005—2013 年政府资金支持的研发支出总量占国内生产总值的比重（%）

资料来源：经济合作与发展组织主要科技奖指标，2015 年 9 月。

澳大利亚、挪威；另外，比利时、中国、意大利并列第十（2 人，0. 8 分），见表 1. 1。

表 1. 1　2000—2014 年按国别分类的诺贝尔奖排名

排名	国家	分数	诺贝尔奖总数	顶尖领域
1	美国	29. 8	71	经济科学
2	英国	6. 0	12	生理医药
3	日本	4. 3	13	物理
4	德国	3. 4	7	物理
5	以色列	2. 5	5	化学
6	法国	2. 0	4	生理医药
7	俄罗斯	2. 0	5	物理

续表

排名	国家	分数	诺贝尔奖总数	顶尖领域
8	澳大利亚	1.3	3	生理医药
9	挪威	1.0	3	生理医药
10	比利时	0.8	2	不适用
10	中国	0.8	2	不适用
10	意大利	0.8	2	不适用

注：分数评价基于获奖数，文学奖与和平奖不包含在内。

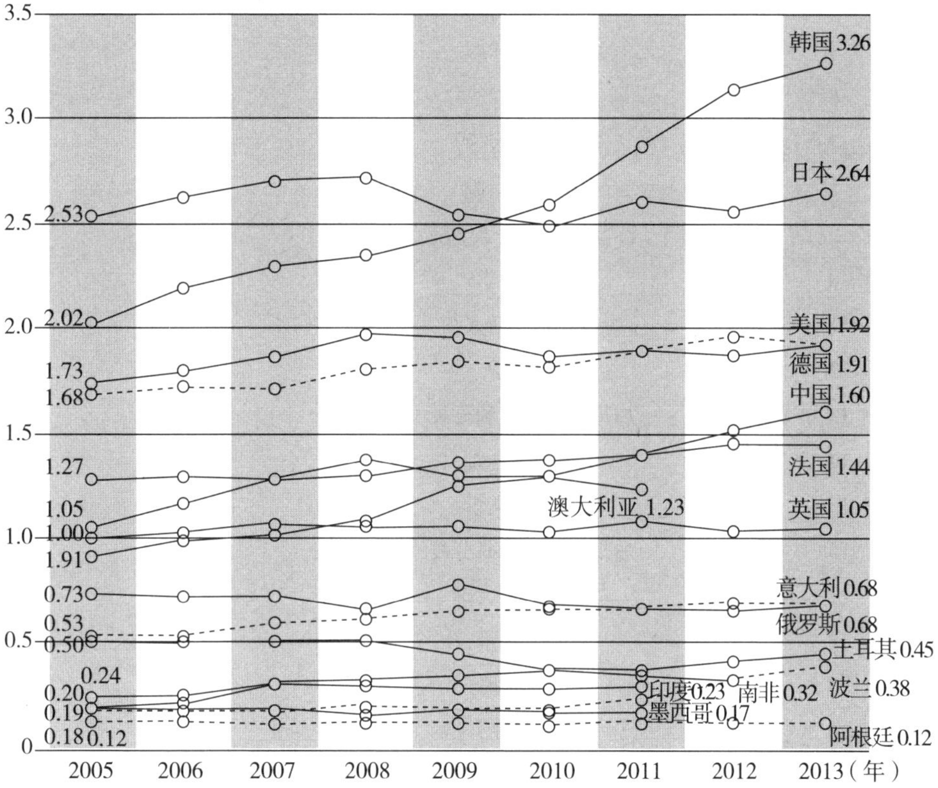

图 1.2　2005—2013 年企业资金支持的研发支出总量占国内生产总值的比重（%）

资料来源：经济合作与发展组织主要科技奖指标，2015 年 9 月。

3. 大学排名

THE 发布了 2015—2016 年世界大学排名，前 20 名中，有 14 所来自美国，4 所来自英国，1 所来自加拿大，1 所来自瑞士，见表 1.2。

表 1.2　THE 2015—2016 年世界大学排名

排名	学校	国家/地区
1	加州理工学院	美国
2	牛津大学	英国
3	斯坦福大学	美国
4	剑桥大学	英国
5	麻省理工学院	美国
6	哈佛大学	美国
7	普林斯顿大学	美国
8	帝国理工学院	英国
9	苏黎世联邦理工学院	瑞士
10	芝加哥大学	美国
11	约翰霍普金斯大学	美国
12	耶鲁大学	美国
13	加州大学伯克利分校	美国
14	伦敦大学学院	英国
15	哥伦比亚大学	美国
16	加州大学洛杉矶分校	美国
17	宾夕法尼亚大学	美国
18	康奈尔大学	美国
19	多伦多大学	加拿大
20	杜克大学	美国

《美国新闻与世界报道》（*U. S. News*）与汤森路透发布了 2015 年全球性大学排名，前 20 名中，有 16 所来自美国，3 所来自英国，1 所来自加拿大，见表 1.3。

表 1.3　*U. S. News* 全球性大学排名

排名	学校	国家/地区
1	哈佛大学	美国
2	麻省理工学院	美国
3	加州大学伯克利分校	美国
4	斯坦福大学	美国
5	牛津大学	英国
6	剑桥大学	英国
7	加州理工学院	美国
8	加州大学洛杉矶分校	美国
9	芝加哥大学	美国
10	哥伦比亚大学	美国
11	约翰霍普金斯大学	美国
12	帝国理工学院	英国
13	普林斯顿大学	美国
14	密歇根大学安娜堡分校	美国
14	多伦多大学	加拿大
14	华盛顿大学	美国
17	耶鲁大学	美国
18	加州大学圣地亚哥分校	美国
19	宾夕法尼亚大学	美国
20	杜克大学	美国

上海交通大学世界一流大学研究中心发布 2015 年“世界大学学术排名”，前 20 名中，有 16 所来自美国，3 所来自英国，1 所来自瑞士，见表 1.4。

表 1.4　上海交通大学世界一流大学研究中心 2015 年世界大学学术排名

排名	学校	国家/地区
1	哈佛大学	美国
2	斯坦福大学	美国
3	麻省理工学院	美国
4	加州大学伯克利分校	美国

续表

排名	学校	国家/地区
5	剑桥大学	英国
6	普林斯顿大学	美国
7	加州理工学院	美国
8	哥伦比亚大学	美国
9	芝加哥大学	美国
10	牛津大学	英国
11	耶鲁大学	美国
12	加州大学洛杉矶分校	美国
13	康奈尔大学	美国
14	加州大学圣地亚哥分校	美国
15	华盛顿大学	美国
16	约翰霍普金斯大学	美国
17	宾夕法尼亚大学	美国
18	伦敦大学学院	英国
19	加州大学旧金山分校	美国
20	苏黎世联邦理工学院	瑞士

4. 知识产权

2015 年 12 月 14 日，世界知识产权组织（WIPO）发布了 2015 年度《世界知识产权指标》，2014 年全球创新者共提交了约 270 万件专利申请，比 2013 年增长了 4.5%。2014 年，全球共授权约 118 万件专利。目前全球所持有效专利总共约为 1 020 万件，其中美国占 24.7%，日本占 18.8%，中国占 11.7%。

2014 年，中国的专利申请量为 92.82 万件，已位居世界第一，超过了排名第 2 位和第 3 位的美国和日本的总和。不仅位于中国的专利申请部门收到了最多的专利申请，而且中国公民和企业在全世界范围内提交的专利申请也最多，共83.7万件。2014年全球商标申请量比2013年增长6%。中国在这一领域也位居世界第一。在工业品外观设计方面，中国申请量尽管比2013年减少了14.4%，但仍居世界首位。

5. 科技论文发表数及引用数

根据中国科学技术信息研究所发布的2015年度中国科技论文统计结果，2005年1月至9月，中国科技人员共发表国际论文158.11万篇，论文共被引用1 287.6万次，连续两年排在世界第4位。中国与排在前3位的美国（6 041.7万次）、德国（1 417.4万次）和英国（1 404.3万次）相比，还有较大差距。

2005—2015年，中国被引用次数处于世界前1%的高被引论文为15 011篇，占世界总量的11.9%，较上一统计年度提升了1.5个百分点。中国高被引论文数量虽然与排名前3位的美国、英国和德国的65 079篇、16 478篇和15 073篇仍有差距，但差距正在快速缩小。

在2014年9月至2015年9月统计年度中，中国国际热点论文数为383篇，占世界热点论文总量的14.5%，排在世界第4位。同期，美国热点论文数最多，达到1 475篇，占世界热点论文总量的55.7%，英国以540篇、德国以448篇分列第2位和第3位。

从世界各学科领域影响因子最高的期刊收录中国论文总量变化来看，2014年度，在世界176个学科领域154种高影响力期刊上发表的50 404篇论文中，中国发表论文5 505篇，占世界总量的比例升至10.9%，排在世界第2位；美国有19 772篇，占世界总量的比例降至39.2%。

6. 研究前沿

2015年10月29日，中国科学院文献情报中心与汤森路透旗下的知识产权与科技事业部共同发布《2015研究前沿》报告，甄选出了2015年的100个热点研究前沿和49个新兴研究前沿。

中国在82个前沿（55%）有核心论文入选，在16个前沿的核心论文数为第1名（10.7%），这显示出中国具有较强的前沿贡献度，在某些重要前沿跻身世界先进行列。中国有38个前沿进入核心论文数前3名（25.5%），见表1.5。

表1.5 核心论文的前沿数量占前沿总数比例表

国家	有核心论文入选的前沿数量（占前沿总数比例）	核心论文排名第一的前沿数量（占前沿总数比例）	核心论文数排名前三的前沿数量（占前沿总数比例）
美国	143（96%）	108（72.5%）	133（89.3%）
英国	120（80.5%）	10（6.7%）	68（45.6%）
德国	106（71.1%）	8（5.4%）	55（36.9%）
中国	82（55%）	16（10.7%）	38（25.5%）
日本	82（55%）	2（1.3%）	29（19.5%）

| 第二章 |

三大转移迎来了全球创新的时代

第一节　产品转移、产业转移和技术转移

一、产品转移

全球化带来了产业资源和技术的全球配置，形成了产品和技术大转移的潮流。三大转移分别为：产品转移、产业转移和技术转移。在改革开放之初，中国的物资极度匮乏，那时，中国大量进口工业产品，大量出口低价劳动密集型的产品。据统计，1978—1990 年，我国的对外贸易额由 206. 4 亿美元上升到了 1 154. 4 亿美元，见表 2. 1。2016 年，我国进出口总值 36 849. 3 亿美元，其中出口 20 974. 4 亿美元，进口 15 874. 8 亿美元，贸易顺差 5 099. 6 亿美元。

表 2. 1　1978—1990 年进出口额　（单位：亿美元）

年份	进出口额	出口额	进口额
1978	206. 4	97. 5	108. 9
1979	293. 3	136. 6	156. 8

续表

年份	进出口额	出口额	进口额
1980	378.2	182.7	195.5
1981	440.2	220.1	220.2
1982	416.1	223.2	192.9
1983	436.2	222.3	213.9
1984	535.5	261.4	274.1
1985	696.0	273.5	422.5
1986	738.5	309.4	429.0
1987	826.5	394.4	432.2
1988	1 027.8	475.2	552.7
1989	1 116.8	525.4	591.4
1990	1 154.4	620.9	533.5

注：1981 年以前的数据来自外经贸业务统计。

资料来源：中华人民共和国海关统计。

二、产业转移

20 世纪 90 年代，由于信息革命的兴起，全世界范围内掀起了产业革命，发达国家和发展中国家开始了产业转移的历史性大潮。中国采取了沿海地区对外开放的政策，14 个沿海城市享受对外投资的优惠政策（见表 2.2），东莞等城市从“三来一补”发展成为对外出口产品制造基地。

据统计，2016 年 1—12 月，全国新设立外商投资企业 27 900 家，同比增长 5%；实际使用外资金额 8 132.2 亿元人民币（折合成 1 260 亿美元），同比增长 4.1%。

表 2.2　1990—2000 年外商直接投资　（单位：亿美元）

年份	实际金额	同比（%）
1990	34.9	2.8
1991	43.7	25.2
1992	110.1	152.1

续表

年份	实际金额	同比（%）
1993	275.2	150.0
1994	337.7	22.7
1995	375.2	11.1
1996	417.3	11.2
1997	452.6	8.5
1998	454.6	0.5
1999	403.2	-11.3
2000	407.2	1.0

资料来源：中华人民共和国海关统计。

三、技术转移

2008 年国际金融危机以后，全球出现了技术转移的浪潮。在以往产业转移的时期，很少有国家分享技术，特别是发达国家不愿意分享技术，但金融危机改变了一切。

金融危机后，欧美部分实验室、科研机构和企业已经面临倒闭风险。有些技术研发出来了，但企业却倒闭了，很多人才没有用武之地。这些科技研发机构、技术和人才急需找到出口，中国自然成为其理想的目的地。

当下的技术转移浪潮带来了全球创新的时代。全球创新意味着科技和人才的跨境流动，并在全球匹配资源。所以，党的十八届五中全会提出供给侧结构性改革非常及时。改革强调供给侧需求，而中国的技术需求最强烈。现在，中国在技术方面的对外依存度在 50% 以上，其中大部分是对中高端技术的需求。

在第三次技术浪潮到来的背景下，中国要利用全球资源重组的机会“走出去”，推动高水平的双向开放，并把国外的高端技术、科技人才引进来。

企业的技术创新需要企业家有大的作为，因为企业是技术创新的主体，特别是产业技术创新的主体。我们国家在产业技术领域的科研项目有明确的目标和技术路线，基本上要由企业来承担，但企业需要与科研院校密切合作，科研经费需要向企业申报，这是重大的转变。

四、抓住国际技术产业转移的机遇

近年来，在席卷全球的金融危机的影响下，国际技术与产业转移呈现出新的发展趋势，全球经济结构进入到新的调整时期。中国作为新兴经济体的领头羊，正处于国际技术与产业转移的一个核心地带。如果中国能够抓住有利时机，不断提高技术水平和经济效益，就有可能真正实现大国崛起，在全球科技与经济格局中占据有利位置，提高整体的国际竞争力。

1. 国际技术与产业转移的新趋势

在2008年国际金融危机的推动下，无论是发达国家还是发展中国家，都纷纷采取各种经济政策和行政手段，调整并优化包括产业结构、分配结构、交换结构、消费结构、技术结构和劳动力结构等在内的经济结构，以适应各国的生产力发展水平，由此导致国际技术与产业转移表现出新的特点。

亚太总裁协会全球执行主席郑雄伟对此进行了比较全面的总结：国际技术双向转移更明显；国际产业转移的主体更多；国际产业转移的层级更高、规模更大、周期更短、目标集中于新兴经济体市场需求、产业转移途径更突出获取技术和科研成果；新兴产业成为国际产业转移的新焦点；项目外包成为国际产业转移的新主流；服务业成为国际产业转移中的新热点；中国成为国际产业转移地的新重点。

在上述趋势中，有几个方面尤其需要注意：

一是国际产业转移途径更突出获取技术和科研成果，发达国家将技术作为比较利益、超额利润的重要手段，尽管受到金融危机的影响，但它们仍然能够在进行产业和技术转移时利用各种手段，充分利用知识产权防止核心技术的溢出。

二是新兴产业成为国际产业转移的新焦点。为赢得未来的竞争优势，美国、日本、韩国、欧盟等都确定了新兴产业的重点领域，各地区和国家将战略性新兴产业加快培育成先导产业和支柱产业，将其作为加快转变经济发展方式、抢占世界经济战略制高点的重大战略部署，因此该领域的竞争将更加激烈。

三是再工业化兴起，服务业成为国际产业转移的新热点。2012 年年初，美国总统奥巴马发表国情咨文，鼓励企业家在美国创造制造业就业机会，强调美国将重振制造业，以实现美国经济的持续强劲增长；英国也通过技术战略委员会设立高附加值制造技术创新中心，鼓励英国的高端制造业发展。相比较之下，国际服务外包异军突起，金融、保险、咨询、管理和法律等专业服务更是成为产业转移的热点行业。

2. 中国在全球科技与产业格局中的位置

在发达国家积极进行结构调整的同时，发展中国家依托本国对资源的投资和不断提高的发展能力，逐步进入经济增长期，巴西、俄罗斯、印度、中国、南非作为新兴市场和发展中国家的代表，积极参与到全球技术与产业转移过程中，其中尤以中国的表现最为突出。

经过改革开放 30 年的努力，中国的科技与产业取得了较大的进步，在全球格局中已立稳脚跟，并处于上升的趋势。当然，与发达国家相比，中国的科技与产业实力还有较大的差距，目前中国还不是创新型国家，很多核心技术仍掌握在发达国家和跨国公司的手里，在基础研究、人才培养、资源配置、成果转化等诸多方面仍存在短板。作为后发国家，中国必须把握和利用好机遇，向全球科技与产业格局的高端移动；如果错失良机，那么中国与发达国家之间的差距就会越拉越大。

3. 中国承接国际技术与产业转移面临的挑战

伴随着经济全球化加速发展，国际分工带来的技术与产业转移使中国迅速融入全球经济体系。这种分工对中国经济增长、广泛就业起到了很大的促进作用。目前受益最大的是制定“全球化”规则的发达国家，它们利用自身的资金、技术和管理优势，控制国际分工的制高点，将发展中国家锁定在低端。因此，承接国际技术与产业转移是好事，但中国必须避开潜在的陷阱。

一是被动地承受国际技术与产业转移。由于国际产业转移是基于母国产业结构调整的需要，受产业转移规律的支配和国家利益主体的影响，主要是为了在全球范围内实现资源的优化配置，但不一定符合中国的产业布局结构调整目标。例如，在中美创新对话中，美方代表从美国“坚持什么”和“绝对优势”两个方面来剖析中国创新战略的动因，希望中国安分守己地守住传统制造业，而先进制造、新兴产业留待美国去开拓，这显然是一厢情愿，中国制造业向高端转型，势在必行，不可不为。如果中国一味顺从美国提出的框架，势将被束缚在全球产业链的低端而不得翻身。

二是难以获得资本和技术控制权。跨国公司进入中国之后，出于自身发展战略的考虑，重点收购中国一些行业的龙头企业，形成了全面的资本和技术控制的格局，这很可能导致我国对核心产业和相应的核心技术丧失控制力，这些年来这样的并购案例并不少见。在与中国企业的合资中，利用“技术缺口”取消原有企业技术开发机构的措施，使我国原本具有一定技术开发能力的企业逐渐退化、变成对外国技术的依赖，这必将大大削弱我国自主技术创新的能力，显然不利于中国科技与产业的长远发展。

三是在绿色技术与产业领域受制于人。在绿色技术方面，中国与发达国家的差距十分明显。根据联合国开发计划署发布的《2010 年中国人类发展报告——迈向低碳经济和社会的可持续未来》，中国实现未来低碳经济的目标，至少需要 60 多种骨干技术支持，而在这 60 多种技术中有 42 种是中国目前没有掌握的核心技术，这意味着中国发展低碳经济需要引进 70% 的核心技术。而且，发达国家正利用这种技术差距获取利益。

4. 中国承接国际技术与产业转移的对策

中国要实现大国崛起，在国际竞争中赢得优势，就需要从国际技术与产业转移这个过程中，一方面绕开发达国家有意或无意设下的陷阱；另一方面则要根据国内的实际情况，充分发挥自身优势，提高谈判的水平和能力，在国际技术与产业转移中取得成功。

一是与国内技术及产业转移相结合。中国在承接国际技术与产业转移的同时，必须与国内技术及产业转移相结合。东部地区经济科技相对发达，但在矿产资源、土地资源、水资源等方面比较匮乏，面临着产业转型的巨大压力，有必要将一些产业向原材料产地和市场空间较大的西部地区转移；而中西部地区则恰恰相反。《产业转移对中西部地区的影响2010年研究报告》称，到2010年，仅广东、上海、浙江和福建四省市需要转出到中西部地区的产业产值将达到1.4万亿元左右。因此，中国需要将国际科技产业转移与国内技术及产业转移有效地结合起来，使东西部均能实现经济的持续快速发展。

二是依托产业园区。产业园区是承接产业转移、加速产业集聚、培育产业集群的重要载体。到2011年，中国高新区成立已满20年。根据科技部的统计，中国已建立了88个国家级高新技术产业开发区。这些高新区已经聚集了丰富的科技创新和智力资源，并形成了较强的产业规模效应，有能力承担起成为自主创新的战略高地、培育和发展战略性新兴产业的核心载体、转变发展方式和调整经济结构的动力平台、实现创新驱动与科学发展的先行区域这样的重要使命。

三是大力发展战略性新兴产业。从全球来看，新兴产业的发展将伴随着国际科技与产业转移的整个过程。培育发展战略性新兴产业已被各国列为经济社会发展的一项重大战略任务。而谁在新兴产业领域占据优势，谁就将在国际科技与产业转移中获取最大利益。2010年，国务院在《关于加快培育和发展战略性新兴产业的决定》中确定了七大战略性新兴产业，并明确提出了产业发展的中长期目标。在此目标的驱动下，我国各地政府纷纷积极响应，均将战略性新兴产业列为发展规划的重点。由于各国在新兴产业的选择上大致相同，因此谁能够抢先一步，谁就将取得领导权。中国应积极推动战略性新兴产业的发展，并将其同国际技术与产业转移紧密结合在一起。

四是大力发展现代服务业。从国际技术与产业转移的趋势来看，目前发达国家实施再工业化策略更倾向于将服务业进行外包，中国应抓住这一机遇，努力提升现代服务业。据悉，主要发达国家服务业占 GDP 的比重超过了 70%，中等收入国家超过 60%，低收入国家达到 45% 以上。相比之下，我国服务业的发展水平依然偏低，我国服务业占 GDP 的比重一直徘徊在 40% 左右，甚至低于低收入国家平均 45% 的水平。因此，中国需要提高认识，下大力气落实，以市场化、产业化、国家化为方向，促进资源要素流向服务业，从而实现产业结构调整。

第二节　新格局下的国家创新战略

一、亚健康的全球经济

国际货币基金组织曾预计，2015 年是全球经济自进入复苏通道以来增长最慢的一年；2016 年世界经济预计增长 3.6%，比此前预期下调了 0.2 个百分点。

在发达经济体中，美国复苏稳健，欧元区虽然渡过了债务危机难关，但复苏力度偏弱，日本的经济增长基本处于停滞状态。

新兴和发展中经济体的经济增速连续多年下滑，在金砖国家中，中国和印度的经济仍保持较快增长，但巴西和俄罗斯则出现严重的经济衰退。

2009—2011 年，中国对世界经济增长的贡献率达 50% 以上。2015 年，虽然中国经济增速放缓至 7% 以下，但对世界经济增长的贡献率仍达 30% 左右。

国际货币基金组织认为，全球主要经济体潜在增长率下滑有两点更深层次的原因值得关注：一是上一轮科技和产业革命所提供的动能已接近尾声，二是传统经济体制和发展模式的潜能趋于消退。

二、新技术革命为走出危机提供动力

2008 年以来，世界经济危机重重，如国际金融危机的“潮汐”，主权债务危机的“潮涌”。欧洲自不必多言，伴随着多米诺骨牌呼啦啦地倒下，危机不断发酵和升级。美国经济仍没有得到完全恢复。日本经济泡沫化的沉疴已久，陷入了所谓第三个失落的 10 年。欧美日三大发达经济体均站在了经济增长的“悬崖”边上，世界经济可谓是大势惨淡。

然而，正如中国谚语有言“置之死地而后生”，世界经济看似前景黯淡，内里实则暗藏生机。以史为鉴，新技术革命正以摧枯拉朽的力量为世界走出危机提供动力。例如，1873 年的经济危机、1929 年的经济危机何等惨烈，但其后伴随的科技革命有如妙手回春，很快便扭转了经济的败局；1973 年、1978 年的石油危机何等震撼，但同时也开启了以信息化为特征的科技革命，并引发了经济的再次复兴。

因此，有理由相信，在当前创新引领未来的世界潮流下，新一轮技术革命将从黑夜走向黎明。近年来，世界各国悄然发力，加大科研投入，重点推动信息、新能源、节能环保、先进制造、新材料、生物、太空、海洋和纳米等一系列技术不断融合，使其逐步呈现群体性突破的态势，并催生蓬勃的产业革命，这为世界经济的再次复苏奠定了基础。

下一代互联网、新一代移动通信、物联网、云计算和三网融合等都在孕育着更大的突破，由信息技术打造的数字经济将带领世界经济走出低谷。为此，欧盟委员会公布了“欧洲数字议程”及“2013—2014 年欧洲数字经济优先发展计划”，以推进数字革命和建立信息社会；德国先后发布了《信息通信技术 2020 创新研究计划》和《信息与通信技术战略：2015 数字化德国》，以促进新一代信息技术发展。2015 年，美国政府发布《美国国家创新战略》及《联邦云计算战略》等，将信息技术纳入国家发展规划当中。韩国也公布了最新的信息技术发展政策，积极发展信息技术产业。

由新能源与节能环保技术培育的绿色经济具备担当全球经济新引擎的重任。为此，2009 年，奥巴马签署《美国复兴与再投资法案》，通过实施绿色新政来恢复美国的工业，以培育一个超过 20 万亿～30 万亿美元价值的新能源大产业。欧盟委员会发布“欧盟 2020 战略”，提出将能源消耗中可再生能源的比例提高到 20%、将能效提高 20% 的目标，并公布了“2050 能源路线图”，以及促进就业的一揽子方案，将绿色经济作为创造就业的优先行业。日本公布了《绿色经济与社会变革》的政策草案，通过减排强化绿色经济。韩国也公布了绿色增长国家战略及五年计划，争取在 2020 年年底前跻身绿色大国行列。

由先进制造技术所带来的再工业化将重塑全球竞争优势。为此，美国先是宣布了一项价值超过 5 亿美元的“先进制造业伙伴关系”计划，设立了白宫制造业政策办公室，后又发布《先进制造业国家战略计划》，充分展示了美国政府振兴制造业的决心和愿景。英国技术战略委员会成立了高附加值制造技术创新中心，整合了 7 家中心的研究力量，计划在 6 年内投资 1.4 亿英镑，以促进英国先进制造业的发展，等等。

总之，在各国政府的一致努力下，相关领域将不断取得丰硕成果。由于上述新技术的关联度大、渗透力强、辐射面广，它们将形成联动的技术群，因此无论由信息技术打造的数字经济，还是由新能源与节能环保技术培育的绿色经济，以及由先进制造技术所带来的再工业化，任何一个领域取得突破，都将触发新一轮的技术革命，并将进一步带动产业革命，届时世界经济将彻底走出金融危机和主权债务危机的泥淖，并进入下一个繁荣周期。

三、走在创新道路上的国家

1. 美国

从 2007 年的《美国竞争法》，到 2009 年的《美国复兴与再投资法案》和

《美国创新战略》，再到 2011 年的《美国创新战略：确保经济增长与繁荣》，美国始终将创新作为刺激经济增长的核心。

2015 年 10 月，美国国家经济委员会与科技政策办公室联合发布了新版《美国国家创新战略》，提出了支持美国创新生态系统的新政策。新战略提出联邦政府将通过三套战略计划扩建创新要素，包括：创新基石；私营部门；创新者。三大战略举措包括：创造高质量就业岗位和持续经济增长；推动国家优先领域突破；建设创新型政府服务大众。九大战略领域包括：先进制造，精密医疗，大脑计划，先进汽车，智慧城市，清洁能源和节能技术，教育技术，太空探索，计算机领域。

2. 英国

2015 年 2 月，英国议会上议院批准了“一父两母”婴儿法案。英国上议院和下议院分别通过了“人类受精与胚胎学法案 2008”修正案，允许利用女性捐卵者的健康 DNA 替代一个卵子有缺陷的线粒体 DNA，使英国成为世界上第一个将该技术合法化的国家。英国交通部宣布允许进行无人驾驶汽车实际道路测试，使英国成为欧洲第一个批准无人驾驶汽车道路测试的国家。英国 3 月公布的核心科学年度预算首次涵盖了创新经费。其中无人驾驶汽车、新“能源研究加速装置”、物联网共获 2 亿英镑资金支持。此外，同一年度科学预算还设立 4 亿英镑竞争性经费。8 月，英医学研究理事会宣布将投资 1 800 万英镑，重点研发 12 项新型治疗、诊断和医疗技术。12 月，英国空间局颁布了首份国家空间政策，承诺到 2030 年英国空间产业占全球空间市场份额的 10%，提供 10 万个新增就业岗位，每年对经济的贡献额达 400 亿英镑。

3. 法国

2015 年 5 月，法国推出了“未来工业”战略，包含新型物流、新型能源、可持续发展城市、生态出行和未来交通、未来医疗、数据经济、智慧物体、数字安全和智慧饮食 9 个信息化项目，旨在通过信息化改造产业模式，实现再工业化的目标。为此，法国进一步推出了促进新兴技术发展、加快企业信息化转型升级、加强人才培训、做好宣传推广和开展国际合作五大发展举措。7 月出台绿色转换能源法案。法案规定，可再生能源占能源总消耗的比例到 2020 年提高至 23%，2030 年提高至 32%。2030 年可再生能源占发电量比例提高至 40%，占供热耗能比例提高至 38%，占燃油比例提高至 15%。到 2050 年能源消耗量降到 2015 年的一半，2030 年温室气体排放比 1990 年减少 40%，2050 年减少到 2015 年的 1/4。法案还设置新的“能源气候贡献税”，根据“谁排放谁缴费”的原则，每排放 1 吨二氧化碳缴纳 14. 5 欧元，2016 年升至 22 欧元，2020 年增至 56 欧元，2030 年达到 100 欧元。

4. **德国**

2015 年德国的研发经费预算为 149 亿欧元，重点投入生命科学、智能汽车、新能源、网络安全及数字化经济和社会研究领域。德国政府牵头成立了由经济界、科技界和社会团体代表组成的高科技论坛，即创新政策咨询委员会，进一步推动中小企业和社会大众创新。德国出台了“能源转型的哥白尼克斯计划”、IT 安全研究计划、“基因组编辑新方法对社会影响”研究计划、建立新的工业 4. 0 合作平台（见图 2. 1）等一系列支持研究和创新的计划。

5. **日本**

2015 年 1 月，日本政府推出了《机器人新战略》，主要有三大核心目标：成为世界机器人创新基地，世界第一的机器人应用国家，迈向世界领先的机器人新时代。6 月，日本经济产业省发布《2015 年版制造白皮书》（简称《白皮书》），强调大数据、物联网和软件的重要性，强调重点发展制造业的尖端领域，加快机器人、下一代清洁能源汽车、再生医疗以及 3D 打印等行业的发展。《白皮书》还强调，为了保障制造业的结构调整，进一步发展高附加值的尖端技术产业，必须加强专业科学技术人才的培养，发展高等职业教育，确保所需的高素质专业技术人才供应。6 月，日本内阁发布《科技创新综合战略 2015》，尤其强调推进绿色能源、医疗、基础设施、大数据等行业的科技创新。

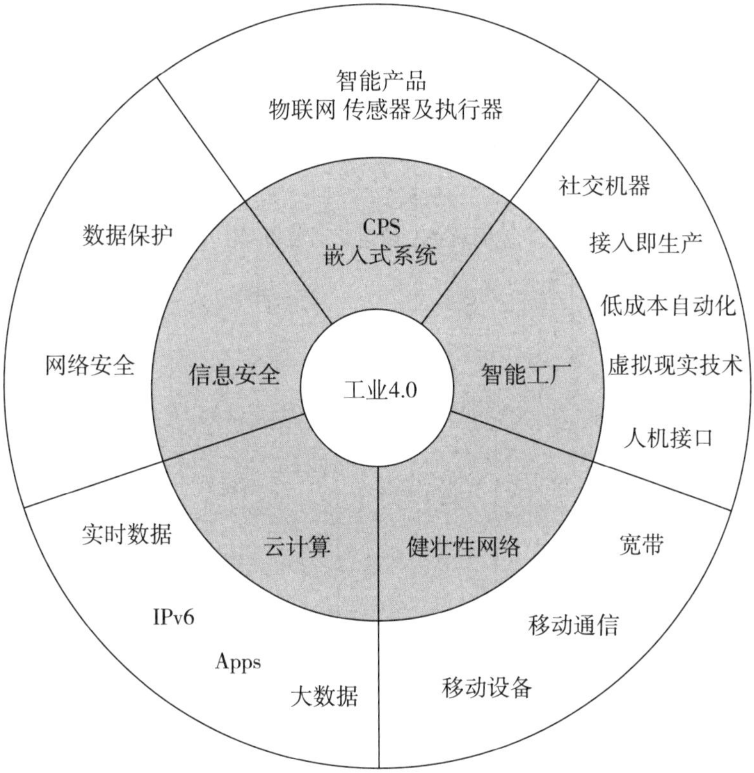

图 2.1 德国"工业 4.0"所涉及的技术

资料来源：德国信息产业、电信和新媒体协会（BITKOM）。

2016 年，日本开始制订第五个科技基本计划，有 4 个主要政策措施：创造新的面向未来产业创新和社会变革的价值；应对经济和社会难题；强化科技创新基础力量；构筑面向创新的人才、知识和资金的良性循环系统。

6. **中国**

2015 年 5 月，中国发布《中国制造 2025》（见图 2.2），确定提高国家制造业创新能力、推进信息化与工业化深度融合、强化工业基础能力、加强质量品牌建设、全面推行绿色制造、大力推动重点领域突破发展等九大重点任务。6 月，发布《关于大力推进大众创业万众创新若干政策措施的意见》，7 月，发布《关于积极推进"互联网 +"行动的指导意见》，确定创业创新、协同制造、现代农业、智慧能源、普惠金融、益民服务、高效物流等 11 项“互联网 +”重点行动。

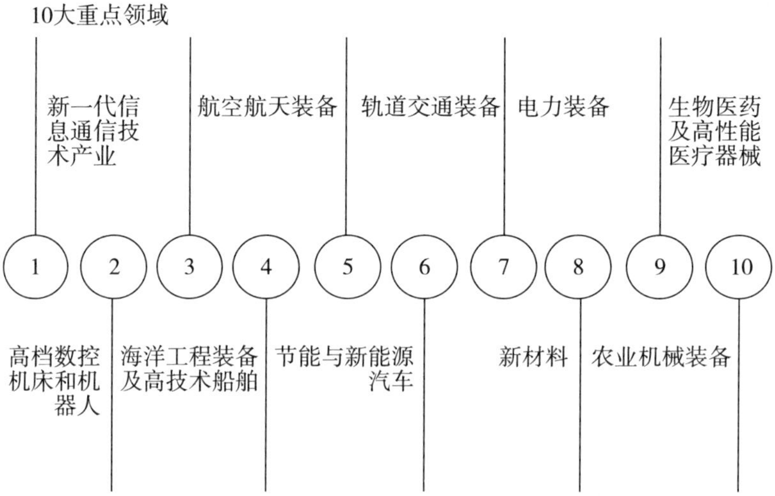

图 2. 2　《中国制造 2025》十大重点领域

四、新技术革命下的中国战略

当前，世界经济进入后危机时代，新技术革命呼之欲出，全球经济格局与科技格局均呈现出重大调整的端倪，一场抢占未来发展制高点的竞赛已全面展开。在前几轮技术革命中，美、欧、日触机便发、倍道而进，中国遗憾地与其失之交臂。如今，伴随着经济科技实力的突飞猛进，中国开始积极发力，坚持自主创新道路，力争成为新技术革命的弄潮儿，以期实现弯道超车。

1. 百舸争流：各国抢占发展制高点

在新一轮技术革命的前夜，各国摩拳擦掌，竭力开发新技术。在历史上，美国作为多次经济危机的制造者，自身也受到重创，但由于深谙新技术革命为走出危机最佳手段的道理，其凭借着自身强大的科技创新能力，不断开创新的生长点。当时，美国在奥巴马政府的领导下，大力实施国家创新战略，在清洁能源、页岩油、云计算、物联网、3D 打印等颠覆性的技术领域均发挥着引领作用。

欧盟成员国大多都是老牌的科技强国，技术基础好，创新能力强，虽然实力已有所滑坡，与美国相比略逊一筹，但其科技底蕴丰厚，仍然不容小觑。如今，为走出危机和提高竞争力，欧盟大力推进“欧盟 2020 战略”，积极发展绿色经济和数字经济，并强调发展先进制造业，为衰退的经济不断注入新的活力。近期，欧盟在移动通信技术、肽合成技术等领域均取得了突破性进展，并研制出更接近氢能经济的关键技术，这些成果将巩固欧盟在新技术革命中的地位。

作为一个高度重视科技创新的发达国家，日本在迎接新技术革命的大潮中也不甘落后。日本政府出台了《绿色经济与社会变革》的政策草案，通过强化绿色经济，并发布了 2020 年经济增长战略《日本再生战略》，重点支持对环保、医疗、农林渔业等领域的发展。如今，日本在智能电网、插电汽车、智能电视和机器人等重要技术领域已取得了显著的成果。

总体来看，凭借前几轮技术革命的领先优势，美、欧、日在新技术革命中仍展现了突出的发展能力，三足鼎立的局面短期内不会有大的改变。根据世界经济论坛的数据，美国的创新能力、大学和产业科技联合研究等指标都位居全球前列，因此很有可能成为新技术革命的领头羊。欧盟、日本将紧随美国之后，并在部分领域对美国形成有力的挑战。

2. 各显其能：发达国家的创新之路

从历史上来看，第一次技术革命主要壮大了英国、法国等欧洲国家的力量；第二次技术革命对欧洲虽仍有助力，但更多的是促成了美国的崛起；第三次技术革命形成了美国与苏联两极对垒的局面，但日本的科技发展开始大放异彩。可谓是“三十年河东，三十年河西”，虽然发达国家的实力此消彼长，依仗的领域各有侧重，但各国无一不是靠着技术革命脱颖而出的。

具体来看，欧洲各国非常重视教育科研与原始创新，这是它们在历次的技术革命中均能长盛不衰的重要原因。例如，德国科研与教育经费十分可观，2007—2009 年的预算占国内生产总值的比例高达 8.4%、8.6% 和 9.4%。而且，欧洲各国还特别重视科研基础设施建设，例如，英国更新了《大型设施战略路线图》，欧盟发布了《欧洲研究基础设施路线图》，这都是为提升原始创新能力提供有力的支撑。

作为世界上唯一的超级大国，美国之所以能多次抓住技术革命的脉搏，主要原因在于其广泛吸引了世界各国的优秀人才，促成了科学中心向美国的转移。美国制定了开放的移民政策，实施优惠的留学政策，并通过跨国公司实施“人才本土化战略”，从而使美国在技术领域始终保持国际领先的地位。另外，美国还特别重视中小企业创新，不断促进产学研之间的合作，使企业成为技术革命的引领者。例如，谷歌、脸书等企业脱颖而出，快速成为举世闻名的跨国公司。

日本在“二战”后曾经满目疮痍，但其从“贸易立国”转变为“技术立国”，又迅速抓住了技术革命的机遇，不仅成为世界公认的最具科技创新能力的国家之一，而且创造出许多经济奇迹，在短短 100 多年中从一个东亚落后小国发展成为世界第二的经济科技强国。日本的主要经验是在引进先进技术并消化吸收的基础上，从模仿走向创新，充分相信本国技术力量，崇尚永不言败的“挑战者精神”，最终突破了美国的技术封锁。

从全球范围来看，经过若干次经济危机与技术革命的交替，目前已形成了 20 多个创新型国家，包括美国、英国、法国、德国、日本、丹麦、芬兰、瑞典、韩国和新加坡等。这些国家的创新综合指数、科技进步贡献率、研发投入占 GDP 的比重均高于一般国家，它们将依靠突出的创新能力在新一轮的技术革命中占据一席之地。

3. 后发制人：中国发展的战略蹊径

与发达国家相比，中国属于后发国家，但是经过 30 多年的改革开放，已是今非昔比，有机会、有能力在新技术革命中脱颖而出。近年来，虽然中国经济增长速度有所放缓，但已开始从量的增长向质的提高转变，总体发展态势仍然良好。不少专家和机构认为，中国经济增长速度平稳回升，将维持在8%左右。稳定增长的经济形势无疑将为中国开展技术创新奠定良好的基础。

例如，林毅夫乐观地认为，目前中国的人均收入按购买力平价计算还只有美国的21%，与美国的发展状况类似的有1951年的日本、1975年的中国台湾，以及1977年的韩国，中国有潜力再维持20年8%的增长。中国在缩小差距之前，仍将继续享受其后发优势带来的好处。

由于种种原因，中国错过了前几轮全球的技术革命。“前事不忘，后事之师”，中国对当前的战略机遇倍加珍惜，在“十二五”时期，陆续在太阳能发电、风力发电、洁净煤、电动汽车、宽带网络、物联网、云科技、绿色制造、智能制造、服务机器人等领域发布了众多的科技专项规划，3D打印相关的战略规划也已出台，目的在于重点突破一些具有颠覆性的关键领域。

相比之下，尽管欧、美、日也竭力开发新技术，抢占发展制高点，但欧盟仍陷在债务危机的泥淖中，各成员国分歧较大；美国也受到政治角力的牵绊，民主、共和两党的党派观念日益浓厚；日本的泡沫经济更是沉疴已久，在核危机的重创下陷入停滞，这些问题在一定程度上阻碍了这些国家技术革命的步伐，为中国赶超发达国家提供了可能的空间。

因此，如果中国能够扬长避短，就有可能实现跨越式发展。作为后发国家，中国应充分利用后发优势，博采众长，要借鉴欧盟、美国、日本技术革命的成功经验，既要重视教育科研与原始创新，也要广泛吸引海内外的优秀人才，坚持自主创新，通过新技术革命切实解决发展所面临的城镇化、能源、环境、气候变化等突出问题，利用“倒逼机制”将问题转化为机遇，实现科学发展方式与经济发展方式的转变。

4. 自主创新：中国发展的战略基点

当前，中国科技创新的速度越来越快，但是国际上对中国的技术封锁也越来越严重。时至今日，美国对“放宽对华高技术出口管制”的议题始终止于口头承诺，未见有实质性的行动，可见，真正的高技术是引进不来的。因此，在新技术革命下，不能再依赖“以市场换技术”的策略，必须适应时代发展的要求，中国必须以自主创新为战略基点和核心要素，克服技术对外依存度高的问题。

首先，中国坚持自主创新，并不是要闭门造车，而是要走对外开放的道路。党的十八大报告指出，适应经济全球化新形势，必须实行更加积极主动的开放战略，完善互利共赢、多元平衡、安全高效的开放型经济体系。为此，中国应积极寻求全球合作，充分利用全球创新资源，加强政府间科技合作的顶层设计，扩大国家科技计划的对外开放，不断提高对外开放的层次和水平。

其次，中国坚持自主创新，要以战略性新兴产业为主要突破口。在前几轮技术革命中，当时所谓的战略性新兴产业都发挥了关键性的作用。为此，中国应以《关于促进战略性新兴产业国际化发展的指导意见》《“十二五”国家战略性新兴产业发展规划》《战略性新兴产业重点产品和服务指导目录》等相关政策文件为指导，不断突破关键领域的核心技术，努力将其培育成新的经济增长点。

最后，中国坚持自主创新，要以官产学研用相结合为主要模式。这是因为技术革命的要义在于将技术转化为生产力，不仅要有先进的技术成果，更重要的是要推动成果转化。为此，中国应推动科技和经济紧密结合，着力构建以企业为主体、市场为导向、产学研相结合的技术创新体系，推动政策链、技术链、产品链和消费链之间形成高效衔接。

党的十八大报告指出，要实施创新驱动发展战略，坚持走中国特色自主创新道路，以全球视野谋划和推动创新，提高原始创新、集成创新和引进消化吸收再创新能力，更加注重协同创新。因此，面对新技术革命风起云涌的全球背景，中国要依靠自主创新来实现技术突破，激发国内技术创新的新高潮，提振整体产业的技术含量，向创新型国家的目标奋进。

第三节　推动开展国际产能合作

近几年，在国务院总理李克强的大力推动下，国际产能合作成为中国开放与“走出去”的重头戏。从中亚、拉丁美洲到欧洲，从东南亚到非洲，中国正全方位出击，与发达国家、发展中国家共同联手，积极开展国际产能“第三方市场合作”，推动产业与资本的融合、技术与市场的对接，努力实现“三方共赢”，着力打造重点行业产能的国际合作新格局，实现全球产业链、供应链、价值链的深度调整。

一、中国开展国际产能合作的现状

哈萨克斯坦是中国推进国际产能合作的第一站。2014 年 12 月，在李克强总理访哈期间，双方就在钢铁、水泥、平板玻璃、装备技术等领域开展“一揽子”产能合作达成了共识。此后，两国有关部门举行 5 次产能与投资合作对话会，确定了 48 个早期项目，金额达 303 亿美元，签署了 28 项合作文件，协议总金额超过 230 亿美元。此外，双方还将建立中哈产能合作专门基金。

与哈萨克斯坦的产能合作开了一个好头，增强了中国加强国际产能合作的信心，也点燃了各国与中国开展产能合作的热情。2015 年 5 月，李克强总理访问拉美，与巴西、哥伦比亚、秘鲁、智利签署基建、产能等实际项目及意向协议，总额超过 1 000 亿美元。6 月，李克强总理访欧，中国与比利时签署了 12 项双边合作文件，金额超过 180 亿欧元；中法两国政府共同发表了开展第三方市场合作联合声明和中法核能合作联合声明。

9 月，埃及总统赛西访华期间，中埃双方共同签署了《中埃产能合作框架协议》，有关部门将加快开展相关工作。同年 9 月，在第 12 届中国 – 东盟博览会上，中国与东盟国家有关部门举办双边会谈、国际产能合作展览展示、国际产能项目对接会等，成功签约的合作项目达到 34 项。中国对 60 多个国家进行了国际产能合作的需求调查，已开展合作的国家达到 12 个。

二、中国开展国际产能合作的优势与劣势

推动国际产能合作，对于中国而言可谓正当其时。作为一个新兴国家，中国在工业化的道路上走在发展中国家的前列，具备了坚实的产业基础，积累了丰富的运营经验，在国家政策支持下正蓄势待发。同时，中国毕竟还是一个发展中国家，在国际化方面仍缺乏经验，与发达国家相比处于相对劣势地位，还需要苦练内功。

1. 优势

（1）中国具备良好的产业基础

经过多年发展，中国已进入工业化中期，经济体量大，已形成了门类齐全、具有相当技术水平和成套的完整产业体系，在钢铁、有色、建材、铁路、电力、化工、轻纺、汽车、通信、工程机械、航空航天、船舶和海洋工程等行业均有明显的优势和竞争实力，尤其是高铁，拥有 1.6 万公里里程的营运经验。200 多种工业品产量居世界首位，装备水平处全球产业链中端，性价比高，形成了一批具有国际竞争优势的大型企业。中国企业完全具备“走出去”开展国际产能合作的实力。

（2）中国具有一定的资金优势

经过数十年发展，中国已成为全球第二大经济体、第一大外汇储备国、第三大对外投资国，中国设立了丝路发展基金、中非基金、中国－东盟海上合作基金、中拉产能合作投资基金及亚洲基础设施投资银行等。同时，中国正在加快设立国际合作产业基金公司。工业和信息化部（简称工信部）和国家开发银行（简称国开行）联合选择了 30 多个重点项目，通过银企合作推动装备制造“走出去”。这些都将成为中国开展国际产能合作的有力融资支持。

（3）国家鼓励政策亦逐步到位

2015 年 4 月，李克强总理主持召开中国装备“走出去”和推进国际产能

合作座谈会，首次提出要推动中国外贸从“大进大出”转向“优进优出”，形成开放型经济新格局。5月，国务院发布了《关于推进国际产能和装备制造合作的指导意见》，提出力争到2020年，与重点国家产能合作机制基本建立。2015年，国家发改委同外交部制定了《国际产能合作规划》，明确了国际产能与装备制造合作的重点区域与方向，落实了国际产能合作指导意见。除此之外，政府还大幅度改革境外投资项目的管理制度，除敏感国家、敏感地区的投资项目外，基本取消了企业对境外投资的审批。

2. **劣势**

（1）中国企业缺乏国际化的专业人才

调研发现，中资企业在拓展国际市场、开展国际产能合作的时候，普遍对于具有国际视野和技能的高端人才需求旺盛，但这方面人才的供应严重不足。专家也指出，国际产能合作的实施，最急迫的问题是缺乏大量既懂经营管理同时兼具国际规则精神的专业人才。

（2）中国企业跨国运营能力亟待提高

中国企业仍缺乏成熟的国际化运营经验，对当地政府、工会、社会组织、文化、风土人情的了解还不够全面和深入，不能够与当地人打成一片，在处理当地员工上班不守时、低效率、擅长罢工等问题上容易沿袭国内做法，陷入僵局甚至是暴力冲突，产生不良的国际影响。

三、中国开展国际产能合作的机遇与挑战

推动国际产能合作，固然是中国经济发展的需要，同时也是发达国家拓展市场、发展中国家产业升级的需要，这顺应了全球基础设施建设升温的浪潮，能实现各方的利益诉求，因此得到越来越多国家的响应。但是，需要指出的是，不论是中国、发达国家还是发展中国家，都面临各自的问题，合作可能存在一些未知的变数，并不会一帆风顺。

1. **机遇**

（1）中国“一带一路”倡议为国际产能合作廓清道路

“一带一路”倡议是中国经济新常态下对外开放的总纲领，受到沿线国家的普遍欢迎，尤其是亚洲基础设施投资银行的顺利推进，为中国企业“走出去”提供了良好机遇。整体来看，“一带一路”沿线国家具有良好的投资前景、资源优势和劳动力资源，市场前景广阔，是开展国际产能合作的前沿阵地。目前来看，已经在推进的产能合作项目主要来自“一带一路”沿线国家以及拉美地区。

（2）发达国家经济放缓使“第三方市场合作”成为可能

当前，世界经济增长放缓，发达国家经济复苏乏力，正积极寻找新的经济增长点。它们大多数处于工业化后期或后工业化阶段，拥有关键技术、先进装备，但产品却因价格较高而销路受限。在经济衰退的压力下，这些国家有意愿与中国开展关键技术和先进装备的合作，将其转化为经济收益。而中国将这些关键技术、高端装备与自己的中端装备组合起来，能够以较低价格和较高质量满足广大发展中国家的需求，从而共同实现“第三方市场”的开发。

（3）发展中国家期待借助国际产能合作实现产业升级

发展中国家自然资源丰富、劳动力成本低，但其工业体系不完整，产业、产品多数处在低端。伴随着工业化、城镇化加快发展，这些国家基础设施建设方兴未艾，对实用的技术装备需求强劲，与中国在高铁、能源、基础设施等领域开展产能合作的意愿十分迫切，热切欢迎中国资本、中国装备和中国技术来帮助它们实现产业升级。

2. **挑战**

（1）面临国际竞争压力

国际产能合作并非是中国的独创。在历史上，法国、德国、美国、日本、韩国等都曾是产能转移的承接国和输出国，中国从发达国家引进大量的产能之后，逐步实现了经济的腾飞。即便在今天，发达国家也仍在利用全球资源部署产能，抢占全球产业链、供应链、价值链的高端。在这种情况下，各种国际标准越高，国际竞争越激烈，中国企业“走出去”开展产能合作面临的挑战也就越大。

（2）存在较大风险和不确定性

目前，有一些国家政治动荡，甚至有战乱，内部威胁非常多，政府更迭很快，与旧政府签署协议，项目刚落地，新政府上台，项目投资就可能被取消或者终止，加上经济上债务累累，根本不可能给予合理的补偿，这样就导致企业承担的风险很大。即便政治、经济上相对平稳，一些国家政府也可能因为各种原因毁约，给企业带来重大的损失。例如，2014 年，墨西哥取消中国铁建联合体业已宣布的中标结果，联合招标的报价总额约为 44 亿美元，而赔偿金仅为 130 万美元。2015 年 9 月，印度尼西亚取消了雅加达 – 万隆高铁项目，转而考虑建设时速为 200 ~ 250 公里的中速铁路。

四、中国国际产能合作的未来展望

总体来看，中国开展国际产能合作正当其时，大有可为，但面临的风险也不容忽视，需要啃硬骨头，必要的时候还要绕过激流险滩。为更好地开展国际产能合作，中国还需抓紧制定出台相关规划和配套政策措施，积极搭建政府和企业对外合作平台，注重产融结合，切实做好风险防控工作。

面向未来，中国应利用自身的优势，让发达国家和发展中国家共同参与进来，按照商业原则和国际惯例，在遵循经济规律、产业发展规律和国际关系规律的前提下，盘活全球的产能资源，共同下一盘国际产能合作的“大棋”，倒逼中国企业不断提高技术、质量和服务水平，同时激发相关国家和地区的经济活力，实现国际分工协作的效益，推动世界经济复苏和繁荣。

一是加强与欧盟等发达国家和地区在再工业化、铁路网与港口改造、单一能源市场、单一数字市场等领域的产能合作，推动中国的“国际产能合作”

计划与欧洲基建投资计划的“容克计划”对接，通过技术和产能合作，充分利用双方的优势，提高中国相关产业的技术素质和附加值，同步拉动中国的产品出口，带动欧盟及一些发达国家和地区的核心技术和创意出口，同时推动发展中国家基础设施建设和工业化进程，实现“三方共赢”。

二是加强与俄罗斯等新兴国家在铁路、核能、航空航天、汽车等高端制造领域的产能合作，推动“一带一路”倡议和欧亚经济联盟实现对接，抓住俄罗斯大规模开发远东、巴西经济转型升级、南非工业化进程加快等有利时机，加强互利务实合作，共同提升技术实力，推动各国战略目标的实现。

三是加强与发展中国家在钢铁、有色、建材、铁路、电力、化工、轻纺等领域的产能合作，将中国的装备、技术、管理、标准和资本尽可能多地“打包”，打造中国品牌，同时要考虑国家形象和大国责任，选择恰当的合作产能，提供基础设施建设、技术转移、人才培养、经营管理等一揽子服务，切实帮助发展中国家将资源优势转化为产业优势，同时推动这些国家扩大当地就业，加快工业化、城镇化的进程。

第四节　建设科技开放特区

近年来，中国在科技领域取得的成绩有目共睹，总体创新水平不断提高，但在一些基础性、关键性的创新指标方面，中国与主要发达国家相比始终差距很大，如同遇到了“天花板”。

作为一个后发国家，中国如果一直按部就班，不主动去突破科技领域的体制障碍和制度瓶颈，拥有超过对方的创新活力，就只能被甩在后面，不可能实现弯道超车。

为此，借鉴经济特区作为经济体制改革的试验场的做法和经验，中国应加快科技开放的步伐，积极创建科技开放特区，大胆进行科技体制机制改革，修订原来存在的一些不合理规定，尝试新的国际科技合作模式，以进一步激活创新活力，更好地发挥创新驱动发展的潜力。

一、科技开放特区构想

可以借鉴经济特区经验，将科技开放特区办成科技领域开放政策的试验场。国家可根据各地的科技发展水平及开放程度，划出一定的区域范围，在科技体制改革方面先行先试，对科技开放采取带有一定倾斜性的政策，以区域范围内的高校、科研院所和科技企业为依托，将全球范围内的资金、人才、技术等资源优势整合起来，对当今世界前沿科技与基础科技进行研究与开发，以在未来一定时期内推动我国在绝大多数科技领域实现追赶（或超过）世界发达国家科技发展水平的目标，从而使中国真正能够从“科技大国”变成“科技强国”与“创新型国家”。

所谓特区，必然要有特别之处。科技开放特区一是特在政策上，要推出与其他地区具有显著差异，更利于开放创新的政策，要解除原有不合理的政策约束，在可控的范围内以最大限度地激活创新活力为导向，对科技投入、金融支持、税收激励、创造和保护知识产权、政府采购、人才队伍、科技创新平台与基地等方面的科技政策充分注入开放性的元素，打造开放的政策环境。

二是特在体制上，要在《关于深化科技体制改革加快国家创新体系建设的意见》等相关文件的指导下，大胆革除影响科技创新发展的体制机制障碍，积极建立外向型的科技组织机构，转变各级管理部门的职能，改革科技研发的拨款制度，提高区域内科技机构承接国家主体科技计划的开放性。

三是特在发展路径上，科技开放特区并不是面向传统产业发展，而是突出高科技在经济社会发展中的地位，并且是以外向型经济为主，是我国战略性新兴产业集聚发展的前线和主阵地，因此要转变经济发展方式，提高经济增长质量，占据全球价值链的高端环节。

科技开放特区虽然坐落于国内，却是面向全球，如果囿于传统的管理体制、机制和模式，就根本不可能吸引全球的资金、人才、技术等创新资源向科技开放特区集聚，因此必须具备全球视野，融合当前主流的国际化、市场化特点。

二、环境和机制

科技开放特区要具备国际化的环境，就要营造一个开放、宽容、自由、多元、个性、富有活力、能够激发人想象力和创造欲的人文环境，理解不同民族、不同国家的文化风俗、宗教习俗等，在尊重差异的前提下，培育一种共同的归属感。

科技开放特区也要具备市场化的机制，从目前情况来看，我国政府对包括科技在内的各类活动仍保留大量的行政干预，没有真正形成市场化的运作机制，这将阻碍国际科技合作的深入开展。近期，我国政府已高度重视这一问题，多次在国务院常务会议上强调，要大幅减少和下放行政审批事项，真正向市场放权，发挥社会力量的作用，减少对微观事务的干预，激发经济社会发展活力，管住管好政府该管的事。科技开放特区更是要突出市场化运作的机制，努力与国际通行的市场化机制接轨。

要有建设经济特区的决心和魄力来建设科技开放特区，要在项目合作模式、人才引进模式、教育模式、投融资模式等方面大胆创新，比如从财政部的角度改革拨款政策，提高863计划、973计划的国际化程度，开放一些重大专项，如果不能开放，也要争取在农业、环保、清洁能源领域进行试验；以国家名义专门建立一些吸引国际人才的机构；把国外的大学、科研机构请到我国来落地，如设立哈佛大学的分校；聘请世界知名的专家来担当科技部和国家科技基金委相关机构的成员；要请一些国外战略科学家按照国际一流标准来考核和评估科技人才，给予适当的压力和动力等。

| 第三章 |

吸取历史经验教训，推动制度变革

第一节　主要国家科技国际化战略的启示

和平与发展是当今世界的主题，合作与共赢成为时代的潮流，应对全球性问题和挑战已成为国际科技合作的关注热点，科技国际化趋势日益明显，全球范围内知识、技术创新速度加快，科技发展呈现出多点突破、交叉汇聚的态势，协同创新成为推动科技创新发展、提升核心竞争力的重要途径。

科技国际化是一个国家或研究机构积极参与全球科技合作与竞争、共同应对国际科技问题与挑战，并有效利用全球科技资源、加速提升自身科技能力的过程。科技国际化可以在全球范围内有效利用科技资源，联合世界各国优势科技力量共同实施一个国家难以单独完成的科研计划，这样有利于一个国家更好地参与全球科技合作与竞争，提高本国科技创新及应对区域性和全球性问题与挑战的能力；有利于一个机构更加有效地吸纳利用国际优势科技资源、交流输出科技成果，争取更大的国际发展空间。

一、发达国家科技国际化战略

当前，无论是发达国家要保持科技的领先地位，还是发展中国家要实现科技的跨越式发展，都需要积极地开展国际科技合作。美国、欧盟、日本等发达国家和地区以及巴西、俄罗斯、印度等新兴国家均制定了科技国际化战略，以充分利用全球化带来的机遇，应对金融危机的挑战，促进经济增长，解决气候变化、能源环境、公共卫生与健康等人类共同面临的世界难题。根据自身优势的不同，这些国家的科技国际化战略的战略目标具有不同的特点，对我国既产生积极影响，也具有消极效果。

1. 美国

以往，美国较少与他国进行科技合作。近年来，美国开始重视国际科技合作，围绕国家利益与总统的工作重点，坚持“以我为主，对我有利”的原则，其基本战略是利用全球科技资源，保持美国在全世界的科学领导地位，保障美国的国家安全，推广民主制度，为推动美国经济与科技发展服务。

1994 年 8 月，克林顿政府在《国家利益中的科学》中指出，“科学，本质上是国际性的。人员、思想和资料数据的自由流动对美国科学事业的健康发展是必不可少的。许多科学挑战，是全球性的，需要与其他国家共同合作。”

1995 年 9 月，克林顿政府制定了《国家安全科学技术战略》，阐明了科学技术在保持军事实力、控制军备和防止大规模破坏性武器扩散、对付全球性威胁、增强经济实力等方面的核心作用，并提出国际科技合作对实现国家利益和外交目标具有重要战略意义。

1999 年，美国国家科学技术委员会在其年度报告中提出，要从“为外交服务的科学技术”转向“为科学技术服务的外交”，将国际科技合作提升为国家科技活动总体目标的一部分。

2000 年，美国国务院设立国务卿科技顾问，提升科技合作在外交中的作用，给外交政策讨论加入更多专业的科技因素，提供咨询意见，同时和美国以及世界的科学界建立更加良好的关系。

2008 年 2 月，美国国务院咨询委员会提出，国务院应该强化外交活动的科技导向，提高外交官的科学素养，积极与其他国家政府或非政府组织建立研发伙伴关系，以提升未来竞争力，并建议伙伴关系应该面向关键的全球问题，如气候变化、全球健康、能源安全和武器扩散，还包括使发展中国家构建其能力的联合长期科技援助投资；同时，美国国家科学技术委员会发布了《国际科学与工程学伙伴：美国外交政策与国家创新事业的优先领域》，明确提出把科学与工程领域的国际伙伴关系，不仅作为国家研发政策的优先领域，而且作为国家外交政策的优先领域，认为这不仅将促进科学与工程事业的发展，激励美国的创新和经济竞争力，而且在改善国家和地区关系及在全球范围内提高科学与工程能力方面也有巨大的潜力；10 月，美国科学促进会成立了新的科学外交中心。

2009 年 6 月，奥巴马总统在埃及大学发表对伊斯兰世界的重要讲话，希望开拓美国与伊斯兰世界的“新开端”，建立“基于相互尊重的伙伴关系”，并宣布将实施有关科技合作项目，包括资助伊斯兰国家的技术开发，在非洲、中东、东南亚设立卓越研究基地，他任命美国负责全球性课题的新的科学特命大使。与此同时，美国众议院通过了《国际科学技术合作法》，确定设立跨部门的委员会，专司科学技术合作、协调相关部门，实现外交目标。

2010 年，美国国会制订了《为国家安全、竞争以及外交服务的美国全球科技计划》，明确提出国际科技合作将有利于加强美国国家安全，提升美国经济的竞争力。

2011 年，美国国家科学基金会公布了“NSF 2011—2016 财年”战略规划，将国际科技合作作为其重要目标之一，提出“通过加强与国际伙伴的合作，保持美国在科学前沿的全球竞争力”。

2. 欧盟及其成员国

（1）欧盟。欧盟对外开展国际科技合作始于1983年。1984年，研究与技术开发第一个框架计划付诸实施，标志着欧盟国际科技合作进入有序化阶段。

从1995年开始，欧盟所有的国际科技合作活动都归到“跨国合作计划”下执行，主要原则包括：一是使国际科技合作服务于欧盟，满足其经济与社会发展总目标，即“使欧洲就业更充分更优化，社会更协调，成为可持续增长的、最具竞争力和最有活力的知识经济”；二是利用国际科技合作，推动欧盟与他国的经贸合作以及其他领域的交流；三是利用国际科技合作提高欧盟的国际地位和发挥其对他国的影响力；四是引入尖端科技人才和科研成果为其所用。

2003年12月，欧洲共同体成员国首脑会议批准了有关竞争力、经济增长和就业的白皮书，其中有较大的篇幅论述了跨国科技合作问题，指出合作研究开发对振兴经济的重要性，并要求到2010年投入1 500亿欧元建设欧洲的信息技术基础设施。

2008年9月，欧盟发布关于《国际科技合作的欧洲战略框架》的政策文件，提出了面对新兴经济体的挑战，欧盟和各成员国应该加强对外科技合作的协调，通过对研究投资与活动的进一步整合和跨国合作来深化欧洲研究区域，为欧洲作为科研和创新投资对象增加竞争力和吸引力；12月，欧盟委员会在欧盟竞争理事会会议上通过了“欧洲研究区2020构想”，提出要打造具有世界影响力的欧洲研究区，将推进联合研究项目，使其经费占欧洲全部研发经费的比例翻一番，目的是逐步建立一个全方位、强有力的国际科研合作网络。

2012年9月，欧盟委员会发布了《促进和加强欧盟科研与创新国际合作的战略路径》的政策文件，提出了欧盟新的研发框架“2020地平线”计划，这一计划将继续保持对全球开放，欢迎世界各国的参与，欧盟将以应对全球挑战为核心，大力加强战略导向型科技合作，新战略的另一变化是，中国等新兴经济体将和发达国家并列。新战略为欧盟国际科技合作设立了三大目标：加强欧盟研发与创新的卓越水平，提高经济与产业竞争力；应对全球重大挑战；为欧盟整体外交政策提供支撑。

（2）英国。英国国际科技合作的重点是在欧洲，但也重视与非欧盟国家的合作。1993 年 5 月，英国政府发表了《发掘我们的潜力：科学、工程和技术的战略》白皮书，强调要“提高政府对话地位，更好协调欧洲和国际科技计划”。

2000 年，英国政府明确提出了创新的全球化战略。2004 年，英国政府在十年长远投资计划《2004—2014 年科学与创新投资框架》中提出，“科学研究是一项国际化的事业”，强调了国际合作的重要性，并设定了新时期英国科技发展的新目标：使英国成为全球化企业设立研发中心的选择对象国，成为外国大学寻求科学或商业合作的选择伙伴。

2006 年 10 月，英国“全球科学与创新论坛”发布了《英国研究与发展国际合作战略》，首次提出英国国际科技合作的完整的战略框架，包括四大领域（研究卓越，创新卓越，提高英国的国际影响，实现国际发展目标）和七大战略建议。同时，英国还出台了《国际科技合作战略》，该战略提出了依靠国际合作“促进研究卓越”、“促进创新卓越”、“提高英国的国际影响力”和“实现全球发展”的目标，该战略还特别提出要把中国、印度等国作为英国的重要科技合作伙伴。

2007 年 1 月，英国智库 Demos 发表《创意版图》，报告指出英国要想在全球科技竞赛中不落后太远，就必须立即扩大与亚洲快速成长的“创新热点地区”——中国、印度和韩国的合作。

2008 年，英国政府发布了科学与创新战略白皮书《创新国家》，进一步提出了加强国际创新的一系列措施。

2010 年 3 月，英国研究理事会公布《国际合作战略》，提出加强研究理事会在国际研究战略和政策发展上的影响，鼓励英国优秀研究人员参与国际合作，提高国际合作研究的价值和影响，承诺将参与解决全球公共危机。

（3）德国。德国政府一贯重视国际科技合作与交流，欧盟国家多边合作是德国对外科技合作的重点，德国积极参加了欧洲科技研究合作组织、欧洲经济合作开发组织、欧洲空间局、欧洲核研究组织、欧洲南半球天文研究组织等一系列合作研究组织的活动。

1993 年 10 月，德国联邦政府制定了新的“亚洲战略”，除加强政治、经济合作外，科技合作在新的“亚洲战略”中也占有重要位置，特别是环保、能源、农业、通信等成为合作研究的重点。

2008 年 2 月，德国发布题为《增强德国在全球知识社会中的作用》的联邦政府关于科学和研究国际化的战略，提出联邦政府资助科学和研究国际化要实现 4 个目标：加强与全球领先者的研究合作；开发利用创新的潜力；增强与发展中国家在教育、研究和发展方面的长期合作；承担国际责任，并应对全球挑战。

德国政府强调了科技国际化的国别政策，即对不同国家采取不同的合作方式。与美、日等竞争对手的合作，总的原则是以优势对优势，互利互惠；与发展中国家的科技合作，突出互利互惠，强调科技合作应与经济项目挂钩，其根本目的是想通过科技合作推动经贸关系的发展，转让技术和占领市场。

德国政府各相关部门在相互协调的基础上，在各自分管权限内独立实施科技国际化战略。德国联邦政府定期组织召开高级别科技国际化战略工作小组会议，根据最新评估结果，研究科技国际化战略成果，协调组织策略及具体措施，商定联合行动。

3. 日本

日本自 1995 年通过《科学技术基本法》之后，从 1996 年开始实施五年一期的《科学技术基本计划》。在这三期基本计划中，科学技术国际活动的地位得到不断提高。

第一期《科学技术基本计划》（1996—2000 年）把鼓励科学技术为国际

社会做贡献列为一大重点发展领域；第二期《科学技术基本计划》（2001—2005年）提出把科学技术活动的国际化作为日本发展科学技术的3个基本政策之一；第三期《科学技术基本计划》（2006—2010年），提出要从战略的高度进一步推进科学技术活动的国际化。为此，日本必须在对国际动向进行充分调查和分析的基础上，根据对象国和具体状况，分别采取“竞争与协调”“合作”“援助”等不同方式，实现日本科学技术在世界上的目标。

2008年5月，日本出台了《加强科技外交战略》报告，提出日本推动科技外交的基本方针、推进战略和具体措施，强调加强科技与外交的协同，利用本国独有的科技优势，在强调为全球性课题做贡献的同时，为争取外交主动权和国际话语权服务，同时利用外交为其科技发展服务，使国家利益最大化，达到提高日本国际地位、使日本成为各国信赖的合作伙伴的目的。

2010年2月，日本发表了《综合科技会议科技外交战略特别工作组报告》，提出科技国际化战略，其核心是采取“竞争与协调”“合作”“援助”等不同方式达成“争夺人心、争夺标准、争夺人才”的目标。

日本国际科技合作的基本方针是：加强同发达国家的合作，作为发展科学技术的推动力；根据合作对象的实际情况，推进与发展中国家的合作；在国际一致同意的基础上建立国际科技关系的基本原则。

二、新兴国家科技国际化战略

1. 巴西

巴西是拉美对外科技交流与合作最为活跃的国家，无论是同本地区国家，还是同其他地区国家的交流与合作均是如此。巴西政府认为，与其他国家进行科技交流与合作是提高本国科技水平最省时和最省力的途径，与传统的伙伴进行科技合作应包括先进的、创新性的内容，特别是应将高新技术作为合作的优先领域。

巴西政府要求，主要通过本国科研机构与国外合作伙伴进行联合开发来吸收国外的知识与技术。在本国培养高素质人才的同时，向国外派遣科技人员进行培训也是巴西国际科技合作的重要内容。

2. 俄罗斯

俄罗斯政府重视国际合作，将开展国际科技合作政策视为国家科技政策的一个重要组成部分，在兼顾国家安全利益、对外政策和对外经济方针的同时，通过国际科技合作在市场经济条件下改革和发展俄罗斯科学体系。

1996年7月，俄罗斯国家杜马正式审议通过《联邦科学和国家科学技术政策法》，指出：俄联邦权力机关负责为国际科技合作创造必要的政治、物质、法律和组织条件。每一个科研活动的主体均有权加入国际科技组织并参加国际科技活动，在不违反俄联邦法律规定的情况下，有权与外国组织和公司签订在国内或国外开展科研工作的合同和其他协议，并可在俄联邦境内建立有外国人参加的科学组织、中心和学术联合会。协助学者、专家同国外科学组织开展广泛、直接的科技交流。同时，俄联邦依据法律监督检查向外国转让的科技成果。

1998年5月，俄罗斯批准了关于创建有外国公民参与的科研单位和科学中心的政府令，该法令既是为了让外国公民依据俄罗斯联邦法律规定的办法和程序向俄罗斯科技领域投资，也是为了便于那些有外国法人和自然人参与的非商业性科研单位和科学中心，根据本办法规定的创办条件和运行机制有效地向俄罗斯科技领域投资。

俄罗斯逐步与几十个国家重新签订了政府科技合作协议，同时也加强了与各种国际组织和外国公司在科技方面的合作，主要是通过双边、多边项目的方式参与国际分工和国际科技合作。其中，独联体国家是俄罗斯对外科技合作的首选国家，美国、日本、德国等发达国家是俄罗斯开展对外科技合作的重要对象国，与发展中国家的科技合作也有所加强，其主要合作对象是印度、伊朗及中国等国。

3. 印度

2003 年 1 月，印度政府出台《科学技术政策》，高度重视国际科技交流与合作，突出国家利益和本国优势，促进印度学术机构和实验室参与直接惠及印度科学发展和安全目标的国际科技合作计划，也包括作为平等伙伴参加的大科学项目，强调要发展与发展中国家尤其是周边国家的合作。

印度根据本国科技、经济发展需要，深入研究了各国情况，制定了针对不同国家进行合作的战略和政策，目标明确。印度与俄罗斯进行军事科技合作，与德国进行航空、先进材料合作。与发展中国家之间则开展有利于技术转让和开拓国外市场的科技合作，与巴西进行了卫星制造、遥感技术应用的合作，与阿根廷进行了遗传技术和制药的合作等。

三、主要国家科技国际化对我国的影响

总体来看，不论是发达国家还是新兴国家，都非常重视国际科技合作，各自推出了科技国际化战略，不断加强与其他国家的科技合作与交流。比较来看，发达国家与新兴国家之间仍存在一定的差别，发达国家科技国际化更为积极主动，从战略到措施都非常详细，并将其升华到科技外交的高度；新兴国家大多是后起国家，由于科技实力相对较弱，科技国际化略显被动，前进的步伐较慢，还没有形成系统全面的战略体系。目前，我国位于新兴国家的行列，包括美国、欧盟、日本等发达国家和地区以及巴西、俄罗斯和印度在内的新兴国家，其科技国际化战略既有合作也有竞争，将对我国产生积极和消极两个方面的影响。

1. 积极影响

（1）有助于提高我国科技水平。改革开放以来，在其他国家实施其科技国际化战略、与我国进行国际科技合作的过程中，国外先进的技术和高素质的科技人才等对我国科技水平的提高起到了非常重要的促进作用。发达国家不仅掌握着较先进的技术，拥有强大的技术创新能力，而且通过技术扩散、

技术示范和技术应用等途径产生了技术外溢效应；与此同时，国内相关机构也抓住机遇，通过引进、消化、吸收、再创新，提高了自主创新能力，以此有力地促进了我国的技术进步。

例如，2009 年，我国聚光科技公司与美国斯坦福大学合作开展离子阱质谱气体分析仪及关键技术攻关，不到 3 年时间，就成功研制出中国第一台商用便携式质谱仪，还申请专利 16 项，其中发明专利 8 项，获得授权专利 5 项，软件著作权登记 1 项，并实现几千万元的销售收入。浙江永力达数控机床有限公司与德国德累斯顿科技与经济技术应用大学、弗劳恩霍夫协会合作，组成德国专家团队，为企业从生产经济型数控机床向制造高端数控产品的二次转型提供技术支撑，其项目成果将快速提高我国船舶制造工业关键设备的自给率。

（2）合作解决世界性难题。进入 21 世纪，科技问题变得越发复杂，很多都是全球性问题，尤其在环境方面，如温室效应、酸雨、物种灭绝、森林锐减、土壤沙化、水源短缺和水污染、海洋环境污染与水土流失、固体废物污染、有毒化学品污染、臭氧层空洞等，其范围、规模、成本和复杂性远远超出一个国家的承受与应对能力，开展国际合作已成为各国科技研发的内在要求。

例如，近年来，我国面临着严峻的气候变化问题，国际科技合作提高了我国科研机构在应对气候变化方面的科技水平，我国与十多个国际组织和有关国家在减缓和适应气候变化及二氧化碳捕集和封存等方面开展了卓有成效的合作，通过这些合作，在 27 个省区市建立了清洁发展机制技术服务中心，为推进中国清洁发展机制能力建设和项目开发发挥了关键性作用。

2. 消极影响

（1）阻挠我国科技进步。对于包括我国在内的大多数发展中国家而言，利用“技术溢出效应”获得先进技术是引入外资的重要目标之一。然而，对于外资来说，技术优势是其获得垄断地位或竞争优势、获取高额回报的保障，他们绝不会将关键领域与核心技术过度扩散，不仅如此，他们还常常试图削弱我国的科技力量，产生“技术吸出效应”。由于我国自身的科技实力相对薄弱，在国际合作中常常处于不利的地位，知识产权往往被对方牢牢把握。

（2）造成科技人才流失。发达国家在实施科技国际化战略的过程中，凭借其优厚的待遇吸引了包括我国在内的很多发展中国家的优秀科技人才。《中国留学发展报告（2012）》蓝皮书显示，1978—2011 年，中国共送出了 224.51 万名留学生，成为全球最大的留学生输出国，而同期留学回国人员总数为 81.84 万人，回归率仅为 36.5%。根据中央人才工作协调小组办公室负责人在接受采访时指出，我国流失的顶尖人才数量居世界首位，其中科学和工程领域滞留率平均达 87%。对正在转型升级中的中国来说，这显然是一个无法忽视的警示讯号。

四、建立科技国际化的倒逼机制

在科技全球化加速的背景下，围绕国际规则和话语权之争日益激烈，人才、技术、标准、知识产权等成为国际竞争的焦点，科技国际化战略已成为多国科技发展的重要取向。对我国而言，主要国家的科技国际化战略是一种压力，也是一种动力，这种力量形成了“鲶鱼效应”，使国内科技界感到外部环境不确定，感到竞争危机，迫使其应对挑战，从而形成“倒逼机制”。

1. 倒逼机制

2012 年 12 月 16 日，中央经济工作会议指出，“我们面临的机遇，不再是简单纳入全球分工体系、扩大出口、加快投资的传统机遇，而是倒逼我们扩大内需、提高创新能力、促进经济发展方式转变的新机遇”，“要充分利用国际金融危机形成的倒逼机制，把化解产能过剩矛盾作为工作重点”。“倒逼”一词在会议通稿中两次出现，这是不常见的，它释放出一定的信号，即“倒逼”在未来的政府工作中将具有重要的定位。

“倒逼”原本是货币经济学的一个术语，主要是指在强政府干预的经济体制条件下，大量的国有企业和地方政府，出于自身利益考虑，往往压迫商业银行不断增加贷款，从而迫使中央银行被动地增加货币供应，形成所谓的倒逼机制。也可以引申为，在国有企业改革中，体制外的企业逼迫自身的发展会倒逼体制内的企业提升市场化能力、强化管理和增强自身核心竞争力。从普遍意义上来讲，倒逼机制指的是各类组织在外部压力面前不得不采取有效措施以缓解压力的运作过程。

在国际科技合作领域，倒逼机制可以理解为，其他国家通过科技国际化广泛利用全球科技创新资源，不断提高自身的科技实力，将“倒逼”他国不得不加入这一潮流，加速提高自身的科技国际化能力，以避免被其他国家甩在后面。各国科技国际化的战略目标如表 3. 1 所示。

表 3. 1　各国的科技国际化战略目标

国家/地区	科技国际化战略目标
美国	吸引全球高端科技人才；支持跨国企业研发的全球布局；主导全球重大科技发展方向
欧盟	提升欧盟研发与创新能力；加强欧洲在世界研发市场上的吸引力；加强欧盟在应对全球问题的挑战等方面的领导角色
英国	强化人才培养，鼓励英国优秀研究人员参与国际合作；加强科技创新；加速研究成果产业化
德国	加强研究合作；发掘创新能力；加强与发展中国家合作；承担国际义务和应对全球挑战的科技国际化
法国	强化法国科技卓越性及创新能力；强化法国科技强国的地位；吸引最优秀研究人员加入法国科技团队；参与国际科技活动应对人类共同挑战；参与法国帮助发展中国家的援助
俄罗斯	在兼顾国家安全利益、对外政策和对外经济方针的同时，通过国际科技合作在市场经济条件下改革和发展俄罗斯科学体系
以色列	推动知识的进口和出口；争取使以色列在世界主要科技领域占有重要地位；向发展中国家出口知识和技术诀窍

续表

国家/地区	科技国际化战略目标
日本	通过吸收海外优秀的研发资源，强化日本的研发体系；在海外广泛应用日本的科技成果；强化政府体制，战略性推进科技领域的国际合作
韩国	通过实施战略性科技国际化战略，扩大合作领域，改善国际共同研发（R&D）体系，为实现科技强国目标构建坚实的科技环境系统

资料来源：《国际科技动态综述报告2010》之二，经整理。

从上述各国科技国际化的战略目标可以看出，这些国家的科技国际化各有特点，对我国科技国际化的倒逼各有侧重。发达国家开展国际科技合作，更多的是巩固自身的科技实力，抢占全球科技创新资源，并借此开拓发展中国家庞大的市场；而新兴国家则主要是提高自身的科技水平，壮大科技力量。

一是基于发达国家的倒逼机制。发达国家实施科技国际化战略，主要目标包括：吸引全球优秀的科技人才，抢占全球市场，力图主导全球科技发展方向，避免被后起国家反超，掌控全球关键核心技术，以及服务于外交的目标。在这种情况下，将直接导致我国优秀人才大量流失，部分市场被外资垄断，部分技术领域被跨国公司锁定，从而难以获取核心技术，同时推出的财政补贴、高技术企业认定等创新政策屡受欧美等国的攻击。

在发达国家的步步紧逼之下，我国必须强化科技国际化能力，制定和实施相关的战略措施，包括科技人才计划、发展外向型经济、鼓励多边国际科技合作、鼓励自主创新、加强对话与交流等。

二是基于新兴国家的倒逼机制。新兴国家实施科技国际化战略，主要目标和措施包括：积极吸引外商直接投资（FDI），推动与周边国家、发展中国家、传统友好国家等的科技合作，对一部分发展中国家实施技术转让和开拓市场，推动发达国家向发展中国家的技术转移，这将对我国同时产生竞争和合作两种态势。在竞争方面，在一定程度上导致我国的FDI有所下降，与我国在部分国际市场上形成直接的竞争；与此同时，也使我国科技合作的选择增多，通过联盟提高与发达国家在节能减排、绿色低碳等领域的技术转移的谈判能力。

在其他新兴国家的推动下，我国科技国际化的能力得到加强，不得不致力于改善投资环境，形成多个层次的国际科技合作，推动我国加强国际市场的开拓能力，并通过科技国际合作提升我国在国际竞争中的博弈实力。

2. 我国的科技国际化战略

党的十八大报告明确指出，“以全球视野谋划和推动创新”，因此，我国在科技体制改革和建立国家创新体系的过程中，要比照经济领域的开放思路和国际惯例，不断推动科技合作深入开展。

不论是发达国家还是新兴国家，其科技国际化战略都将对我国产生倒逼机制，导致我国必须大力提高科技国际化的能力和水平。比较来看，发达国家对我国科技国际化的倒逼压力更大，新兴国家虽然与我国在部分领域形成竞争而产生倒逼压力，但由于处于相似的发展阶段，更容易结成联盟共同对抗发达国家科技国际化带来的消极影响。面对其他主要国家科技国际化带来的倒逼压力，我国需要制定有针对性的科技国际化战略。

（1）战略定位

通过30多年改革开放，我国的科技实力已有很大的提高，甚至在部分领域逐步超越了发达国家的水平，但在总体竞争实力上仍然无法与发达国家相抗衡。美国、欧盟、日本等技术先进的发达国家和地区广泛参与全球创新活动并发挥主导作用，处于全球科技创新体系的顶层，它们通过各种途径掌握着国际科技合作的游戏规则；而中国、印度、俄罗斯、巴西等新兴国家还处于快速上升阶段，只是部分地参与全球创新活动，并在其中发挥着重要作用，在一定程度上仍然受发达国家的支配，科技国际化能力还有待进一步增强。面向未来，如果不采取积极有为的措施，我国有可能一直被锁定在从属的位置。

因此，立足于现实，我国科技国际化的战略定位：一是以我为主。所谓

“以我为主”，即以我的需求为主，不能被其他国家牵着鼻子走，要从全面建设小康社会的需要出发，从解决我国经济社会发展中面临的问题出发，紧密围绕建设创新型国家的科技发展战略目标和《国家中长期科学和技术发展规划纲要（2006—2020年）》的重点任务及要求，开展国际科技合作。

二是以发达国家为目标。将发达国家科技国际化给我国带来的倒逼压力当作动力，在深入全面的国际科技合作中向发达国家学习其先进的技术，最大限度地利用技术溢出效应，避免技术吸出效应，在国际科技合作中要注重保护自身的合法权益，防止知识产权、创新资源的流失，力争形成互利共赢的合作局面。

三是与新兴国家携手共进。减少和避免与其他新兴国家在科技国际化过程中的分歧，利用处于共同发展阶段的立场，与新兴国家结成稳固的科技国际化联盟，提高与发达国家科技合作的谈判能力，携手共进，保障发展中国家共同的合法权益。

（2）战略目标

我国科技国际化战略要以全局部署、需求牵引、重点突破、提升能力为指导方针，努力实现消化吸收世界科技成果，提升自主创新能力和国际竞争力；加快结构调整和发展方式转变，实现经济社会可持续发展；缩小与发达国家之间的差距，实现科技跨越发展；积极参与全球科技事务，提升国际科技地位。

具体的战略目标包括：通过引进或培养拥有足够的、具备全球视野的优秀科技人才；通过技术引进、消化、吸收、再创新等创新模式，在重大领域掌握相应的关键核心技术；建立相应数量的国际联合研究中心、国际科技合作基地；有相应的科学家在科技国际组织中承担重要的职务。

（3）战略步骤

一是系统建立一大体系。在全球化时代，科技合作的藩篱不断被打破，开放创新成为备受各国欢迎的技术和商业模式，一个在地域上覆盖全球，在主体上包括企业、大学和科研机构等，在领域上扩展到几乎所有行业的创新体系正在形成。

为推动科技国际化战略，我国需要结合本国的国情及借鉴发达国家的经验，统筹部署，全面出击，建立一个覆盖更为广泛的全球创新体系，具体包括：开展政府间科技合作项目、跨国公司在海外设立研发机构、参与或发起国际大科学工程与计划、进行各种形式的国际交流等，参与全球创新活动，向全球创新体系的顶层不断迈进。

二是灵活运用两大抓手。为推动科技国际化战略，我国要针对发达国家和新兴国家的两类倒逼机制，灵活运用国际科技合作与科技援外两大抓手。

在国际科技合作方面，我国要通过实施高层次、高水平、紧迫性特点的国际科技合作与交流项目，引进、消化、吸收、再创新，着力解决制约我国经济、科技发展的重大科学问题和关键技术瓶颈，提高自主创新能力，实现跨越式发展；在达成双边和多边政府间科技合作协定或协议框架下，推动我国科技进步和高新技术产业发展；围绕引进和培养国际顶尖人才，促进国际科技合作基地建设，与世界一流研发机构和一流科技人才进行合作。

在科技援外方面，要利用科技援助协调“走出去”战略，完善国际科技援助体系，建立经济、外交、科技的统一协调机制；增加科技援助参与主体，丰富科技援助的形式和内容，拓宽国际合作的渠道；利用科技援助的国际舞台，向发展中国家输出先进实用技术，推动我国相关技术和产业的国际化，增进国际经济技术交流；通过科技援助平台，建立与受援国之间的人才流动机制以及人才信息库。

三是加快建立三大机制。为推动科技国际化战略，我国要加快建立目标倒逼、时间倒逼和责任倒逼的机制。所谓目标倒逼，就是要把总的目标任务明确下来，分解落实到各级各部门和责任人；所谓时间倒逼，就是对每件事的截止时间确定下来，倒回来制定每一个环节、每一项进度的倒计时表；所谓责任倒逼，就是要把完不成的责任追究确定下来，倒回来明确制定每件事情、每个时段工作责任的底线，实行奖惩机制。

（4）具体模式

一是战略伙伴模式。推动国内外科研机构之间通过签订“全球战略合作伙伴备忘录（或协议）”的形式，建立全球战略合作伙伴关系，双方要在某一方面开展实质性的合作，还须签订更具体、明确的协议（或合同）。

二是联合研发模式。推动国内外科研机构针对某一题目联合进行研究开发，充分利用各自的资源优势，实现优势互补。

三是科研委托合同模式。鼓励国内外科技机构间签订协议，由国外科研机构委托国内机构就某一课题进行研究，在限定期限内，由国外科研机构提供研究经费和相关设备，国内机构负责具体研发活动的实施，也称为研发外包。

四是科研环境共享模式。推动国内外建立合作中心，汇聚软件、硬件、人才等资源，搭建平台，整合双方在该领域的全球资源，形成一个较为完整的产品开发和应用环境，吸引国内外科研机构在该中心合作研发，或者在平台基础上进一步开发产品和应用解决方案，共享该合作中心的所有资源。

五是科技人才培养模式。推动国内外科研机构之间展开合作，通过建立培训中心、设立博士后科研工作站、提供奖学金、提供实习岗、建立联合实验室、做访问学者、参加学术研讨会等多种方式进行沟通，分享科研经验，共同培养科技人才。

六是科技援助模式。鼓励国内科研机构对发展中国家进行先进适用技术的援助和转移，派科技人员到国外进行技术服务，帮助发展中国家培训技术人才，与发展中国家进行联合调查，帮助发展中国家提高科研开发能力，进行实物捐赠，帮助进行经济社会发展规划等各种活动。

第二节　历史教训警示

中国曾丧失三大历史机遇。在“文革”时期，中国自力更生，成功研制了人工合成牛胰岛素、青蒿素、中文激光照排系统、杂交水稻。但是改革开放后，产业转移过度依赖国外，陷入核心技术缺乏的尴尬局面。2008 年国际金融危机后，中国又投入 4 万亿刺激经济。

一、他山之石——德国

第一次历史教训来自德国。200 年前的德国迅速崛起，当时德国是技术革命的主战场，德国的物理学、化学在全世界领先，美国也派了很多人到德国学习。但后来德国发动了“二战”，选择用武力和战争改写历史，谋求崛起，最后失败了。德国如果不冒进，采用和平的方式，是可以崛起的。

美国专家研究发现，世界上大国的崛起，只有 16 次是通过战争的方式实现的。2015 年 9 月，习近平主席访问美国时，专门谈到中国的和平发展道路。习近平说，我们是和平崛起，和平发展。所以我们要选择走和平发展的道路。

“二战”后，德国经济迅速恢复并长时期快速增长，最初得益于美国“马歇尔计划”的扶持，但更为重要、更具根本性的因素是德国特色的“社会市场经济”系统连贯的创新制度环境，以及服务于科技和经济发展的现代国民教育体系，尤其是高水平、高质量的高等教育体系和先进高效的职业教育体系。德国长期积累的技术能力和高素质技能型劳动力仍然存在；拥有一批历史悠久、技术积淀深厚的大企业；德国历届政府都充分认识到科学技术对国民经济发展的关键作用，科技政策具有较强连贯性；先进的大学教育和面向企业的职业教育双元发展模式，培养出大量高素质的工程师和高级技工。

二、他山之石——苏联

第二次深刻历史教训来自苏联。20 世纪之初，全世界经济萧条的时候，苏联经济一枝独秀。当时欧美很多人才纷纷涌入苏联，苏联的电气化、工业化飞速发展。但苏联将过多的资源用于发展军事，特别是美国总统里根通过了新计划以后，苏联更是集中了全国的精力进行武器研发，消耗了大量的人力、物力和财力，导致后续发展动力不足。所以，我们要走自己的道路，不能盲目地被别人牵着走，立足当下，着眼长期发展，全面提升自身的综合创新能力。

苏联对新科技革命的性质、范围、特征、作用等缺乏应有的清醒认识，在众多关键领域被西方发达国家远远地甩在了后面。由于没能及时迅速地占领当代科技发展的制高点，苏联社会经济失去了强力发展的巨大动力，在各种因素的综合作用下土崩瓦解。

三、他山之石——日本

20 世纪的一段时期内，日本经济实力和经济总量排在世界第 2 位，产业发展非常好，很多产业位居世界第一。但是由于在信息技术革命期间技术路线走错了，日本错失了一次历史性的机遇。

20 世纪 80 年代，由于日元升值，在过渡产品差别化导致成本上升的情况下，中小企业生存能力大为降低。日本在基础科学研究和新兴产业上的落后，主要体现在大量资源要么滞留于增长缓慢的传统制造业寻求产品差别化，要么进入金融领域寻求非生产性利润，这使日本经济陷入了长期的经济危机之中。

日本大学在把新的科学知识转化到生产上这一环节是非常薄弱的。日本把有关设计与开发的知识发展放在了公司部门而非大学。日本企业的研发人员都把“技术性研究”放在了“创造性构思”的前面，基础性研究并未得到应有的重视。

第三节　制度改革

一、供给侧结构性改革

供给侧结构性改革主要侧重在以下几个方面：一是以土地为代表的资源，

二是以普通劳动力为代表的廉价劳动力，三是技术，四是智慧，五是资本。在供给侧结构性改革中要创新改革，重点是把技术和制度的创新发展起来。李克强总理特别强调，创新是发展的第一动力，要把创新作为供给侧结构性改革的首要任务。

现在管理制度和企业组织的创新很重要，当然也很不容易实现，所以企业必须完成3个再造：第一，人才再造。要搞创新，必须实现人才体系、人才队伍全面再造。第二，技术再造。除了改造现在的产业，还要找新的创新点。哪些产业、哪些方向是未来发展的趋势，就要进入这些领域。第三，企业制度再造。比如要搞创新、搞研发，企业需要研究如何激励员工的积极性，内部的结构如何调整，怎么跟外界进行良好的沟通，这些都是企业家需要思考的问题。如今，为了响应国家的供给侧结构性改革，企业需要完成人才再造、技术再造和制度再造。

二、推动院士制度改革

1. 院士制度异化导致弊端丛生

中国科学院院士和中国工程院院士是中国科学技术界、工程技术界的杰出代表，是中国在科学、技术和工程等领域的最高学术荣誉称号。23位“两弹一星”功勋奖章获得者和一年一度的国家最高科技奖获得者基本上都是两院院士，中微子物理、高温超导、量子反常霍尔效应、纳米科技等基础科学研究以及超级杂交水稻、高速铁路、载人深潜、探月工程等重大工程科技成果的背后也到处可见两院院士的身影。院士群体的杰出代表围绕国民经济和社会发展中的重大问题组织开展一系列具有战略性、前瞻性的研究，为中国的科技创新做出了重大贡献。

截至2014年6月，中国已有743名中国科学院院士和802名中国工程院院士。中国科学院设有6个学部，共有院士743人，其中外籍院士71人。中国工程院设有9个学部，共有院士802人，其中外籍院士42人。

但是，院士制度也饱受诟病。近年来，学术界尤其是不少院士屡屡对院士制度提出质疑，认为有必要进行重大改革。长期担任中国科学院院长、曾任中国科学技术协会主席周光召院士曾指出，目前很多院士都七八十岁了，几乎当上院士后没有什么新的成绩。2013 年公布的《中共中央关于全面深化改革若干重大问题的决定》，提到了院士制度改革，提出要“改革院士遴选和管理体制，优化学科布局，提高中青年人才比例，实行院士退休和退出制度”。院士学术造假在社会上造成了极其恶劣的影响。

2. 院士称号功利属性增多

庞大的院士集团在整个中国学术界、高教界和工程技术界，形成了盘根错节的学术—科研既得利益集团，极不利于学术创新和发明创造。一是每年通过国家自然科学基金委员会、科技部、教育部、中科院等投入数以亿计的科研经费，相当一部分流入院士集团。二是在科技经费分配、重大课题项目立项、科技成果鉴定、科技奖励、职称职务升迁、科技规划制定和评议、学科与机构评议等方面，院士们经常被各种权力机关、组织邀请主持或参加有关工作，以显示其权威性和科学性。

3. 院士制度改革

2017 年年初，中国工程院和中国科学院先后开启了院士增选制度。中国工程院公布了《中国工程院院士增选工作实施办法》《中国工程院院士增选违纪违规行为处理办法》《中国工程院院士增选工作中院士行为规范》《中国工程院院士增选学部专业划分标准（试行）》等 10 份相关文件，介绍了相关工作细节及“注意事项”，还以“院党组”的名义，公布了《致全体院士的一封公开信》，把“守护院士称号的荣誉性”、“把好院士‘入口关’”提升到“全面从严治党”的政治高度。

中科院本次增选则延续“去行政化、去利益化”的院士制度改革精神，院士候选人由院士和学术团体推荐，不受理本人申请；公务员和参照公务员法管理的党政机关处级以上领导干部原则上不作为院士候选人。

三、加强科研经费管理

近年来，我国在科研领域的投入大幅增加，科研经费管理的问题越来越受到重视。对此，国内形成了两种观点，一部分人认为，当前的科研经费管理太松，仍存在不少制度漏洞，导致贪腐问题频发，需要收紧和加强控制；另一部分人则认为，科研经费管理不能管得太死，应具有一定的弹性，要充分尊重科研规律，增强制度的灵活性。

从表面来看，这两种观点截然相反，存在一定的冲突；但从本质上来讲，它们只是侧重点不同，前者强调科研经费的规范使用，后者则强调科研人员积极性的调动和创新活力的激发。在实践中，两者不可偏废，应保持合理均衡。科研经费管理，要做到张弛有度。

但是，考虑到我国距离2020年进入创新型国家行列的目标只剩下不到3年的时间，科技进步贡献率、对外技术依存度等指标仍差强人意，可谓是任务艰巨、时间紧迫。基于此，我国科研经费管理必须在创新活力的激发上有所侧重，唯有充分调动科研人员的积极性，提高科研经费的使用效率，激发出企业的创新活力，才能在基础研究和原始创新等各个方面实现突破，从而建成创新型国家。

1. 规范科研贪腐乱象是经费管理的初级目标

近年来，我国科研经费迅速增长，对提高整体科技实力发挥了积极的作用；然而，由于管理不规范，引发的贪腐问题十分严重，为其蒙上了一层浓浓的阴影。

中国科协的一项调查显示，科研资金用于项目本身仅占40%左右，大量科研经费流失在项目之外。根据审计机关对国家各部委、各省份预算执行和其他财政收支情况发布的数百份年度审计报告来看，目前科研经费“扩大用途”“挤占挪用”已成为普遍现象，被广泛用在了工资福利、餐饮、以考察名义出国旅游、购车、购房、开公司等各个方面。

可以认为，近期《国务院关于改进加强中央财政科研项目和资金管理的若干意见》的发布，正是对科研贪腐乱象的一次集中纠偏，对规范科研经费使用起到了较好的促进作用。但是，不得不指出的是，规范贪腐乱象只是科研经费管理的初级目标，仅做到这一点，对于建设创新型国家还远远不够。

由于科研活动具有一定的不确定性，经费使用往往需要根据研究推进的实际情况做出调整，但目前经费预算编制和审核要求过严过细，科研经费的从严管理使科研人员在使用经费的时候缩手缩脚，不敢大胆创新。因此，出于规范贪腐乱象的目的，我国科研经费管理要从严；但是，出于激发创新活力的目的，要将其控制在适度的范围。

2. 调动科研积极性是经费管理的中级目标

我国科研经费总数不小，但遗憾的是，用在科研人员身上的太少。目前，我国绝大部分科研经费被要求用来购买仪器设备和支付材料费、会议费、出差费等，只有较少部分可用于劳务费和专家咨询费，劳务成本太低。

2011 年，科技部与财政部曾联合出台了《关于调整国家科技计划和公益性行业科研专项经费管理办法若干规定的通知》，规定人员绩效可以从所承担课题的间接费用中支出，总额不超过直接费用扣除设备购置费后的 5%。这个政策具有一定的导向意义，但实际效果不大。

相比之下，国外的科研经费有很大比例用于人工费支出。国家自然科学基金委员会政策局局长韩宇表示，在我国科研经费投入中，劳务使用情况占 23.6%，而发达国家的比例达 45%，我国科研人员人均每年劳务成本约为日本的 1/12、韩国的 1/6。《科技拨款研究》以英国的草原及环境研究所为例，展示了这家研究所 2003—2005 年的财报数据，3 年中员工成本稳定保持在项目经费总支出成本的 52% ~54% 之间，这既保障了科研人员的收入，又避免了贪污挪用科研资金情况的发生。

我国科研经费管理要在科研人员激励上有所倾斜。一是要肯定科研人员在科研成果创造中的价值，在经费支出中提高人工费的比例，使科研人员的劳动付出与其收入成正比；二是重点加强对青年科研人员的支持，通过合理的机制设计，为其提供稳定的经费支持，避免科研经费资源过分集中在少数机构、少数人手里。

3. **激发创新活力是经费管理的高级目标**

从根本上来讲，财政划拨科研经费的最终目的就是要出成果，提高科研水平。除此之外，皆可谓之浮云。因此，我国科研经费管理体制改革的原则之一是成果导向，面对与发达国家的差距，我国作为后发国家要实现弯道超车，必须大胆地突破一切政策障碍，激发创新活力，提高科研效率。

目前，我国科研经费投入总量已进入了世界前列。据财政部披露，从2006年到2012年，全国财政科技支出年均增长22. 73%，7年累计2. 42万亿元，占同期全国财政支出的4. 37%。据统计，中国科研经费年投入突破万亿元，投入总量居世界第三，投入强度在新兴发展国家中居领先地位。如此巨额的科研支出，如果能全部且高效地应用到科研活动中，必将极大地提高我国的科技水平和创新能力。

然而，从实践来看，我国的创新能力和科研成果与科研经费大国的身份不相符合。在创新能力方面，世界知识产权组织最新发布的《2013全球创新指数报告》显示，中国在全球创新指数排名第35位，较2012年的34名下滑一名，突破创新中存在的障碍、鼓励制定创新政策是目前急需解决的问题。

之所以造成上述问题，是因为我国的创新活力还没有得到充分激发。从经费管理的角度来看，原因可能有三，一是科研经费被贪腐和浪费，没有真正用到科研活动中；二是科研人员没有得到强有力的激励，创新的积极性低，这两个方面在前面已做了阐释，不再赘述；这里要强调的第三点是企业尤其是中小企业得到的科研经费相对较少，创新活力没有得到激发。

从发达国家的经验来看，中小企业是创新的主体。据统计，美国70%的创新发明是由小企业实现的，美国评定的20世纪最为重大的65项发明创新都是由中小企业和个人完成的；欧盟中小企业人均创新成果是大企业的两倍，德国67%的专利技术是由中小企业研发注册的，等等。发达国家重视中小企业创新，成立了专门的管理机构，如美国的联邦小企业管理局、日本的中小企业厅、英国的中小企业服务局、德国的中小企业局等，并对中小企业参与政府组织的科研活动给予了优惠政策。

相比之下，我国对企业创新的重视程度仍然不够。《国务院关于改进加强中央财政科研项目和资金管理的若干意见》指出，对于政府引导企业开展的科研项目，应当主要由企业提出需求和组织研发，并进行先期投入，政府要更多地采用“后补助”和间接投入等方式给予支持。这一政策对激发企业参与科技创新的积极性会产生一定作用，但力度并不是太大。

4. 加快科研经费管理体制改革

自2006年起，我国相关政府部门开始进行科研经费体制改革，如财政部、科技部发布《关于改进和加强中央财政科技经费管理的若干意见》，财政部、科技部发布《关于调整国家科技计划和公益性行业科研专项经费管理办法若干规定的通知》，教育部、财政部下发《关于加强中央部门所属高校科研经费管理的意见》等。这些政策文件出台后均遭到了诟病，一个主要原因在于头疼医头、脚疼医脚，浮于表面，没有认清科研经费管理的深层次问题和关键目标。

科研经费是纳税人的钱、国家的钱，必须严格管理，这一点毫无疑问。从严本身不是目的，是为了规范管理，防止科研腐败现象的发生；为了更好地开展科研活动，把钱用在刀刃上，用在对科研人员的激励上，用在支持企业创新上，从而取得高价值的创新成果。

因此，针对科研经费管理体制改革，我国应侧重于创新活力的激发，在规范科研经费贪腐乱象的基础上，对科研人员的激励有所倾斜，充分调动其积极性，同时对企业创新给予更多的科研经费支持，使其真正成为创新主体，逐步实现经费管理的初级目标、中级目标和高级目标，最终推动我国实现创新型国家的建设目标。

四、推动科技对外开放

当前，我国经济的对外开放程度较高，继2009年成为世界第一大出口国和第二大进口国、世界第二大对外直接投资流入国之后，2012年外贸总额又首次超过美国，成为世界贸易规模最大的国家。相比之下，我国科技的对外开放程度还远远不够，与经济的对外开放程度还不相匹配。鉴于经济与科技之间存在的辩证统一关系，我国应积极构建科技的对外开放格局，谋划和建立符合中国利益的全球创新体系，在更大范围、更广领域和更高水平上推动科技的对外开放，以开放促创新、促发展，向创新型国家和现代化国家迈进。

1. 加强科技对外开放已成为国际社会的共识

从全球范围来看，各国尤其是发达国家非常重视科技的对外开放。一方面，科技领先的发达国家之间彼此开放，强强联合，在高科技领域开展高水平的研发合作；另一方面，发达国家对发展中国家实施开放，优势互补，进行技术转移和科技援助。由于发达国家具有领先优势，经验丰富，其科技对外开放并非为了开放而开放，通常是服务于自身的战略和科技安全，具有特定的目的。

（1）建立创新对话机制，减少合作分歧。在科技对外开放中，受政治冲突、贸易摩擦、文化差异等因素的影响，合作的双方之间将不可避免地存在一些误解和矛盾，若不及时化解，有可能阻碍两国科技合作的进程。创新对话成为增进了解、减少分歧的一把利器，颇受欧美等国家的青睐，趋于盛行。例如，根据第二轮中美战略与经济对话达成的共识，在中美科技合作联委会框架下，中美之间已成功举行了3次创新对话，有效地缓和了两国在自主创新、知识产权保护等领域的矛盾，为经济技术合作铺平了道路；中欧之间也在第十四届中欧领导人峰会确立事项，提出要建立中欧创新合作对话机制，以推动双方务实合作。

（2）科技计划对外开放，利用全球科技资源。为推动科技的快速发展，利用全球科技资源，大多数国家均设有国家科技计划，并在一定程度上实行对外开放。例如，美国科技计划对外开放程度较高，除涉及军事和敏感技术的计划外，其农业部、国立卫生院、科学基金会设置的国家级研究计划大部分是对外开放的；欧盟先后制订了多项跨国的高技术研究与发展计划，如尤里卡计划、欧盟研究与科技发展框架计划、伽利略计划等；法国科技计划主要对欧盟国家开放，但也逐步向欧盟以外的国家开放；以色列科技计划是对外开放的，但不允许外国政府直接参与；加拿大、英国、意大利、荷兰、俄罗斯等国家虽然科技计划不对外开放，但允许国内承担单位与国外机构和个人展开合作。整体来看，为充分吸引外部研发资金和优秀人才，科技计划对外开放已变得越来越普遍。

（3）实施对外科技援助，获取多方利益。通过科技援助开拓国际市场，获取多方利益，是发达国家的成功经验。诸如日本国际协力机构（JICA）渠道的科技援助、韩国国际协力团（KOICA）、欧盟的塔西斯计划、世界银行的国际科技援助、亚行的科技援助以及美国的“第四点计划”等，无一例外。例如，美国通过“第四点计划”实施科技援助，一方面从政治上和军事上加强对受援国的影响；另一方面为其经济发展和私人资本对外输出提供了很好的支持，使非洲、近东、远东以及中南美等诸多经济不发达地区纷纷成为美国的势力范围，并因此获得了巨额的利润。

（4）借力跨国公司，形成全球创新网络。跨国公司掌握的科技资源十分丰富，成为一些国家尤其是发达国家科技对外开放的重要载体，是推动国际合作当之无愧的主角。目前，全球大约有6.5万家跨国公司，控制着世界生产总值的30%、世界贸易的60%、技术研究开发及技术转移的80%以及海外直接投资的90%，这些跨国公司在全球范围内进行广泛投资并设立生产与研发机构，除直接投资外，以企业并购为代表的跨国投资也越来越活跃，逐步形成了一个覆盖全球、互联互通的创新网络。在这个创新网络中，科技合作得以开展，科技成果得以扩散，经济全球化得以实现。

2. 我国全面提高科技对外开放的重要意义

近年来，科技活动日趋复杂，其规模、成本、风险往往超出一个国家的承受能力范围，对外开放成为各国科技发展的必然选择。即便科技实力强大如美国，也不可能在一切领域均能够独立地发展科技，同样需要广泛地寻求国际科技合作。对于我国而言，科技对外开放的重要性和意义或许还不止于此，粗放型的对外贸易增长方式加大了贸易摩擦的风险，“中国威胁论”的炒作更是导致了日趋紧张的外交形势，这些都要求我国全面提高科技对外开放。

一是有利于融入新一轮科技革命。历史经验表明，经济危机往往孕育着新的科技革命。时至今日，由美国次贷危机引发的国际金融危机乃至全球经济危机发酵已久，美国、欧盟、日本、俄罗斯等主要国家和地区纷纷出台了一系列创新战略和科技行动计划，科技投入不减反增，信息、能源、材料、生物、制造等一些重要科学问题与关键技术发生革命性突破的先兆已显，有理由相信，当前世界已进入了新一轮科技革命的前夜。

在前几轮科技革命中，我国由于闭关锁国，丧失了与世界科技同步发展的机会，与发达国家的差距日益拉大。1978 年改革开放后，我国科技开始逐渐融入全球化的进程当中，科技投入、科技人力资源和科技成果均实现了质的飞跃。在当前背景下，通过全面提高科技的对外开放，我国与世界各国开展深入合作，更有利于实现弯道超车，从而抢占新一轮科技革命的制高点。

二是有利于提高开放型经济水平。从现状来看，我国对外贸易增长方式还比较粗放，虽然贸易数额巨大，但贸易结构和获利能力不尽合理。根据《中国科技统计年鉴 2011》，2010 年我国高技术产品出口总额为 4 923. 79 亿美元，占工业制成品的比重为 36. 8%，这些高技术产品大部分使用国外的核心技术或关键零部件，且由三资企业完成。另外，多数国内企业都缺乏自主品牌，处在全球价值链的低端，创新能力和国际竞争力并不强。粗放的对外贸易使我国产品出口时产生了大量贸易摩擦。

党的十八大报告明确指出，适应经济全球化新形势，必须实行更加积极主动的开放战略，完善互利共赢、多元平衡、安全高效的开放型经济体系。我国全面提高科技对外开放，积极与发达国家和跨国公司开展科技合作，实施“科技兴贸”战略，切实提高出口产品和服务的科技含量，从“中国制造”向“中国创造”和“中国服务”转变，将有利于提高我国开放型经济水平，实现从贸易大国向贸易强国的跨越。

三是有利于巩固和提升总体外交。当前，我国面临着严峻的国际环境。在经济方面，欧美等发达国家深陷严重的债务危机，市场需求萎缩，对我国外贸造成严重影响，贸易摩擦加剧；在政治方面，美国重返亚太，东北亚核危机、钓鱼岛事件、南海争端等均悬而未决；在环境方面，我国成为全球最大的温室气体排放国而饱受诟病。国外媒体不断渲染“中国威胁论”，这一状况导致我国需要开展全方位的外交来缓和日趋恶化的国际环境。

近年来，气候变化、能源环保、粮食安全、重大疾病防控和国际标准制定等世界问题日益成为外交领域的重要议题，科技外交也随之进入各国外交战线的前沿，成为衡量一个国家综合外交水平的重要标志，成为加强合作、减少争端的一个重要纽带。因此，我国全面提高科技对外开放，有利于提高科技外交水平，加强国际科技合作关系和渠道的建立，从而改善我国与他国的双边关系和多边关系，以巩固和提升总体外交水平。

3. 我国加强科技对外开放的总体思路

有专家指出，对外开放存在两种不同的前途，第一种前途是以对外开放实现经济繁荣和自主，如美国、德国和日本；第二种前途是在对外开放中日益丧失自主性，如拉美、俄罗斯和东欧诸国①。因此，科技的对外开放也是一把双刃剑，运用得当是助力，运用不当则是阻力。我国在推动科技对外开放的进程中，必须形成总体的规划、明确的思路与合理的目标，以求趋利避害。

一是立足全球视野，推动国内发展。作为一个后发国家和发展中国家，

① 易涤非．对外开放的两种前途［J］．红旗文稿，2012（4）．

我国科技对外开放应走出一条不同于发达国家的道路，要把立足国内开发与加强国际合作结合起来，充分利用国内国外两个市场、两种资源。总体规划如下：第一，立足于全球视野，充分利用全球创新资源，积极参与国际竞争，提高科技的国际影响力，在对外开放中与发达国家抢占科技制高点；第二，立足于国内发展，按照坚持科学发展、加快转变经济发展方式的要求，进一步提高我国的科技实力，使科技对外开放服务于我国科技、经济、社会发展的需求。

二是以我为主，互利双赢。在改革开放初期，发达国家和跨国公司瞄准我国庞大的消费者市场，凭借着自身强大的科技和管理能力，牢牢掌握着科技合作的主动权，由于双方科技实力差距太大，中方难以挑战外资的权威，在合作中只能被动地进行一些科技活动，服务于对方。经过多年的发展，我国已取得了一系列令老牌科技强国都惊羡无比的成果，展示出强大的科技实力和巨大的发展潜力，因此，中国要注重科技的主动开放，根据国内科技发展现状和需求主动出击，进行顶层设计和搭建国际科技合作渠道和平台，有目的地选择一些重点领域，协同推进国际科技合作和技术转移，提升开放合作水平与实效。

一般来讲，在对外开放中，如果双方的实力差距颇大，处于不平等的地位，利益格局将不可避免地向实力强的一方倾斜，长此以往，将很容易走上对外开放的第二条前途。因此，作为一个技术追随国，我国需要两手抓，一方面，要许以优惠条件，通过足够的利益吸引科技领先国在华投资和技术转移；另一方面，也要根据自身科技实力的提高，不断增加谈判的筹码，调整并争取分配到合理的利益份额，最终实现互利双赢。

三是布局符合中国利益的全球创新体系。在全球化时代，创新的藩篱不断被打破，开放创新成为备受各国欢迎的技术和商业模式。此时，一个国家的创新能力不再局限于自身有多少人才、专利或者其他指标，而是在很大程度上取决于能否整合全球的创新资源，并将这一庞大的全球创新体系为已所用。因此，我国科技对外开放的目标就是统筹部署，全面出击，谋划和建立符合中国利益的全球创新体系，强化政府间科技合作，吸引跨国公司在华设立研发机构，广泛参与或发起国际大科学工程与计划，开展各种形式的国际交流等，积极参与全球创新活动，向全球创新体系的顶层不断迈进。

4. 推动科技对外开放的举措

总体来看，我国科技对外开放的步伐还不够快，水平还不够高，能力还不够强，对发展的促进作用还不够大，并且在对外开放的进程中出现了一些矛盾和问题，如缺乏主动性、灵活性和协调性等。为此，我国应以更大力度推动科技的对外开放，采取多种举措、提高开放水平，在对外开放中实现中华民族的伟大复兴。

一是加强政府间科技合作。政府间科技合作是我国科技对外开放的一个主要平台。我国应推动科技合作成为高层领导会晤的重要意义，进一步完善政府间科技合作机制，做好政府间科技合作的总体规划，加强顶层设计和宏观管理，对现有的双边和多边合作协议及项目进行必要的调整，注重提高政府间科技合作项目的层次和质量。

二是扩大科技计划的对外开放。总体来看，我国的科技计划对外开放性不足。一方面，国家科技计划统得过死，不够灵活，显得开放性不足，应进一步扩大国家科技计划对外开放的范围，除涉及国家安全或特殊要求外，都应积极开展对外科技合作与交流；另一方面，由我国牵头组织的国际科技合作计划较少，只发布了“可再生能源与新能源国际科技合作计划”和“中医药国际科技合作计划”两个，应面向国家重点关注的战略性新兴产业等，牵头组织一些符合国家战略需求的重大国际科技合作计划。

三是构建高技术领域的新型跨国科研组织。建立跨国联合研究机构是提高我国科技研发水平的一条有效途径。例如，2011 年 3 月，中国与乌克兰签署协议，联合共建“中国—乌克兰巴顿焊接研究院”，该研究院将以乌克兰巴顿焊接研究所的创新科技为基础，开展现代焊接和相关技术领域的科学研究，其成果在中国推广，将快速提高我国的装备制造能力。面向未来，我国应积极构建高技术领域的新型跨国科研组织，尽快缩小与发达国家在关键领域核心技术的差距。

四是鼓励国内企业到海外设立科研机构。跨国公司在华设立研发机构并开展研发合作，为国内企业提供了一个就近学习的机会。我国企业应大胆借鉴跨国公司的经验，积极实施海外研发战略，一方面使自身的技术和产品更好地适应和占领海外目标市场，另一方面与当地的科研机构合作提高研发能力，鼓励科技企业通过技术寻求型跨国并购这条捷径来获取核心技术，快速提高自身的技术优势，提高企业的核心竞争力。借此，我国可形成“引进来”和“走出去”的良性互动机制，实现科技资源的优化配置。

五是稳步推进与发展中国家的科技合作。作为世界上最大的发展中国家，对其他发展中国家进行科技援助和国际科技合作是我国科技对外开放的重要内容。例如，2012 年 12 月，国务委员刘延东访问柬埔寨，为中柬食品工业联合实验室揭牌，这将推动两国在食品工业领域的科技合作。我国应不断提升与非洲、东盟等发展中国家科技合作的层次，共享科技资源，加强科技创新战略对话，支持双方在共同关心的领域建立联合实验室，重点推进“科技伙伴计划”。

| 第四章 |

依靠三大创新引领中国结构转型升级

第一节　中国离创新型国家还有多远

一、中国科技水平与科技强国差距正逐渐缩小

进入21世纪以来，中国在科技领域的进步可谓是有目共睹，甚至于在一定程度上引起了西方国家的忧虑和恐慌。2005年年底，美国哈特森研究所（Hudson Institute）发布报告《中国向前跳了一大步》，抛出了科技版的“中国威胁论”，指出中国在科技及军事等方面已取得很大进展，与美国的差距越来越小。2012年11月，《联合国教科文组织科学报告》（中文版）指出，“十一五”期间，中国研发支出以年均20%的速度增长，成为推动亚洲研发支出增长的主要力量，中国的科技发展水平与世界科技强国的差距正在逐渐缩小；同时，中国在研究人员的绝对数量方面即将超过美国和欧盟。2014年4月，汤森路透知识产权与科技事业部发布《G20科研与创新表现》研究报告，基于过去10年间发表的SCI论文和申请德温特专利的数据，对G20国家在科技和创新方面的绩效进行了分析，认为从科研论文及其引文、专利情况来看，

中国在科研与创新方面取得了长足进步，同发达国家（集团）的差距逐渐缩小，如表4.1所示。2015年7月，麦肯锡全球研究院发布研究报告《中国创新的全球效应》，通过对全球两万多家上市公司研究发现，中国企业在需要客户中心和效率驱动创新的领域优势最大，而在依靠科学研究和工程技术创新的行业差距最大；并指出，中国已具备成为全球创新领导者的潜力，如果支持创业的相关政策到位，鼓励在更多行业开展市场化竞争，吸引更多科学人才来华，中国就有希望将在研发支出、博士人数、专利数量的领先优势转化为在主要创新领域的真正成功。

在国内，2014年6月，科学技术部部长万钢就对推动实施创新驱动战略、增强我国科技实力接受专题采访时指出，我国先后动员8 000多名中外专家开展了中长期科技规划、国家重大科技专项和中外技术竞争的调查工作，在参与调查的10个领域1 149项技术中，195项（17%）已经达到国际领先水平，355项（31%）与国际先进水平同步或相差不大，还有599项（52%）技术与国际先进水平存在差距，处于跟踪阶段，94%的技术与国际领先水平的差距在缩小。2015年1月，万钢部长在全国科技工作会议上指出，中国科技实力迈进“跟跑”“并跑”“领跑”三“跑”并存阶段；在一些科技领域已跻身世界前列，某些领域正由“跟跑者”变为“并跑者”，甚至是“领跑者”。

二、中国科技领域仍存在一些比较明显的短板

1. 基础研究投入少

美国在基础研究的巨大投入奠定了它在世界基础研究领域的超级领先地位，2011年达到743亿美元，在全球遥遥领先，其投入总量远高于全球其他国家，占其R&D总支出的17.3%；日本也非常重视基础研究投入，2011年达到180亿美元，位居全球第二，占其R&D总支出的12.3%。法国的基础研究投入总量全球第三，为131亿美元，占其R&D总支出的比例高达25.3%（见表4.2）。

表 4.1 科研与创新的国际比较

国家	中国	欧盟	德国	英国	日本	美国	数据来源
人口（亿）	13.538（2012）	5.079（2012）	0.804（2012）	0.632（2011）	1.267（2012）	3.167（2013）	
GDP（PPP）（billion $）	12 405（2012）	15 821（2011）	3 197（2012）	2 316（2012）	4 779（2013）	15 685（2012）	国际货币基金组织
国内研发经费支出（billion 当前 PPP）	208.2（2011）	320.5（2011）	93.1（2011）	39.6（2011）	146.5（2011）	415.2（2011）	经合组织主要科技指数
国内研发经费支出/GDP（%）	1.84（2011）	1.94（2011）	2.88（2011）	1.77（2011）	3.39（2011）	2.77（2011）	经合组织主要科技指数
企业研发支出/GDP（%）	1.36（2011）	1.02（2010）	1.84（2010）	0.79（2011）	2.59（2011）	1.66（2011）	经合组织主要科技指数
研发人员（标准化）（万）	131.81（2011）	159.56（2010）	32.80（2010）	26.23（2011）	65.67（2011）	141.26（2007）	经合组织主要科技指数
每千人劳动力中研发人员数目	3.67（2011）	10.72（2011）	13.32（2011）	11.34（2011）	13.20（2011）	不适用	经合组织主要科技指数
2003 年论文总数（占比）	47 937（5.6%）	328 034（38.5%）	70 912（8.3%）	74 460（8.7%）	77 161（9.1%）	281 503（33%）	—
2012 年论文总数（占比）	178 716（14%）	453 340（35.5%）	95 192（7.5%）	99 237（7.8%）	74 401（5.8%）	354 269（27.8%）	—

资料来源：汤森路透知识产权与科技事业部《G20 科研与创新表现》报告，2014 年 4 月。

表 4.2　2011 年研发总支出前 7 位国家支出占比表

（单位：亿美元，按购买力平价汇率换算）

国家	R&D 总支出（PPP）	基础研究总支出（PPP）	占比（%）
美国	4 291	743	17.3
中国	2 082	99	4.7
日本	1 465	180	12.3
德国	931	NA	NA
韩国	599	108	18.1
法国	519	131	25.3
英国	396	43	10.8

资料来源：Science and Engineering Indicators 2014。

相对而言，中国基础研究经费投入较少，2011 年仅为 99 亿美元，仅占我国 R&D 总支出的 4.7%，投入总量仅相当于美国的 13.3% 和日本的 55.0%。[①]

2. **专利质量相对不高**

根据世界知识产权组织发布的 2014 年《世界知识产权指标》报告，2013 年全球共提交了约 257 万件专利申请，其中，中国 825 136 件，占全球总量的 32.1%；美国 571 612 件，占全球总量的 22.3%；日本 328 436 件，名列第三；而欧洲专利局在全世界的份额降至 5.8%，另外，2013 年全球共有有效专利约 945 万件，其中美国约 238.8 万件，日本约 183.8 万件，中国约 103.4 万件。

但是，中国的发明专利申请受理量在 3 种专利中长期占比不高，2013 年刚刚超过 1/3，发明专利申请授权率也较低。2013 年，国内发明专利申请量达 82.5 万件，但同年的授权量仅为 20.8 万多件，只占到申请量的约 1/4；国

① 贺飞. 世界格局下的中国科研发展态势［EB/OL］. http://blog.sciencenet.cn/home.php?mod=space&uid=1015.

内有效发明专利中，维持年限5年以下的占55.3%，有效期超过10年的只占5.5%，远低于国外26.1%的占比。

3. 科技论文影响力有待提高

根据中国科学技术信息研究所发布的2014中国科技论文统计，2014年（截至2014年9月）中国科技人员共发表国际论文136.98万篇，排在世界第2位，比2013年统计时增加了19.8%，位次保持不变；论文共被引用1 037.01万次，排在世界第4位。尽管中国平均每篇论文被引用7.57次，比上年度统计时的6.92次提高了9.4%，但世界平均值为11.05次/篇，比上年度统计时的10.69次提高了3.4%。可见，中国平均每篇论文被引用次数与世界平均值还有不小的差距。

根据中国科学院文献情报中心发布的《中国基础研究国际竞争力蓝皮书2015》，2013年中国以论文第二的世界位次获得了引文世界第七的位次，以15.9%的论文世界份额收获了5.3%的引文世界份额，产出了9.6%世界份额的重要成果。上述数据表明：中国以相对较多的投入（论文）获得了相对较少的产出（引文）。

4. 原创能力薄弱

2014年6月，科学技术部部长万钢就实施创新驱动战略、增强我国科技实力接受专题采访时指出，根据评估结果分析，我国基础研究成果形成优势技术的能力比美、日、德等发达国家低25%～30%，71%的领先技术仍处于实验室（31%）或中试阶段（40%），而技术领先国家超过70%的技术已处于产业化阶段。这组数字表明我国从知识、技术到产品、最终到市场的原创能力，与发达国家相比还有较大差距，特别是企业原始创新能力是“短板”。

2015年7月，麦肯锡全球研究院资深董事华强森在发布《中国创新的全球效应》时指出，中国的经济增长依靠的主要是“汲取创新”模式，即通过大量吸收并改良国际先进的科技、最佳实践和知识来追赶领先国家，中国需要加快从“汲取创新”到“领导创新”的转变，以实现更多的突破性创新，从而在全球市场上展开竞争。

三、中国的创新能力在全球排名处于第二梯队

1. 欧洲工商管理学院

2014 年 7 月，欧洲工商管理学院联合美国康奈尔大学、世界知识产权组织发布了《2014 年全球创新指数报告》。该指数设有机构、人力、研究、基础设施、市场、企业成熟度、知识、技术和创新等参数，采纳了 143 个经济体的 81 个不同指标（见图 4. 1）。

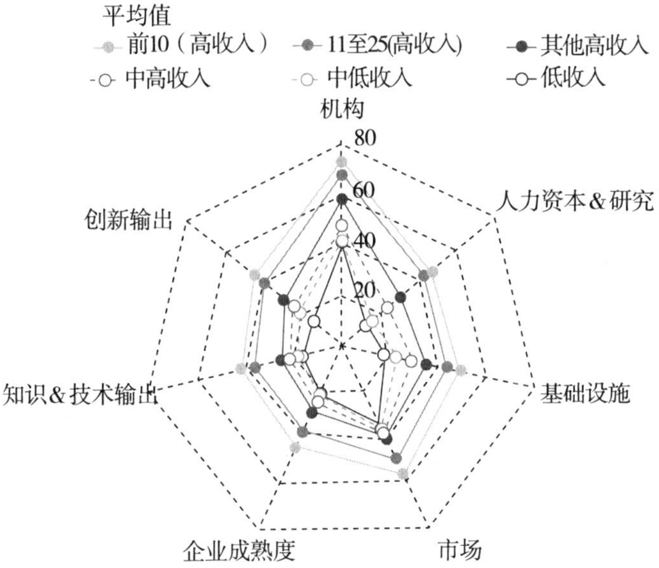

图 4. 1　全球创新指数参数及平均值对比表

结果显示，中国香港排在第 10 位，中国内地排在第 29 位。中国在创新领域的综合表现明显超出高收入经济体的平均水平。而且，与其他金砖国家相比，中国的创新能力正在快速提高，未来几年在榜单中的排名有望进入前 10 位（见表 4. 3）。

表 4.3　2014 全球投入/产出创新指数排名与 90%浮动范围

国家/地区	全球创新指数 2014		投入子指数		产出子指数	
	排名	间距	排名	间距	排名	间距
瑞士	1	[1, 3]	7	[6, 9]	1	[1, 3]
英国	2	[1, 3]	3	[2, 5]	4	[1, 4]
瑞典	3	[1, 3]	6	[3, 6]	3	[1, 3]
芬兰	4	[4, 5]	5	[2, 8]	6	[5, 6]
荷兰	5	[4, 6]	11	[10, 14]	2	[2, 4]
美国	6	[5, 7]	4	[3, 6]	7	[7, 11]
新加坡	7	[6, 8]	1	[1, 1]	25	[21, 26]
丹麦	8	[7, 9]	9	[7, 10]	12	[8, 13]
卢森堡	9	[8, 13]	21	[18, 23]	5	[5, 6]
中国香港	10	[9, 16]	2	[2, 6]	24	[20, 28]
爱尔兰	11	[9, 14]	12	[10, 17]	11	[9, 13]
加拿大	12	[11, 17]	8	[6, 9]	20	[18, 26]
德国	13	[9, 14]	19	[17, 19]	8	[7, 9]
挪威	14	[12, 17]	14	[11, 18]	14	[12, 17]
以色列	15	[11, 20]	17	[11, 21]	13	[11, 16]
韩国	16	[11, 17]	16	[11, 17]	15	[11, 15]
澳大利亚	17	[14, 17]	10	[10, 12]	22	[19, 25]
新西兰	18	[17, 19]	13	[12, 19]	18	[17, 22]
冰岛	19	[17, 22]	24	[23, 26]	9	[7, 15]
奥地利	20	[18, 20]	18	[15, 20]	21	[19, 23]
日本	21	[20, 23]	15	[13, 16]	27	[26, 31]
法国	22	[20, 23]	20	[19, 21]	26	[20, 25]
比利时	23	[23, 25]	22	[21, 23]	23	[21, 25]
爱沙尼亚	24	[21, 24]	23	[21, 25]	19	[15, 20]
马耳他	25	[25, 27]	33	[30, 35]	10	[9, 13]

续表

国家/地区	全球创新指数 2014		投入子指数		产出子指数	
	排名	间距	排名	间距	排名	间距
捷克	26	[24，26]	27	[26，29]	17	[15，18]
西班牙	27	[26，27]	26	[23，26]	28	[27，29]
斯洛文尼亚	28	[28，29]	28	[27，29]	31	[29，31]
中国	29	[28，31]	45	[34，53]	16	[14，23]
塞浦路斯	30	[29，35]	31	[29，36]	34	[33，34]

从总体排名来看，高收入经济体占据了排行榜前 25 位。美国于 2009 年占据榜单的首位，2014 年排名为第 6 位。2007 年美国曾排名第 1 位，2010 年其排名骤降至第 11 位，部分原因在于美国经济受到金融危机的拖累。在中等收入经济体中，中国、巴西、印度是创新领域的领头羊。在低收入经济体中，撒哈拉以南非洲国家具有良好表现和大幅进步，特别是中等收入经济体在创新能力方面正在缩小与高收入经济体之间的差距。

2. **彭博社**

2015 年 1 月，彭博社网站发布全球创新指数，列出了世界创新国家前 50 名。该指数按照 6 个不同类别对全球 200 多个国家进行排名，包括研发经费占国内生产总值的比例、人均生产增值、高科技公司数量、高等教育人数、研究人员数量以及专利数量 6 项指标进行综合分析，对全球前 50 个国家的综合创新能力进行排名。

结果显示，处于前 10 位的分别是韩国、日本、德国、芬兰、以色列、美国、瑞士、新加坡、法国和英国。中国位列第 22 位，中国香港位列第 34 位。

3. **麻省理工学院**

2014 年 5 月，美国麻省理工学院和英国《自然》杂志公布世界各国综合科技实力绿皮书，详细概述了当今世界各国和各地区的主要经济体在各领域的科技状况和影响力，主要的调查和研究领域集中在地球科学、空间科学、环境科学、生物和生命科学、工程理学、高新技术、现代制造、高分子物理、医药学和军工技术十大方面。

按照最新的科技实力排名办法，大致分为五级：

第一级：核心。美国。

第二级：发达。英国，德国，法国，日本。

第三级：登堂入室。芬兰，俄罗斯，意大利，以色列，加拿大，澳大利亚，挪威，韩国，捷克等中等发达国家。

第四级：在大门口。中国，印度，墨西哥，南非等发展中国家。

第五级：落后。其余发展中贫穷国家都在此列。

4. 中国科学技术发展战略研究院

2015 年 7 月，中国科学技术发展战略研究院发布了《国家创新指数报告2014》，选用 R&D 经费投入占全球 98% 以上的 40 个国家作为研究对象，从创新资源、知识创造、企业创新、创新绩效和创新环境 5 个方面进行创新能力评价。

研究显示，2013 年全球创新格局未发生明显变化，入围全球前 10 强的国家与上年完全相同。前 5 位国家的排名保持不变，依次为美国、日本、瑞士、韩国和以色列。丹麦、瑞典、荷兰、德国、芬兰分列第 6 至第 10 位（见图 4. 2）。

2014 年，中国国家创新指数排名第 19 位，与上年持平，在 40 个国家中处于第二梯队，指标得分为 68. 4，中国创新能力大幅超越处于同一经济发展水平的国家。2013 年，中国人均 GDP 刚超过 6 800 美元，在 40 个国家中仅高于印度和南非。但是，中国创新指数得分已接近人均 GDP 在 5 万美元左右的欧洲国家。金砖国家中，俄罗斯、南非均比上年下降 1 位，分列第 33 位和第 36 位；巴西和印度的排名不变，分列第 38 位和第 39 位，具体见图 4. 3。

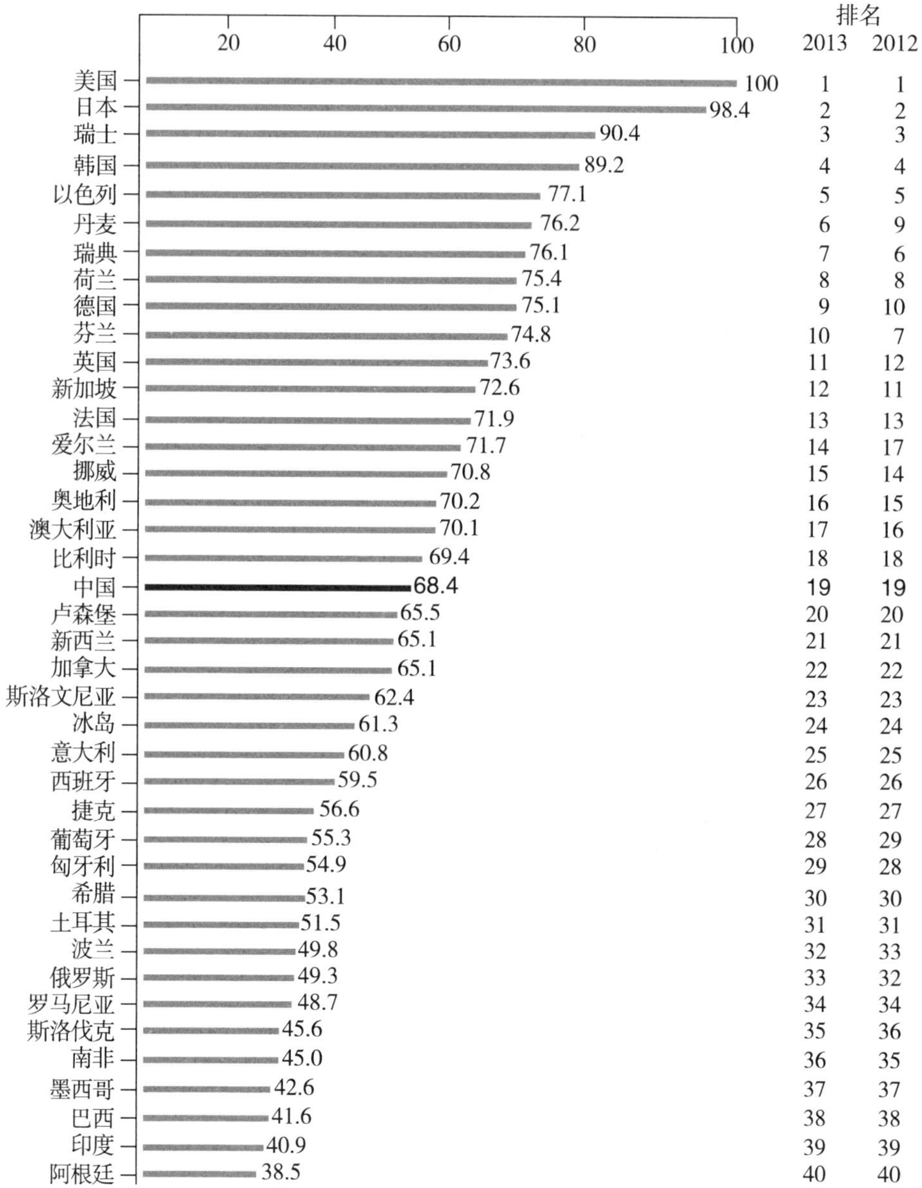

图 4.2 《国家创新指数报告 2014》各国得分及排名

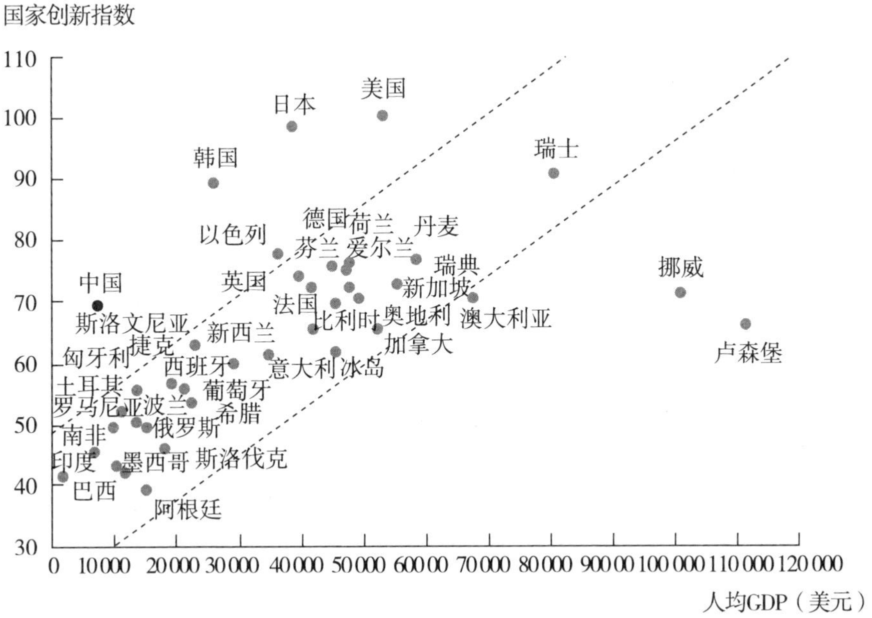

图 4.3　国家创新指数与人均 GDP 关系分布图

5. **中国科学院**

中国科学院科技战略咨询研究院、中国科学院文献情报中心和 Clarivate Analytics 公司（原汤森路透知识产权与科技事业部）共同发布了《2016 研究前沿》报告，遴选了 100 个热点前沿和 80 个新兴前沿，分析了不同国家在这些前沿中的参与情况和具体表现。

报告显示，美国在 152 个前沿（占 180 个前沿的近 85%）都有通讯作者核心论文入选，约 80% 的（145 个）前沿通讯作者核心论文排名在前 3 名，且在 106 个前沿排名第一（约 60%）。

英国、德国、法国和日本分别在 90 个（50%）、66 个（36.7%）、57 个（31.7%）和 40 个前沿（22.2%）有核心论文入选。

中国在 68 个前沿（37.8%）有核心论文入选，在 30 个前沿的核心论文数为第 1 名（16.7%），超过英国的 14 个（7.8%）、德国的 11 个（6.1%）、法国的8个（4.4%）和日本的11个（6.1%），这显示了中国具有较强的前沿贡献度，在某些重要前沿跻身世界先进行列。

中国在核心论文数排名第一的前沿覆盖率仅次于美国，取得了30个前沿的第1名，分别来自8个领域，仅缺席地球科学领域与天文学和天体物理学领域。8个领域中，第1名覆盖率最高的是数学、计算机科学和工程学领域，为53.8%；其次是化学和材料科学领域（37.5%）；再次是农业、植物学和动物学领域（20%）。

四、中国政府加快了建设创新型国家的步伐

当前，世界公认的创新型国家有20个左右，包括美国、日本、芬兰、韩国等。这些国家的共同特征是：创新综合指数明显高于其他国家，科技进步贡献率在70%以上，研发投入占GDP比例一般在2%以上，对外技术依存度指标一般在30%以下。以这些国家为目标，以上述特征为导向，中国政府形成了建设创新型国家、实施创新驱动发展战略的思路，加快了建设步伐。

1. 世界各国纷纷强化创新战略部署

2008年国际金融危机之后，世界经济复苏乏力，各国均瞄准了创新，将其作为拉动经济增长的动力。2009年9月，美国总统执行办公室、国家经济委员会和科技政策办公室联合发布《美国创新战略：推动可持续增长和高质量就业》，从3个层面发挥创新潜力，促进新就业、新企业和新产业，一是注重国家创新基础架构建设，强化美国创新的基本要素；二是鼓励有效创业的竞争市场，为创业和风险投资营造成熟的大环境；三是推动国家重点项目取得突破。[①] 2011年2月，白宫发布《美国创新战略：确保我们的经济增长与繁荣》报告，对2009年提出的创新战略进一步深化与升级，强调要夯实创新

① 张介岭．国外实施创新战略面面观（五）美国　以创新战略推动可持续增长［N］．经济日报，2009－12－02.

基础、培育市场环境、突破关键领域。

2010年3月，欧盟公布了“欧盟2020战略”。根据该项计划，欧盟在未来10年内将重点关注科技创新、研发、教育、清洁能源及劳动力市场自由化。欧盟确立了三大发展重点：实现发展以知识和创新为主的“智能型增长”；实现以发展绿色经济和提高能源使用效率为主的“可持续增长”；实现以提高就业水平、消除贫困和加强社会凝聚力为主的“包容性增长”。设定了五大量化目标：使20岁至64岁的劳动人口就业率达到75%；增加研发投入，把研发经费在欧盟国内生产总值中所占的比重从目前的1.9%提高到3%；将温室气体排放量在1990年的基础上削减20%，提高可再生能源在欧盟总能源消耗中的比例，使之占到20%；把未能完成基本教育的人数控制在10%以下，将30岁至34岁年轻人获得高等教育文凭的比例从31%提高至40%；将生活在贫困线以下的人数从8 000万降到2 000万。该战略还提出了7项配套发展计划：“创新联盟”计划、“青年人流动”计划、“欧洲数字化议程”、“能效欧洲”计划、“全球化时代的产业政策”计划、“新技能和就业议程”和“欧洲消除贫困平台”计划。

日本在推动创新方面也不甘落后。2009年出台《数字日本创新计划》，逐步进入科学技术立国与战略调整阶段。2010年5月，日本政府着眼于往后10年的发展，又公布了第四期科学技术基本计划纲要（草案），并把重点放在“绿色”（环境、能源）和“生活”（健康）领域，提出要以技术革新为重点，提高潜在增长力。2014年5月，日本政府发布《科学技术创新综合战略2014——为了创造未来的创新之桥》，认为“科学、技术与创新”是日本迈向未来的“救命稻草”与“生命线”，将该国最高科技决策机构——内阁府的“综合科学技术会议”改组为“综合科学技术创新会议”，将其作为司令部，须在权限和预算方面发挥迄今为止最强的推动作用，及时实施前瞻性、机动性和跨部门的引导政策；与相关领导部门（日本经济再生本部、规制改革会议等）和科技创新相关总部组织加强合作，消除部门条块分割，加强产官学的合作，推动基础研究向产业化迅速转化。

2. 中国确立了建成创新型国家的目标

2006年1月，全国科技大会上宣布了中国未来15年科技发展的目标：2020年建成创新型国家，使科技发展成为经济社会发展的有力支撑。中国科技创新的基本指标是，到2020年，经济增长的科技进步贡献率要从39%提高到60%以上，全社会的研发投入占GDP比重要从1.35%提高到2.5%。

实施创新驱动发展战略是建设创新型国家的必然要求。为此，2012年11月，党的十八大明确提出“科技创新是提高社会生产力和综合国力的战略支撑，必须摆在国家发展全局的核心位置”，强调要坚持走中国特色自主创新道路、实施创新驱动发展战略。

3. 中国政府高度重视创新型国家建设

2014年1月，李克强总理在2013年度国家科学技术奖励大会上指出，中国正处于建设创新型国家的决定性阶段，并提出四方面具体要求，要促进科技创新与经济社会发展深度融合，要通过深化改革健全技术创新市场导向机制，要把发挥人的创造力作为推动科技创新的核心，要汇聚全社会建设创新型国家的强大合力。

2014年6月，习近平总书记在出席中国科学院第十七次院士大会、中国工程院第十二次院士大会时强调，要坚定不移走中国特色自主创新道路，坚持自主创新、重点跨越、支撑发展、引领未来的方针，加快创新型国家建设步伐。

2015年3月，中共中央、国务院印发《关于深化体制机制改革　加快实施创新驱动发展战略的若干意见》指出，面对全球新一轮科技革命与产业变革的重大机遇和挑战，面对经济发展新常态下的趋势变化和特点，面对实现“两个一百年”奋斗目标的历史任务和要求，必须深化体制机制改革，加快实施创新驱动发展战略。国家将从八大方面30个领域着手，推动创新驱动发展战略的落地，包括营造激励创新的公平竞争环境，建立技术创新市场导向机制，强化金融创新的功能，完善成果转化激励政策，构建更加高效的科研体系，创新培养、用好和吸引人才机制，推动形成深度融合的开放创新局面，加强创新政策统筹协调等。同时提出目标，即到 2020 年，基本形成适应创新驱动发展要求的制度环境和政策法律体系，为进入创新型国家行列提供有力保障；创新驱动发展战略真正落地，进而打造促进经济增长和就业创业的新引擎，构筑参与国际竞争合作的新优势，推动形成可持续发展的新格局，促进经济发展方式的转变。

第二节　全链创新

习近平在 2014 年两院院士大会上发表重要讲话，提出要着力围绕产业链部署创新链、围绕创新链完善资金链，聚焦国家战略目标，集中资源、形成合力，突破关系国计民生和经济命脉的重大关键科技问题。[①] 习近平创新思想的重要内容就是全产业链的创新。过去科研机构或者大学是技术供给端的两个主要部分。但供给端的技术为什么到企业就做不下去？因为那些论文和实验室的样机可能只是在某一个点上实现了技术突破，但在产业链配套上没有联合起来，导致难以产业化、形成全价值供应链。供应链和资源匹配全球化布局将实现全链条的创新。可见，创新是全环节覆盖的，包括产业链、创新链、资金链。

一、产业链

2015 年 3 月，习近平在参加全国两会上海代表团审议时强调，必须破除体制机制障碍，围绕产业链部署创新链，消除科技创新中的“孤岛现象”，使

---

① 习近平．在中国科学院第十七次院士大会、中国工程院第十二次院士大会上的讲话［M］．北京：人民出版社，2014.

创新成果更快转化为现实生产力。① 确实，科技成果转化率低是我国创新能力不强的重要原因之一。研究报告显示，目前全国 5 100 家大专院校和科研院所，每年完成科研成果 3 万项，但其中能转化并批量生产的仅 20% 左右，形成产业规模的则仅有 5%，而发达国家的科技成果转化率可以高达 70% ~ 80%。根据科技部统计，截至 2016 年年底，全国各类技术交易市场超过1 000 家，全国技术合同成交额同比增长 15.97%，达到 11 407 亿元，首次突破 1 万亿大关。创新必须是为了推动产业发展而创新，必须有益于社会，如果只是作为研究成果而束之高阁，就没有任何实际意义。而要提高科技成果转化率，就要加强政产学研相结合，尤其是让企业成为创新主体，其他部门要为企业创新提供各种完善的服务。

二、创新链

2015 年 5 月，习近平在浙江考察调研时指出，“现在的创新并不一定是个别领域的单军深入和单点突破，形成创新链条也非常有价值”，要“促进创新链、产业链、市场需求有机衔接，争当创新驱动发展先行军”。② 创新链包括基础研究、技术开发、中间试验、企业孵化（商品化）、规模化生产等环节。从目前情况来看，中国在基础研究领域还比较薄弱。中国科学院文献情报中心的研究报告显示，中国基础研究重要成果产出能力仍有较大的进步空间，如生命科学领域多数学科的世界份额只有 2% 左右，而同期美国这些学科的世界份额约在 50%，学术影响力发展相对滞后，学术成果较少受到科技强国的关注。根据木桶理论，如果创新各环节存在非常明显的短板，将极大地拉低整体的创新水平。因此，补齐基础研究短板势在必行，要充分调动企业、大

① 习近平参加上海代表团审议：当好改革开放排头兵创新发展先行者．来源于中国新闻网，2015-03-05.

② 习近平谈企业创新：构建创新链扭转孤军奋战局面．来源于每日经济新闻，2015-05-29.

学、科研机构的力量，分工合作、优势互补。

三、资金链

对产业链、创新链的重视程度，最直接的反映是在资金链上，反映在创新资金的分配上。从总体情况来看，中国的研发资金规模庞大。2015 年 11 月，联合国教科文组织发布了《2015 年科学报告：面向 2030》，指出目前美国用于研发的投资占全球的比重为 28%，中国紧随其后（20%），超越欧盟（19%）和日本（10%），占世界人口 67% 的其他地区仅占全球研发投资的 23%。但是，中国研发资金的分配并不合理，一是基础研究占比低，基础研究经费占研发经费的比例一直处于 5% 左右；二是企业占比低，国家的基础研究经费大多投向大学、高校，企业很难有机会获得支持。因此，面向“十三五”，调整和优化资金链是提高我国创新能力的一个重要举措。

1. 金融支持科技创新的国际经验

科学技术是第一生产力，金融是现代经济的核心。科技创新及其产业化需要金融的支持，这已成为世界各国的普遍共识。为提高本国的科技创新能力，各国推出了形式多样的金融措施。但是，由于国情不同，各国金融支持科技创新的方法各具特色。

（1）美国

作为世界上科技创新能力最强的国家，美国拥有一整套成熟的金融支持科技创新的做法，通过发达的风险投资体系、完善的信贷担保体系、良好的财税优惠政策、庞大的民间资本市场及灵活的债券发行市场等多种手段，结合相关法律保障，对科技创新提供多元化、多层次的金融支持。

例如，风险资本是美国高技术产业的“孵化器”，1946 年美国政府成立研究与发展公司（ARD），向创业企业提供权益性融资，拉开了风险投资的序幕；1958 年美国国会通过《小企业投资法案》，设立小企业管理局，推出小企业投资公司（SBIC）计划，给予中小创业型企业优惠的信贷支持；美国政府立法允许公司退休基金、高校基金、公共退休基金、捐赠基金、银行控股公司、富有家庭和个人、保险公司、投资银行及部分非银行金融机构等民间资本投资科技创新；另外，一些高科技公司如英特尔（Intel）在发展初期利用垃圾债券的方式获得所需要的资金。

可见，美国金融支持科技创新的最大特点是以资本市场为中心，灵活地与政府的促进体系、商业银行的信贷体系结合在一起。美国资本市场依靠自身敏锐的洞察力投资于生物工程、计算机、信息通信等诸多高科技产业，通过技术孵化实现重大突破，把科技转化为生产力并获得巨额的利润。

（2）欧盟

欧盟是世界主要创新经济体之一，拥有最多的创新型国家，包括瑞士、丹麦、瑞典、芬兰、德国、荷兰、英国、挪威、法国、比利时等，它们都拥有高效的国家创新体系，并与金融体系实现了紧密结合，通过积极发挥公共资金的杠杆效应，重视将科技、金融和税收相结合，创建科技创新投融资机构或银行、风险基金等方式，着力解决创新型中小企业投融资难的问题。

但是，相比于美国，欧盟在风险投资方面仍存在一定差距。欧盟已决定通过"三步走"加大对科技创新的金融支持力度，2011 年年底提出有关制订实施风险投资计划的建议，2012 年努力消除在全欧盟开展风险投资的法律和管理障碍，2013 年以后启用新一代金融工具，以吸引更多的私人资本进入科技创新领域。2011 年 12 月，欧盟委员会与欧洲投资银行签署了《研发创新投资风险分担机制》的扩资协议，以促进金融与科技的融合。

总之，为推动科技创新、促进产业发展，欧盟的创新政策正从单一的科技政策转变为科技政策、产业政策和金融政策等一整套政策相融合的综合政策体系，大力发展科技金融，形成金融—科技—经济三者间的良性循环。

（3）日本

不得不承认，即便面临长期的经济低迷，即便遭遇百年一遇的大灾难，日本仍然具有世界一流的科技创新能力。这种创新能力的取得与维持，其背后离不开强有力的金融支持。

鉴于日本的科技创新以民间企业为主体，其金融支持科技创新的做法以“关系型”的银行融资为主，银行系统的间接融资成为企业资金供给的主要渠道，日本中小企业融资主要依靠都市银行。另外，日本还建立了各类政策性融资机构，包括中小企业金融公库、国民金融公库、工商组合中央金库、日本开发银行、中小企业信用保险公库、信用保证协会等。在风险投资方面，日本虽然走在亚洲国家的前面，但是与美国、欧盟等国家和地区相比，发展比较缓慢，在高风险的技术创新领域涉足不深。

2. 我国金融支持科技创新的现状与问题

近年来，我国科技创新能力有了明显的提高，在信息通信、航空航天、生物科技等多个前沿领域陆续实现了革命性的突破，如高性能通用 CPU 芯片、天河－1A 超级计算机、量子信息领域避错码、赖氨酸转基因克隆牛、“神舟九号”载人飞船、“蛟龙”号载人潜水器、北斗卫星导航系统等。

不仅如此，我国科技产出有了飞速的进步。根据中国科学技术信息研究所的统计数据，2001 年至 2011 年，我国科技人员共发表国际论文 83.63 万篇，排在世界第 2 位，论文共被引用 519.14 万次，排在世界第 7 位。又根据世界知识产权组织公布的最新数据，2011 年我国国际专利申请量为 1.64 万件，仅次于美国、日本和德国，位居世界第 4 位。

上述科技创新成就的取得，与我国对科技创新投入的重视有关。据统计，“十一五”期间，中央财政科技投入保持了 20% 以上的年均增速，2011 年国家财政科学技术支出达到 4 902.6 亿元，研发经费投入达到 8 687 亿元，居世界第 3 位，仅次于美国和日本，研发经费投入强度为 1.84%。可见，国家财政投入在我国科技创新中发挥了主要的作用。与发达国家相比，我国各类金融机构在科技创新方面的作用还有待于进一步发掘。

为促进金融与科技的融合，2006 年 2 月 26 日，国务院发布《实施〈国家中长期科学和技术发展规划纲要（2006—2020 年）〉的若干配套政策》，已出台了7条金融政策支持科技自主创新。2011年10月，科技部联合中国人民银行、中国银监会、中国证监会、中国保监会，首批选定北京中关村、江苏省、长沙高新区、陕西关中—天水经济区、大连市等16个地区，开展了促进科技与金融结合试点，根据科技部2011年度部门决算，试点已增加中小企业贷款超过1.2万亿元，风险投资和私募股权投资对科技企业的投资超过7 000亿元。

总体来看，我国金融支持科技创新已取得了很大的进步，但是还远远不够，与美国、欧盟、日本等发达国家和地区相比有比较大的差距，如风险投资机制尚不完善，资本市场还有待于进一步培育，民间资本投入不足等，与自身经济社会发展的需求也不相符合，主要表现在以下几个方面。

一是科技型中小企业融资难。作为最具活力的创新主体，科技型中小企业融资难是一个世界性的问题。一方面，由于固定资产先天不足，不能进行抵押贷款，缺乏担保；另一方面，由于产品的市场前景不明朗，难以吸引到风险投资。我国资本市场现行的制度安排和发行标准不利于科技型中小企业进入资本市场，这成为制约我国科技与资本结合的一个瓶颈。因此，如何破解科技型中小企业的融资难题，是金融支持科技创新的一个重要抓手。

二是创业型企业融资渠道有限。我国创业型企业融资渠道有限，主要表现在难以通过市场进行直接融资，只能通过金融中介（主要是银行）进行贷款，然而又缺乏中小金融机构的有效支持。虽然政府给予了一定的政策性资金支持，但与企业实际的资金需求相比还相差甚远。狭窄的融资渠道和单一的融资方式成为限制中小企业资金来源的瓶颈。

三是科技成果转化缺乏资金支持。多年来，科技成果转化不利一直是我国科技发展的顽疾。据报道，发达国家的科技成果转化率是80%，我国仅为10%，真正实现产业化的不足5%，差距仍不小，因此，造成我国科技与经济相分离及研发与产业化相分离，亟须各类金融机构给予资金支持。

3. 建议与对策

技术创新对于实现经济增长具有关键的作用，而金融体系已经成为影响技术创新发展的重要制度安排之一。根据金融支持科技创新的国际经验，结合我国科技创新、金融市场的现实情况，提出以下政策建议。

一是大力培育资本市场。从国际社会来看，美国的风险投资机制最为健全，对高科技产业的发展做出了突出贡献。欧盟和日本次之，目前正着力推动风险投资发展。为了发挥风险投资对科技创新的促进作用，我国应借鉴国际经验，大力培育资本市场，加快建立风险投资机制，发展风险投资公司和风险投资基金，引进和培养风险投资管理人才，加速制定相关政策法规，规范风险投资的市场行为，特别是可以支持有条件的高新技术企业进入国际资本市场。

二是促进金融科技政策协同。切实加强对科技与金融结合工作的统筹协调，以科技部为推动主体，联合中国人民银行、财政部、银监会、保监会、证监会、税务总局、国家开发银行、中国进出口银行、中国出口信用保险公司等部门和单位，建立科技部门与金融机构的合作协调机制，促进相关政策之间的协同。

三是完善科技金融组织体系。加快发展新型融资机构，创建多元化的科技金融组织体系，推动创投、天使投资、企业基金、科技租赁、科技担保的全面发展。健全科技金融服务和保障体系，积极开展科技企业信用评级工作，推动建立高新技术企业信用报告制度，健全科技型中小企业信用档案，按评价结果对企业实行分类管理和扶持，推动担保行业规范、健康发展。

四是扩大科技创新的融资渠道。要加大政府的科技投资力度，通过直接财政拨款、银行贴息补助、税收减免等形式，将投资重点放在重大科技攻关、基础理论研究、重大技术的产业化初期阶段。可参考美国的做法，鼓励各种类型的民间资本进入到科技创新投资之中。鼓励设立各种创业投资机构，鼓励和支持全社会广泛参与科技进步和创新活动，加快科技成果转化。

五是加大对科技成果转化的金融支持。要设立国家科技成果转化引导基金，引导金融资本、社会资本向各类科技计划形成的成果聚集。健全风险补偿制度，设立科技项目银行贷款风险补偿基金，使政府资金、金融资本、社会资本形成合力，共同支持国家科技成果的产业化过程。特别是根据“十二五”发展规划的安排，要重点设立培育战略性新兴产业的技术转化专项基金，发挥科技金融支持科技成果转化的集中优势。

第三节　全面创新

创新不仅仅是技术的创新，更重要的是制度的创新。我们要勇于面对竞争，思想上、理论上的创新将带动经济的又一次发展。在经济理论上的不断创新将形成适合中国国情、面向未来的重大理论创新体系，指导未来的改革和发展。

党的十八届五中全会指出，坚持创新发展，必须把创新摆在国家发展全局的核心位置，不断推进理论创新、制度创新、科技创新、文化创新等各方面创新，让创新贯穿党和国家一切工作，让创新在全社会蔚然成风。

2014 年 8 月，习近平在主持召开中央财经领导小组第七次会议时强调，实施创新驱动发展战略，就是要推动以科技创新为核心的全面创新。① 2015 年 10 月，党的十八届五中全会提出，要“推进理论创新、制度创新、科技创新、文化创新等各方面创新”。可见，创新是全领域覆盖的，主要包括理论创新、制度创新、科技创新和文化创新，其中科技创新是核心。

一、理论创新

习近平重视理论创新，而且擅长理论创新。在他的带领下，中国在改革

① 习近平．加快实施创新驱动发展战略．来源于新华网，2014－08－18.

发展、对外开放、社会治理、党的建设等方面均有重大理论创新成果，发表的系列讲话更是这些成果的精华。问题意识、战略思维、辩证分析、人民立场、求真务实和大众话语是习近平理论创新的6个重要特征。面对复杂多变的大环境，中国正在走的是一条前无古人的道路，没有现成的、完全适用的理论作为指导，必须摸着石头过河，大胆推进理论创新。

二、制度创新

2014年6月，在中国科学院第十七次院士大会、中国工程院第十二次院士大会上，习近平指出，实施创新驱动发展战略，最根本的是要增强自主创新能力，最紧迫的是要破除体制机制障碍。[①] 2016年3月，习近平主持召开中央全面深化改革领导小组第二十二次会议，会议强调，要准确把握改革试点方向，把制度创新作为核心任务，发挥试点对全局改革的示范、突破、带动作用。要加强试点工作统筹，科学组织实施，及时总结推广。当前，制度改革滞后成为影响我国经济社会发展的重要瓶颈，相关部门必须加快推进体制机制改革，形成合理、完善的制度体系。

三、科技创新

2014年5月，习近平在上海考察时指出，谁牵住了科技创新的牛鼻子，谁走好了科技创新这步先手棋，谁就能占领先机、赢得优势[②]。面对建成创新型国家的任务，我国亟待突破核心关键技术瓶颈，必须牢牢把握科技进步大方向、产业革命大趋势、集聚人才大举措，坚定不移走中国特色自主创新道路。

---

① 习近平．在中国科学院第十七次院士大会、中国工程院第十二次院士大会上的讲话［M］．北京：人民出版社，2014.

② 谁走好了科技创新这步先手棋谁就能占领先机赢得优势．来源于新华社，2014－05－25.

四、文化创新

2013 年 12 月，习近平在中共中央政治局第十二次集体学习时强调，提高国家文化软实力，关系“两个一百年”奋斗目标和中华民族伟大复兴中国梦的实现。① 2015 年 10 月，习近平在文艺工作座谈会上的讲话中指出，“文化是民族生存和发展的重要力量。人类社会每一次跃进，人类文明每一次升华，无不伴随着文化的历史性进步。”② 中国需要继承优秀的传统文化并不断发扬光大，吸收国外先进文化，不断创新文化内容和展现形式，形成强大的文化软实力。

第四节　全球创新

现在是全球化的时代，企业家应该有全球化的眼光和视野。同样做一件事，如果把全世界最优秀的人才聚集起来，面向的就是全世界的市场，局面就不一样。过去，中国的企业家和机构做事，都是满足于自己内部，很难放开。比如科研，中国的大学和科研机构没有多少外国人。在美国的科研机构和大学，德国、日本及其他国家的外籍人员占 15% ~20% 。他们规定一部分岗位要面向全世界招聘，所以，我们的学者到美国去可以拿到奖学金、工资和补贴。

没有多元化的文化，没有来自不同思维的碰撞，没有掌握各种各样不同技术和理念的研究人员，就很难有创新性、颠覆性的东西。所以，我们现在强调面向全社会招聘，面向全世界招聘。我们要进行制度变革，在全世界吸引一流的人才来中国，在关键的岗位敢于放开，不分国籍、肤色和年龄。创造

① 习近平：建设社会主义文化强国着力提高国家文化软实力．来源于新华网，2013 - 12 - 31.

② 习近平：在文艺工作座谈会上的讲话．来源于新华社，2015 - 10 - 14.

性的岗位还要加大开放的力度，做到全球创新。

一、全球创新是当前中国创新的现实要求

中国已进入啃“硬骨头”的攻坚阶段。掌握关键核心技术，亟须跨越式的技术创新；实现中华民族伟大复兴中国梦，亟须变革式的制度创新；而实现这两方面的重大创新，又必然要求以更高水平的全球创新为基础。中国必须充分利用全球创新资源，提升全球视野，开阔全球胸怀，更灵活地运用全球性思维，推动自主创新加速发展，不断提升国家创新能力，推动经济社会可持续发展。

1. 掌握关键核心技术呼吁全球创新

当前，全球科技发展不均衡，大部分关键核心技术仍控制在发达国家手中。中国核心和关键技术对外依存度为50%～60%，而先进国家是30%，新产品开发70%靠外来技术，高铁轴承、核电主泵密封件、海上钻井平台定位系统、工程机械液压系统密封、汽车发动机等重要零部件与关键材料80%以上靠进口，[①] 乘用汽车自动变速器、高速列车自动装置100%从国外进口，工程机械大功率、调速、齿轮装置90%从欧洲和日本进口。[②] 时值新一轮科技革命正孕育兴起，中国必须抓住这一难得的时机，在关键核心技术上取得突破，否则将长期受制于人，难以摆脱被“卡脖子”的命运。习近平总书记多次提出，要“着力攻克一批关键核心技术”[③]。而关键核心技术要突破，显然不能“闭门造车”，必须充分利用全球创新资源，吸收一切可利用的技术成果，着力打造跨国、跨文化、跨专业的技术团队，才有可能实现技术创新的弯道超车。

---

① 何亚非．核心技术对外依存度超50%［J］．中国新闻周刊，2015－09－30.

② 马化展．部分核心技术“受制于人”走向“中国制造2025”还需“由大变强”［N］．羊城晚报，2015－09－23.

③ 习近平：着力攻克一批关键核心技术［N］．人民日报，2014－08－19.

2. 实现中华民族伟大复兴的中国梦呼吁全球创新

经过近40年的改革开放，中国经济社会取得了巨大进步，与其他国家的合作硕果累累，但同时也积累了一系列矛盾和问题。从国内来看，城乡差距依然很大，产业结构仍不合理，一些领域道德失范、诚信缺失；从国际来看，围绕自主创新、知识产权保护、网络安全的国际纷争不断，这些问题倒逼中国全面进行体制机制改革。伴随全面深化改革挺进深水区，中国必须彻底破除体制机制弊端，不断增强道路自信、理论自信、制度自信和文化自信，否则"中国梦"将缺乏持续强大的动力支撑，现代化建设成果或将毁于一旦。而中国要有"四个自信"，必然要与国外制度进行充分比较研究，大胆推动制度创新，中国需要兼容并蓄，和而不同，提高包容性，而不是走"独木桥"，形成独具特色又与国际社会接轨的政策体系。

二、全球创新图景发生重大变化

近年来，全球创新活动呈现出一些新的特征，在地缘上表现为人才、技术和资本等创新资源的流动性增强，在手段上则表现为合作创新逐渐成为一种现实的战略选择，创新格局的重心也开始由西向东转移。创新图景的这些变化，为我国建立全球创新体系提供了重大的发展机遇。

1. 创新资源加速流动

在全球化时代，创新资源沿着高效率的轨道向产生高效益的地区流动，已经成为一条普遍规律。当前，受国际金融危机影响，一部分发达国家的先进技术、成果、人才、科研机构积极向外寻求发展空间，跨国公司纷纷设立离岸研发机构，导致研发组织结构发生重大变革。因此，创新资源加速流动，有利于我国接受更多的知识外溢。

以跨国公司在华的研发投资为例，自金融危机爆发以来，欧美许多跨国公司开始密集地在华设立研发机构，有的跨国公司通过整合提升了其研发机构的层次，有的则增加研究机构的数量。据商务部统计，截至2009年年底，跨国公司在华设立的各类研发中心已经超过了1 200个。它们为提高我国的自主创新能力做出了一定程度的贡献。

2. 合作创新备受青睐

二三十年前，创新一般都是由一家企业或机构的实验室独立完成，而现今很多创新都是通过与包括自己的竞争对手、合作伙伴、供应商和顾客在内的诸多对象开展各种形式的合作，满足创新需求，特别是跨国合作已成为势不可挡的潮流。即便科技研发实力强大如美国，也不再是在创新的道路上单打独斗，而是广泛地开展国际科技合作。从全球范围来看，国际科技合作从数量和质量上都已进入了新的发展阶段，新的国际科技合作分工体系正在形成，并深深地影响到不同国家和企业的研发速度、规模、方向和效率等。近年来，伴随着经济科技实力的不断提升，我国正努力融入新的合作创新格局中，积极开创全方位的、更为主动的对外科技合作。

3. 创新格局发生改变

国际金融危机爆发以来，中国、印度、俄罗斯、巴西等新兴经济体成为全球经济增长的新引擎。2010年9月，世界银行在题为《后天：发展中国家未来经济政策手册》的报告中预测，2010年发展中国家的经济增长可达6.1%，2011年为5.9%，2012年为6.1%，而高收入国家在这些年份的经济增长率分别为2.3%、2.4%、2.6%；作为一个群体，发展中国家正成为全球经济增长新引擎和先进经济体系的拉动力。

伴随着全球经济中心的转移，全球创新格局也相应地发生了改变。2010年11月，联合国教科文组织在《2010年教科文组织科学报告》中指出，尽管美国、欧洲和日本仍然在全球研究与发展领域引领潮流，但其领导地位正日益受到以中国为首的新兴国家的挑战，一个由欧盟、日本和美国三强并立、占科技主导地位的两极世界，正逐渐被一个公共及私营研究中心从南到北日益增多的多极世界所取代。全球创新格局的这种改变，有利于我国获取创新的国际话语权。

三、积极参与全球科技治理

我国要充分利用全球创新资源，首要的是必须积极参与全球科技治理，成为权力结构中的一支重要力量，才能参与科技创新的规则制定，为创新提供良好的国际环境，否则就会被发达国家排挤，处于竞争的劣势。所谓全球科技治理，是指在国际层面上干预、规制科学技术发展的制度和规则体系，可以划分为5种治理主体：国际治理机构、国家政府、跨国公司、国际科技组织和国际非政府组织。①

国际治理机构主要是指联合国的相关机构及其他政府间国际组织，如联合国教科文组织、联合国开发计划署、经济与合作组织等。由于这类机构的经费通常依赖于大国捐献，因此对大国具有先天的奴性，它们缺乏强制执行国际规则的手段。目前，我国在此类机构中已有了一定的发言权，但是力度还不够，随着影响力的不断提升，需要继续争取更大的发言权。

国家政府在全球科技治理中也发挥着重要的作用，一国制定的科技政策深刻影响到国际间的科技合作与交流。例如，美国制定并执行了对华高科技产品出口管制政策，涉及航空器及航空发动机、惯性导航系统、激光器、光学纤维、贫铀等20大类产品，共计31项条款，以此为手段严格限制了美国的高科技产品与技术向我国的流动和转移。

由于全球科技治理的规则直接关系到跨国公司的研发、生产和市场，它们也是全球科技治理的积极参与者。对大型跨国公司而言，它们甚至可以凭借自身的政府公关能力，影响到国家科技政策的制定。目前，来自我国的跨国公司正逐步崛起，到我国投资的跨国公司也不断增多。据联合国贸易和发展组织估计，中国2009年FDI流入量约为950亿美元，世界排名第二，仅次于美国；FDI流出量约为480亿美元，世界排名第六；截至2009年年底，中

① 邢怀滨，苏竣．全球科技治理的权力结构、困境及政策含义［J］．科学学研究，2006（6）．

国内向 FDI 存量估计约为 4 700 亿美元，外向 FDI 存量约为 3 000 亿美元。①

在国际科技组织方面，我国正逐渐发出声音，但还远远不够。以国际科学联合会理事会（ICSU，简称国科联）为例，自成立以来，包括其所属委员会、联合会，有秘书长以上职位约 1 200 余人次，其中，美、英、法、德、俄等发达国家科技人员任职 1 050 人次，约占总任职数的 80% 以上，而包括中国在内的发展中国家科学家任职不到 200 人次，中国担任副主席和执委职务的可能先后不足 40 人次。②

科技领域的国际非政府组织致力于将社会价值观的多元化反映到全球治理中，它们对国家科技发展起到了推动和互补的作用，尤其是面临一些全球问题的复杂性，国际非政府组织更能起到积极作用。目前，我国对国外非政府组织的参与度不高，在创新相关的标准制定上常常受制于人，而且在国内建立非政府组织的状况也没有达到理想状态。

四、在更高层次上谋划和建立全球创新体系

总体来看，我国在现有的全球科技治理格局中尚未取得优势地位，发言权在很大程度上仍被欧、美、日等发达国家控制，因此在全球创新资源的开发与利用方面势必受到它们的阻挠。为推动创新实力的整体提升，我国必须主动出击，在国家创新体系的基础上，建立符合我国国家利益的全球科技治理格局，推动创新资源向我国集中，谋划和建立全球创新体系。

第一，要推动政府间国际科技合作成为我国全球创新体系的主要力量。政府间科技合作是在政府间双边和多边协议下执行的科技合作，科研合作水平较高，对国家科技事业和经济建设有较大影响。近年来，我国已与美国启

① 王南．联合国贸发组织发布《2010 年世界投资报告：投资低碳经济》．来源于人民网，2010－07－25.

② 王静．改革开放三十年：国科联里的中国之声［N］．科学时报，2008－12－29.

动“中美能效行动计划”，与欧盟启动了“中欧科技伙伴合作计划”，与日本启动了“气候变化科技合作共同研究项目”，与韩国启动了“中韩联合研究计划”等；未来，我国要继续巩固和加强政府间国际科技合作的力度，特别是要将国家各主要科技计划、重大科技专项中的重点国际合作项目纳入双边、多边政府间科技合作协议，提升合作的层次和质量。

第二，要使国际科技组织成为我国全球创新体系的重要舞台。首先，要为我国的科学家和科技管理人员创造条件，让他们到重要的国际科技组织任职，提升我国的发言权，在全球治理中营造有利于我国创新的国际氛围；其次，要争取重要的国际科技组织在我国建立总部或设立分部，提升所驻城市的国际化程度，进一步推动形成开放的创新环境；最后，还要鼓励在我国举办重要的国际学术会议和专题研讨会，邀请世界上顶尖的科学家前来演讲与参与讨论，促进我国创新人才与他们的交流与合作。

第三，要将海外科技创业园发展成为我国全球创新体系的前沿阵地。海外科技创业园能够帮助我国的科技型中小企业降低国际化经营的风险，为这些企业与东道国企业之间的创新合作牵线搭桥，还可使它们规避有关国家的高技术限制和封锁，并且能够发挥出窗口效应、辐射效应，提高我国的软实力。因此，我国需要大力推动其建设。一方面，要在发达国家建设科技创业园，就近学习其科技创业园的运营模式以及科技型企业进行技术创新、产业化、技术扩散的经验；另一方面，要到其他发展中国家建设科技创业园，积极推广我国高科技园区的建设和运营模式，提升国际影响力。

第四，要使跨国公司在华研发机构成为我国全球创新体系的有机组成部分。应采取如下措施：要加强对跨国公司研发活动的宏观引导，根据国内发展的需求，对跨国公司在不同行业、不同地区的创新采取不同的政策；要建立吸引跨国公司人才回流的机制，以优厚的条件吸引掌握重要技术的人才回流到国内企业中，把跨国公司的先进技术和研发管理经验带过来；要赢得与跨国公司合作创新中的主导权，通过积极的谈判，最好可以完全占有知识产权，或占有一部分知识产权，至少要取得使用的权利。

第五，要使国家技术竞争情报体系成为我国全球创新体系的主要内容。当前，科学研究对信息的依赖程度越来越高，了解国际技术动态具有非常重大的意义，技术竞争情报体系成为衡量一个国家科技能力的重要标志。而且，作为一种战略性资源，国家技术竞争情报体系通过对全社会开放共享、提供普遍的公共服务，使所有的科技活动人员共同受益，对创新起到不可替代的作用。因此，我国要积极构建国家技术竞争情报体系，营造良好环境，完善相关的法律制度，建设政府推动下的政府、企业与中介三位一体的互动与融合模式，为提高我国的创新能力提供保障。

五、构建立足本土、放眼世界的全球创新战略

从实践来看，目前世界各国均提出了旨在提高本国创新能力的国家创新战略，但鲜有国家更进一步构建放眼世界的全球创新战略。从美国的经验来看，虽然美国也没有提出全球创新战略，但作为一个移民国家，与各国具有千丝万缕的联系，美国创新天然具有全球创新的特征。中国作为东方文明的国家，要实现技术创新的弯道超车，创造和巩固制度创新、模式创新的比较优势，就必须提升视野、开阔胸怀，要积极建立全球创新战略，概括地说，即要打造“一个体系”、“两个网络”、“三个中心”、“四个平台”和“五个战略支点”的全球创新格局。

1. 一个体系

中国应基于原有的创新体系，积极融入国际化要素，充分利用全球的技术、设施、人才、市场等创新资源，构建立足本土、面向世界的全球创新体系。该体系由低到高分为 3 个层次。第一层是大众创业、万众创新，要积极营造国际化的创新环境，引导创业者把握全球创新趋势；第二层是企业、科研机构创新，要鼓励他们更多地参与国际竞争与合作，拓展全球市场；第三层是国家创新，通过政府间合作协议，加强中国与其他国家间的创新合作，

并推动中国与国际组织之间的创新合作。

2. 两个网络

中国应加速打造全球基础研究网络、全球技术转移网络。当前，中国基础研究力量薄弱，是创新的短板之一。2014 年，全国用于基础研究的经费支出为613.5 亿元①，占研发经费总支出的比重仅为4.7%。不仅如此，由于科研项目立项、管理、科研经费使用等是基于行政评价而非学术评价，导致很多科研经费并没有真正落到值得研究的领域和研究团队。要切实提高基础研究水平，中国需要加大投入，推动科研管理机制变革，并积极引入外部力量，利用部分国外大学、科研机构在基础研究的领先优势，共同打造“以我为主”的全球基础研究网络。同时，在航空发动机、潜艇、机器人、无人机、3D 打印等众多技术领域，中国与先进国家还有较大的技术差距。要尽快弥补技术差距，中国需要推动发达国家向本土的先进技术转移，为避免技术的重复引入、无效引入，需要由国家统筹部署，打造包括美国、欧洲、日本、韩国等在内的全球技术转移网络。

3. 三个中心

要成为全球创新强国，就要抢占全球创新的高地，中国应加快布局，推动构建北美、西欧和东亚三大创新中心。澳大利亚智库“2 thinknow”评选的2014 年全球最具影响的100 个创新城市显示，全球科技创新中心的分布高度集中在美国、西欧等发达国家和地区，在国家或区域内部则高度集中在世界大城市群，而且分布重心呈现向日本、中国等亚洲地区转移的趋势，中国有孕育出世界级科技创新中心的潜力②。中国应在北美、西欧和东亚的主要城市建立创新中心，向周边城市群进行辐射，进一步增强全球创新体系和全球创

---

① 2014 年全国科技经费投入统计公报，2015 年 11 月 23 日，http：//www. mof. gov. cn/zhengwuxinxi/caizhengshuju/201511/t20151127_ 1586024. html.

② 杜德斌，段德忠. 全球科技创新中心的空间分布、发展类型及演化趋势［J］. 上海城市规划，2015（1）.

新网络。

4. **四个平台**

目前，国际大科学计划和大科学工程、中国“一带一路”倡议、国际组织、创新型全球公司为中国推动全球创新搭建了支撑性的平台，提供了良好机遇。近年来，我国积极参与了很多国际大科学工程和计划，包括全球变化研究计划、国际大洋钻探计划、国际人类基因组计划、人类脑计划、国际热核聚变实验反应堆计划、大型强子对撞机、全球对地观测系统、地球空间双星探测计划等，参与这些计划将帮助中国在相关领域走在世界前列。中国“一带一路”倡议将有利于中国与沿线国家结成创新共同体，充分调动沿线国家和地区的创新积极性，形成新的创新格局，并进而推动经济社会全面发展。政府间国际组织包括联合国、欧盟、非盟、东盟、世界贸易组织等，以及非政府间国际组织如国际环保协会等，在推动全球创新合作方面发挥着不可忽视的作用，中国应借力国际组织的大舞台，增强创新能力。创新型全球公司在利用全球创新资源方面经验丰富，中国应加大与创新型全球公司的合作，学习其先进经验。

5. **五个战略支点**

从全球来看，美国、英国、法国、以色列、俄罗斯都是中国需要加快布局的 5 个战略支点。多年来，美国硅谷是全球创新的基地，现在 80% 的地方已经被美国和欧洲的企业租下了，中国在硅谷建立了全球创新研究中心，要争取在其余 20% 的地方建立创新机构。英国、法国是老牌的创新强国，中国也需要进入这些国家，建立一个辐射欧洲各国的创新中心。

以色列最被世人所称道的是高科技领域的创新成就，它已经成为美国之外的一个科技创新之都，是“硅谷之外的第二大研发中心”，科技对这个自然资源极度贫乏国家的贡献率高达 90% 以上，而且与中国拥有良好的合作关系。2016 年，以色列的高科技公司创造了前所未有的融资纪录，所获投资金额达到了 48 亿美元，比 2015 年高出 11%。

此外，中国还跟俄罗斯合作成立了1亿美元左右的基金，在俄罗斯建立一个创新中心。通过5个战略支点，推动中国跟全球联动起来，并在北京、上海、深圳、武汉等城市对接全球，建立全球创新网络，实现零距离、零时差的点对点链接，打造全球创新体系。

第五节　抓住创新的历史机遇

一、塑造引领型发展

纵观历史长卷，中国曾经在很长时间内主导创新，引领全球发展，创造了举世无双的汉唐盛世；但近代以后，科技落后，基本上处于追随者的地位，被嘲讽为“东亚病夫”。为图自强，晚清时期，有志之士即提出“师夷长技以制夷”的主张，开启了中国向西方学习的潮流。在中华人民共和国成立后，尤其是改革开放后，中国更是广泛向发达国家取经，取得了举世瞩目的发展成就。

总体来看，中国先后经历了追随型、引领型两个历史时期。如今，中国面临新的战略机遇期，正在从追随型向引领型转变。“十三五”规划纲要提出，要“塑造更多依靠创新驱动、更多发挥先发优势的引领型发展”，这在政府文件中首次提出。那么，敢为天下先，塑造引领型发展，中国准备好了吗？

1. 树底气

中国是有底气的，这种底气来自日渐壮大的实力。经济方面，中国不再是一穷二白，经济总量稳居世界第二，货物贸易额居世界第一，对世界经济贡献率超过25%。科技方面，中国迈进“跟跑”“并跑”“领跑”并存阶段，部分领域已跻身世界前列，研发投入、专利申请、科技人才的规模世界领先。外交方面，中国不断强化双边、多边合作，大力倡导人类命运共同体，积极实施“一带一路”倡议，中国道路、中国奇迹、中国贡献、中国精神在国际社会深入人心。面向未来，中国具备了坚实而稳固的基础，已有充分的能力塑造引领型发展。拿破仑曾说过，“中国是一只沉睡的雄狮，一旦醒来，整个世界都会为之颤抖……”现在，中国已经积蓄了足够的力量，到了醒来的时刻。作为一个负责任的大国，中国有必要在一些新兴领域发挥先发优势，帮助众多的发展中国家规避发展风险，共享科技进步带来的红利。

2. 正心态

中国是一个大国，但还远远不是强国。这就要求中国在引领型发展的道路上，按照中国国情进行塑造。毫无疑问，2008 年国际金融危机之后，欧美日发达国家和地区的经济社会发展受到了严重的冲击。时至今日，美国劳动生产率下降，企业利润率下滑，华尔街认为美国仍面临衰退的拐点。欧洲在主权债务危机、难民危机、恐怖袭击危机的轮番轰炸下举步维艰，经济复苏缓慢。日本国内消费长期低迷，经济仍然没有回到正常的发展轨道。尽管如此，美国仍是全球创新领先的国家，拥有世界上最多的诺贝尔奖获得者，拥有世界一流的大学，在先进制造业的带动下经济增速实现上调。欧洲仍拥有世界上最多的创新型国家，拥有强大的基础研发能力，经济复苏虽然缓慢，但结构处于 6 年以来的最佳状态。尽管日本经济表现不佳，但企业的底蕴仍不容忽视，在汤森路透评选的 2015 全球创新企业百强榜单中，日本以 40 家高居榜首，力压美国的 35 家。相比之下，中国经济也已放缓，创新方面只能说是一个创新大国，离创新强国还有很大的差距。

但是，中国也不能妄自菲薄，毕竟已经具备了坚实的基础，需要做的是摆正心态。在舆论界有一些“专家”，一遇到问题就说西方国家如何如何发达，我们应该如何如何。中国对外开放以后，一直在以西方为标准，向西方借鉴先进技术和管理经验，但一定要与基本国情相结合，并且提出青出于蓝而胜于蓝的吸收方法。中国要主动融入、主动互动、主动拥抱世界文明，而不是被动接受。事实上，经过 30 多年的快速发展，中国已积累了丰富的发展经验，亦可为人师，需要在国际上积极发声，宣传中国理念、中国模式、中国成就，积极主动走上创新驱动的道路。

3. 变制度

面向2020年，中国提出要建成创新型国家、全面建成小康社会，这对于一个拥有13亿多人口的发展中国家难度不可谓不大，创新发展是必经之路。为此，中国政府已推出大众创业、万众创新以及供给侧改革等新政，为创新驱动发展注入活力。不得不说，现在中国创新已进入最好的时期，以“互联网+”为代表的新经济，成为经济增长的新动力。但是，需要指出的是，伴随新技术、新产品、新业态的大量出现，制度滞后已成为创新的主要阻碍。例如，电子商务、网络社交等新事物的出现虽然创造了巨大的社会价值，也为阿里巴巴、腾讯、百度、京东进入全球互联网公司十强提供了可能，但也令淘宝面临假货问题、百度遇到血友病吧事件，另外还包括快播、e租宝等相关事件的出现。从这个角度来讲，塑造引领型发展很有必要，但必须充分认识到引领必然存在的风险，因此要加快制度变革，制定合理的政策，既能够促进新事物的健康发展，也要规避新事物所带来的弊端和不利影响。

综上，中国已做好了塑造引领型发展的准备，中国需要继续增强道路自信、理论自信、制度自信和文化自信，同时要调整好心态，找准中国在全球创新格局中的定位，以制度变革释放创新驱动发展的潜力，为实现中华民族伟大复兴的中国梦而不断前进。

二、抢占科技制高点

当前，世界经济、政治和军事均处于大动荡、大变革之中。发达国家整体上处于衰退边缘，新兴国家实现了群体性崛起，经济实力此消彼长；美国战略重点东移，亚太地区已成为新的地缘政治中心，政治博弈激烈复杂；围绕着主权争端、民族矛盾、武装叛乱和恐怖袭击，地区动荡有增无减，大国战略摩擦加剧，安全形势日趋严峻。

然而，无论世界经济、政治和军事形势如何变化，终究是衍生的表象。

纵览世界发展史，任何一个国家，若无强大的科技支撑，很难成为经济大国和军事大国，更妄谈成为政治大国。科技作为一种基础性力量，却在世界竞争格局中起着决定性的作用。从本质上来讲，科技实力决定经济实力和军事实力，进而决定政治影响力。

当然，强调科技的决定性作用，并非着意宣扬“唯科技论”，因为科技从来都不是无根之花，大多数情况下是来自经济和军事方面的需求，并通过政治上的支持取得发展；需要突出的乃是其先导意义，即唯有在科技革命中率先实现突破，才能快速摆脱经济危机的困扰，才能在军备竞赛中拔得头筹，掌握国际事务的话语权，从而在激烈的国际竞争中赢得优势。

正是从国家战略角度来讲，科技是第一生产力，是第一战斗力，是第一影响力。作为世界上唯一的超级大国，美国已对此做出了最佳注解。多年来，凭借强大的科技创新能力，美国牢牢占据着世界第一经济强国的宝座，军事据点在全球范围内极度扩张，在国际事务中经常凌驾于联合国之上。若无科技领域的依仗，美国很难实施其经济强权、政治强权和军事强权。

就中国而言，经过30多年的改革开放，经济实力、军事实力和政治影响力均实现了质的突破，一跃成为崛起中的大国，已然超过日本成为世界第二大经济大国，军事实力也被美国、俄罗斯认定为世界第二，中美“两国协调”成为亚太地区处理国际关系的崭新模式。尽管前述排名和提法中不乏夸大的成分，但中国的大国地位确实毋庸置疑。

在这些实力增强的背后，潜藏的是科技这一基础力量的突飞猛进。根据科技部公布的数据，“十一五”期间，中国科技投入年均递增20%，高技术产业生产总值年均增长15%，科技人力资源总量居世界第一，研究与开发人员全时当量居世界第2位，中国在量子纠缠交换、新型铁基超导材料、空间出舱活动技术、高效能计算机、深海载人潜水器等领域已比肩国际前沿。另外，根据汤姆森路透集团的研究报告，2003年至2009年间，中国的专利总量年增长率为26.1%，远超美国的5.5%，在专利活动中居世界领先地位。

尽管中国已成为一个举世瞩目的经济、政治和军事大国，但还远远不是这些方面的强国，究其根本在于中国还不是一个科技强国。由于缺少核心技术和关键零部件，中国在LED照明、光伏电池、风机、海洋石油装备、页岩气开采、汽车发动机、空调压缩机、数控机床、传感器等很多产业领域仍受制于跨国公司，而且武器装备的现代化程度与发达国家相比仍然有二三十年的差距。

正是因为大而不强，中国在经济、政治和军事领域仍面临很多挑战。中国已进入经济结构调整、发展方式转型的关键时期，未来经济发展充满了更为复杂和不确定性的因素；中国的快速崛起令很多西方国家的优越感顿失、产生恐慌和敌视心理；南海、东北亚等地区日益加剧的冲突和摩擦也为中国周边的稳定带来威胁。

要应对上述挑战，中国必须大力提高科技创新能力，抢占科技制高点，从而提高在全球经济、政治和军事中的掌控能力。2011年年底，国家主席、中央军委主席胡锦涛在“天宫一号”与“神舟八号”交会对接的庆祝会上已明确指出，“必须坚持着眼长远、引领未来，走可持续发展之路，准确把握科技事业发展的战略目标、战略方向、战略重点，积极抢占未来科技制高点。”①

然而，中国要抢占科技制高点并非轻而易举的事情。除去与发达国家之间的创新差距，科技发展自身还存在很多问题。一是科技体制束缚创新，突出表现为：科技力量部门分割的状况依然存在，科研机构的短期行为比较普遍，科研考核与评价体系遏制创新的弊端屡禁不止，科技成果转化不受重视，科技与经济脱节的状况没有得到根本改善。

二是企业创新能力弱。很多国内企业只重视占据市场优势，缺乏技术创新的动力，忽视对消化创新的资金投入；很多企业没有专利技术，据调查，国内拥有核心技术自主知识产权的企业约占0.3%，申请过专利技术的企业只

① 参见《人民日报》（海外版），2011年12月17日01版。

占1%，超过一半的企业没有自己的商标，处于国际产业价值链的低端。

三是中小企业面临创新困境。从国际上来看，美国、德国、日本等发达国家在立法支持、管理机构、融资支持及创新服务等方面对中小企业创新给予了大力的支持，使中小企业的技术创新较大企业的成功率更高。相比之下，中国更倾向于支持大企业创新，尚没有形成支持中小企业创新的有效机制，这使中小企业成为创新中的“弱势群体”，不利于中国整体科技实力的提高。

因此，在克服上述问题的基础上，中国要抢占科技制高点，必须走自主创新之路。中国的两弹一星、载人航天等成果不可谓不显著，但大多属于跟随性科技成果，原始性创新的科学研发并不多见。面向未来，中国不能依赖于技术引进，不能自满于技术追随，而是要切实提高原始创新能力，在基础研究和高技术研究领域取得独有的发现或发明。

中国要抢占科技制高点，必须走跨越式发展之路。在当前激烈的国际竞争环境下，中国要在相对较短的时间内追赶和超越发达国家的科技水平，就不能跟在背后亦步亦趋，而是要发挥“举国体制”，利用“集中力量办大事”的优势，以较快的速度在关键领域实现重大突破。

中国要抢占科技制高点，必须走产学研结合之路。在国与国之间进行从科技研发到成果转化的综合较量，取得先进的科技成果只是第一步，只有实现了产业化，得到了应用，才能真正转化为竞争力。中国要充分利用企业、大学和科研机构的各自优势，推动教育资源、技术资源和市场资源的合理配置与共享，提高协同创新的能力。

|第五章|

立足中国的发展战略，打造全球创新

第一节　全球科技创新中心

一、全球科技创新中心的更替

17 世纪后期，英国伦敦成为第一个全球科技创新中心；18 世纪后期，法国巴黎大力推动自身重工业发展，成长为第二个全球性创新中心；19 世纪中后期到 20 世纪前半叶，德国柏林和美国波士顿相继依靠第二次技术革命取代法国成为新的科技创新中心；20 世纪中后期，美国积极应用移民政策吸引大量的科技人才，领衔了第三次技术革命，其波士顿及硅谷等地成为首屈一指的全球科技创新中心。

2015 年 12 月 3 日，毕马威发布《2015 年全球科技创新调研》报告，报告访问了 832 位来自世界各地的科技公司高管人员，其中来自中国科技行业的领袖有 93 位，占受访者总数的 11%。受访者中 29% 来自美洲；42% 来自亚太区；32% 来自欧洲、中东和非洲。报告指出，除硅谷外，北京、上海将进入新一批世界科技创新中心的五大城市名单，但上海的榜首位置被东京和纽约所取代，而北京也倒退一位至第4位。

总的来看，全球科技创新中心高度集中于美欧等发达国家和地区（见表5.1）。

表5.1　澳大利亚智库2 thinknow：全球最具影响的40个支配型创新城市

排名	城市	国家	排名	城市	国家
1	旧金山－圣何塞	美国	21	芝加哥	美国
2	纽约	美国	22	斯图加特	德国
3	伦敦	英国	23	墨尔本	澳大利亚
4	波士顿	美国	24	特拉维夫	以色列
5	巴黎	法国	25	赫尔辛基	芬兰
6	维也纳	奥地利	26	华盛顿	美国
7	慕尼黑	德国	27	新加坡	新加坡
8	阿姆斯特丹	荷兰	28	迪拜	阿联酋
9	哥本哈根	丹麦	29	曼彻斯特	英国
10	西雅图	美国	30	法兰克福	德国
11	多伦多	加拿大	31	费城	美国
12	首尔	韩国	32	奥斯陆	挪威
13	柏林	德国	33	莱比锡	德国
14	洛杉矶	美国	34	京都	日本
15	东京	日本	35	上海	中国
16	斯德哥尔摩	瑞典	36	蒙特利尔	加拿大
17	悉尼	澳大利亚	37	大阪	日本
18	汉堡	德国	38	布鲁塞尔	比利时
19	里昂	法国	39	温哥华	加拿大
20	香港	中国	40	罗利－达勒姆	美国

资料来源：2014年创新城市指数。

二、英国技术创新中心的经验及借鉴

自2010年起，为促进经济增长和弥补创新缺陷，英国技术战略委员会开始着手打造一种全球领先的新型网络，计划在5年内建立6~8个技术创新中心，为企业和研究机构搭桥，致力于缩短技术从概念到商业化之间的距离，重塑了英国的创新图景。相比之下，我国科技与经济“两张皮”的问题没有得到真正解决，面临着与英国类似的困境。英国的这一计划集合了政府部门、企业及科研团体的力量，尤其突出了对技术转化的重视，这对于我国提高科技成果转化率和创新水平具有积极的借鉴意义。

1. 英国技术创新中心计划的产生

在英国，建立技术创新中心的呼声最早来自两位富有创新精神的企业家。一位是赫尔曼·豪瑟（Hermann Hauser），曾创办和投资超过25家英国及美国科技公司，在信息技术行业具有丰富的经验。他在2010年3月完成了一份颇有影响力的报告《当前及未来英国技术创新中心的作用》，指出很多国家和地区在技术转化方面均受益匪浅，如德国的弗劳恩霍夫协会、中国台湾的工业技术研究院、韩国的电子通信研究院及荷兰的应用科学研究院等；相比之下，虽然英国的科学能力卓著，却没有将其转化为经济效益，因此需要通过投资技术创新中心来消除缺陷和不足。

另一位是被誉为“英国设计之王”的詹姆斯·戴森（James Dyson）爵士，戴森工业的创始人。他在同期也完成一份报告——《独创性的英国：使英国成为欧洲高科技出口的领袖》，报告对建立技术创新中心的思路予以肯定，并以成立于2008年的“设计伦敦”为例，指出通过将教育、研究、孵化和创新技术中心密切结合，创造独一无二的条件，确保了伦敦在全球保持领先地位，这种做法值得推广。

虽然呼声来自民间，但与政府有着隐性的牵连，从两份报告产生的始末可以发现痕迹。赫尔曼·豪瑟完成报告后，将其呈交于商务大臣曼德尔森

(Mandelson) 爵士；詹姆斯·戴森也是应首相戴维·卡梅伦 (David Cameron) 的邀请，帮助保守党来改善创新。可见，围绕创新，英国政府与民间打成一片，企业对创新中面临的困难最有发言权，政府部门则专注于政策和影响力方面，两相结合，最终形成了计划方案，并获得政府高层的肯定。

首先，2010 年 10 月 22 日，英国首相戴维·卡梅伦表示，“未来四年，我们将向技术创新中心投资 2 亿英镑，由技术战略委员会负责，使英国重获创新的领导地位”；随后，2011 年 1 月，技术战略委员会发布计划书，对新型网络的建立提出了关键原则、主要内容、甄选标准、运营方式和发展步骤等；另外，下议院科学技术委员会对此计划也进行了质询，从各方面寻找证据，非常支持技术战略委员会的提议，并提出了一些建议。

2011 年 10 月 11 日，英国技术战略委员会宣布首个技术创新中心——高附加值制造技术创新中心成立，决定整合先进成型研究中心、先进制造研究中心、工艺创新中心、制造技术中心、国家复合材料中心、核先进制造研究中心和沃里克制造集团七大中心的力量，在随后 6 年内投资 1.4 亿英镑促进英国制造业发展。至此，英国的技术创新中心网络计划开始全面启动。

2. 英国技术创新中心计划的实施

总的来看，技术创新中心的建立分为 5 个关键阶段：利用标准筛选技术领域；与企业界和学术界深入讨论；分两步确定运营者和主要成员；与运营者和主要成员一起制定战略框架和商业计划书；开放中心。在这个过程中，为确保打造的技术创新中心网络是世界领先的、优秀的，技术战略委员会确定了严格的甄选标准、混合型的资金来源和明确的优先领域。

甄选标准 技术战略委员会认为，建立这一新型网络并取得成功，必须采用正确的评价方法，选择合适的中心，其具体标准为：（1）该中心能否产生每年数亿英镑的全球潜在市场？（2）英国在该中心领域范围内的研究是否处于领先地位？（3）英国企业是否有能力进行技术开发，增加投资后能否占据价值链的重要环节？（4）该中心能否使英国牢牢地掌控知识密集型的活动？

（5）该中心是否与国家的战略性要务相契合？进行评价和选择的专家一部分来自技术战略委员会自身，还有一部分来自企业和研究团体，他们审查在一地建立技术创新中心的效果，往往看英国企业能否从中受益。而且，唯有地方的投资条件成熟，建立技术创新中心才是最有效的机制，技术战略委员会才会放手投资。

资金来源　一旦建立，每个技术创新中心每年需要吸收 1 000 万 ~ 15 00 万英镑的投资，不能依靠单一的资金来源，需要采取混合型的投资模式。一是企业研发合同，靠竞争获取；二是应用型的研发项目，由公共和私营部门联合投资，靠竞争获取；三是核心公共投资，对设施、专门技术和技能发展的长期投资。一般而言，核心公共投资每年至少 500 万 ~ 1 000 万英镑，具体额度与年营业额 2 000 万 ~ 3 000 万英镑相对应，由技术战略委员会提供，其协议如下：提供至少 5 年的长期投资，若表现突出，投资可望达到 10 年，企业要给予配套支持；为中心建立治理结构；按季度报告需求，每年进行表现评价；明确财务负债、适当介入权和设备拥有权；鼓励各中心相互利用研究结果；明确网络会员协议；构建知识产权管理的原则；需要提交和通过年度计划。

优先领域　由于资金有限，技术战略委员会决定先在若干关键领域建立技术创新中心。首选领域为高附加值制造业、细胞疗法、离岸可再生能源，目前已着手建立。在短期内受到关注的其他领域包括：复杂系统、数字媒体/创意产业、未来城市、未来互联网系统、光电子、资源效率、传感器、智能电网和传输、空间、运输系统和集成。除此之外，技术战略委员会还将对一些领域进行探讨，以期在适当的时机采取适当的方法，完善技术创新中心网络。

3. 英国技术创新中心运行的特点

英国建立技术创新中心网络，旨在帮助企业获得领先技术和专门知识；获得全球领先的科学与工程研究；与企业联合承担应用型研究项目；承担企业合同研究；为企业与研究所之间合作搭桥；提供任何层次的技能开发等。为保证这些作用的发挥，技术创新中心在治理和管理、品牌和标识、知识产权等方面形成了自身的特点。

在治理和管理方面，每个技术创新中心都是一个非营利的独立实体，有运营自主权，由少数人掌握，如首席执行官、委员会主席和其他高级职员，他们具有企业家精神、行业经验和学术背景。技术创新中心主要有3个委员会，一是企业主导的治理委员会，由企业用户和专家组成；二是在技术战略委员会设立的特别董事会，由一个新的执行长官带领进行内部管理；三是监督委员会，由行业、研究委员会、商业、创新和技能部和技术战略委员会内具有丰富经验的个人组成，也从其他政府部门如贸易投资部等吸纳，通常倾向于邀请个人，不代表公司利益，由6～8位成员组成。监督委员会的职责是为技术战略委员会和创新中心提供咨询，具体包括：为网络的建立和运营提供战略性意见，确保中心与外部密切联系，建议未来投资方向，与技术战略委员会一起寻找合适的成功方法，评价单个中心和整个网络的表现和取得的进步，宣传品牌等。

在品牌和标识方面，每个技术创新中心都面向全国的企业和研究团体，原则上居于一地，但如果出于特殊需要，也可以多点布局。技术战略委员会要求所建的技术创新中心网络具有统一的形象，要有良好的声誉。因此，尽管领域不同，但各中心的愿景一致，都是作为网络的一部分而存在。为提高其影响力，技术创新中心将吸引各种类型的企业，从小企业到跨国公司，并与英国及国际上最好的大学和技术组织密切合作，作为实现知识共享的连接器。

在知识产权方面，每个技术创新中心都有专业的知识产权管理办法，彼此可能各自不同，但都需要具备足够的柔性，以适应合作伙伴、大小企业的不同需求，鼓励协同创新，特别是保护中心和客户已经拥有的知识产权。中心对知识产权采用一种公开透明的模式，根据合作模式的不同，新合作项目产生的知识产权要对中心产生积极的效果。需要特别指出的是，战略委员会一般不持有中心的知识产权。

4. 对我国创新的借鉴

当前，关于创新的理论层出不穷，但各国在很多方面已达成共识，例如发挥企业主导地位、加强产学研合作、加速科技成果转化等创新理念。但是，具体如何来落实这些理念，各国的方式却是八仙过海、各显其能。对比来看，英国在创新过程中遇到的问题和困难，我国也同样存在，甚至更为严重。因此，技术创新中心网络作为英国政府刺激经济增长议程的一个重要部分，其建立和运行的经验对我国具有积极的借鉴意义。

一是重视技术转化。英国之所以加快建立技术创新中心，是因为认识到自身虽然在科学领域领先，但在技术应用方面仍存在缺陷，其核心目标就是缩短技术从概念到商业化之间的距离，为此每年拿出至少500万~1 000万英镑作为核心公共投资，同时引导企业、其他公共和私营部门共同进行投资。我国在科技成果转化方面的问题也相当突出，虽然已出台了《国家科技成果转化引导基金管理暂行办法》，地方上也多设立了专项基金，但相较于目前的需求而言，支持的力度仍显不足，还应继续加强对这一问题的重视程度，从政策、资金等方面给予支持。

二是企业全方位参与。纵观英国技术创新中心网络的建立过程，可以发现企业的参与程度相当高，而且在其中发挥了关键性的作用。不仅发展思路是由领军企业家提出，企业在治理委员会中也扮演着重要角色，所有活动都是围绕着如何推动企业创新展开，使其加速将科学技术转化为产品和服务，而且最终评价是以创造的财富为准绳，几乎所有措施都是在为企业服务。相比之下，在我国，发挥企业创新主体地位的口号已提出多年，但囿于体制和机制，现状并不尽如人意。要改变这一状况，就要从观念上转变，确立为企业服务的思想，并将经济效益作为研究团体成果产出的重要考察指标。

三是利用企业集群效应。如前所述，建立技术创新中心的首要标准是能否产生巨大的经济收益，以此为依据，技术战略委员会认为，跨地域合作、企业集群对创新非常重要，这样对高速成长的创新企业最有利，能够产生最大的经济影响。因此，我国要提高创新水平和成果转化率也应利用集群效应，重点关注分布集中的科技园区企业，到目前为止，我国已成立了88个国家高新区，要以此为关键节点，形成遍布全国的技术创新网络，最大限度地提高国家的经济效益。

四是加强计划间的协同。尽管技术战略委员会在《从概念到商业化：2011—2015战略计划》中将技术创新中心网络描述为关键要素，但并未因此而忽略其他要素，同时也强调了与其他计划之间的协同，指出这一计划要同创新平台、知识转移平台等密切合作，既要在英国内部与小企业研发计划、展示项目、知识转移伙伴计划相互补充，也要在国际上与欧盟第七框架计划、欧盟太空署、欧洲之星等计划相互协调。反观我国，从中央到地方，各个部门的计划层出不穷，然而彼此间的协同性很差，造成了很大的资源浪费，因此建议我国在推动创新的过程中，要不断整合资源，使各项计划能够融为一个体系，服务于提高国家创新能力的总体目标。

第二节　发达国家的全球创新体系建设

美国、日本、欧盟等发达国家和地区是全球先进技术的发源地，在工业化过程中技术体系基本上都处于世界前沿，尽管受到金融危机的冲击，但整体竞争力并没有下降，仍然占据着科技领先地位。这些国家通过实施国际化战略，大力开展国际科技合作，继续巩固在全球创新体系中的优势地位。

一、欧盟

欧盟一贯坚持鼓励国际科技合作的政策，在第七框架计划中的10个研究主题领域全面向第三国开放。2008年12月，欧盟委员会在欧盟竞争理事会会议上通过了“欧洲研究区2020构想”，提出要打造具有世界影响力的欧洲研究区，将推进联合研究项目，使其经费占欧洲全部研发经费的比例翻一番，即从目前的15%提高到2020年的30%，目的是逐步建立一个全方位、强有力的国际科研合作网络[①]。

欧盟各成员国也都高度重视国际科技合作。2006年10月，英国出台了《国际科技合作战略》，该战略提出了依靠国际合作“促进研究卓越”、“促进创新卓越”、“提高英国的国际影响力”和“实现全球发展”的目标，该战略还特别提出要把中国、印度等国作为英国的重要科技合作伙伴。2007年1月，英国最具影响力的智库之一Demos发表的《创意版图》报告指出，英国要想在全球科技竞赛中不落后太远，就必须立即扩大与亚洲快速成长的“创新热点地区”——中国、印度和韩国的合作。

德国政府于2008年2月提出了《科学与研究领域国际化战略》。该战略提出四大目标，即加强国际研究合作、发掘国际创新潜力、加强与发展中国家合作以及承担国际义务和应对全球挑战。根据2009年7月15日德国联邦政府发布的《科学与研究领域国际化战略》中期报告，德国在科研国际化方面已经取得了重要进展。德国联邦教研部在2007年发起的“尖端集群”的竞争基础上，利用相应的资助进一步推进了“尖端集群”的国际化。

为了顺应科技全球化的大潮，2003年年初芬兰政府发布了《知识、创新与国际化》的政策报告，2004年12月又发表了《芬兰科学技术国际化》战略文件。2009年12月，芬兰研究和创新委员会提出一项面向2010—2015年的政策措施，表示要在科学、研究和创新方面，加强与美国、中国、日本和俄罗斯的联系，加强与最重要的双边合作伙伴以及与亚洲、美国和非洲的新兴经济体的联系。

---

① 科技部．国际科学技术发展报告2010［M］．北京：科学出版社，2010：10－11.

二、美国

在科技领域呈现细化、综合化的趋势下，科学研究规模越来越大，投入越来越多，美国也改变了单方输出技术的状况，针对其他国家的科技优势，积极开展国际合作。奥巴马政府认为，美国必须在能源、气候变化等重大问题上开展国际科技合作，提高自身的影响力，创建“全球能源论坛”，重新加入后京都国际气候谈判，在碳捕获和储存技术、疟疾和其他疾病研究、国际热河聚变试验堆计划和国际直线对撞机等具有挑战性的科研领域开展国际合作。

三、日本

日本在第二期《科学技术基本计划（2001—2006）》中，将“科学技术活动的国际化”、“科学技术的战略优先设置”和“科技体制改革以创造和利用优秀的成果”列为科学技术发展的3个基本政策。在第三期《科学技术基本计划（2006—2010）》中，日本提出：要战略性地推进国际化活动，系统开展国际活动；与亚洲各国携手合作，优化开展国际活动的环境，积极吸引优秀外国研究人员。

第三节　全球问题引领全球创新方向

一、能源安全

BP发布的《2014年世界能源统计年鉴》显示，截至2013年年底，世界石油探明储量为1.687 9万亿桶，可以满足全球53.3年的生产需要；全球天然气探明储量为185.7万亿立方米，可以保证全球54.8年的生产需要；全球煤炭探明储量为8 915亿吨，可以保证全球113年的生产需要。

与支撑当前世界经济的化石能源供应危机相伴随的是，人类生产、生活对能源不曾消减的旺盛需求。过去的 10 年中，全球一次能源消费量的年平均增速为 2.5%，虽然由于世界经济整体疲软的原因，2013 年全球一次能源消费量只增加了 2.3%，低于过去 10 年的平均值，但这种增长的势头并没有改变。

二、气候变化

全球气候变暖已是不争的事实。研究结果表明，1906—2005 年，全球地表平均温度上升了 0.74℃，预计到 21 世纪末仍将上升1.1℃ ~6.4℃。据英国政府最新发布的一份“全球气温升高 4℃影响图”，如果不采取有力的措施，全球变暖将带来严重后果，可能出现“灾难性”景象，北冰洋地区的气温可能上升 15℃，环境将发生剧烈变化；非洲西部和南部地区气温可能上升 10℃，造成大面积干旱；而印度的降雨量将增加 20% 以上，导致洪水肆虐。近年来，在全球气候变暖的背景下，各类极端气候在世界各地频繁发生，如暴雪、飓风、洪水、干旱……气候变暖将产生连锁反应，引起冰川消融、海面上升、粮食减产、生态失衡、物种灭绝等一系列问题。

三、贫困问题

根据联合国发布的《千年发展目标 2015 年报告》，全世界生活在极端贫困中的人数仍有 8.36 亿。联合国发展峰会正式通过了 2015 年后发展议程，目标之一就是“到 2030 年，在世界所有人口中消除极端贫困”，极端贫困则被定义为每人每日生活费不到 1.25 美元。

2014 年，国家统计局的统计监测显示，我国还有 7 017 万现行标准下的贫困人口。中国政府提出到 2020 年农村贫困人口全部脱贫的目标，仅剩 6 年时间要实现全部脱贫，每年要减贫 1 170 万人，平均每个月要减贫 100 万人。

四、粮食安全

粮食供应影响人类存续。2008 年，世界性粮食危机席卷全球，其中受影响最大的是众多的非洲国家，因粮价高企，海地、布基纳法索、喀麦隆、埃及、印度尼西亚、科特迪瓦、毛里塔尼亚、莫桑比克和塞内加尔都先后发生骚动或暴乱。2008 年 3 月，联合国粮食计划署警告说，全球粮食储量达到 30 年来最低点，一旦出现紧急情况，这些粮食只够人类维持 53 天；4 月底，联合国秘书长潘基文在世界粮食峰会上表示，粮食危机是一场全人类共同面临的“输不起的战争”，当前全世界的食品价格上涨了约 40%，这种发展态势正使得全球约 1 亿人陷入危机，其中贫困国家和地区的贫困人口受到的冲击更大；6 月，《国际农业科技发展评估》警告说，虽然现在全世界的粮食产量理论上足够养活世界上所有的人，但是全球仍有 8 亿人面临饥饿威胁。①

五、重大疾病

目前，重大疾病仍是导致人类死亡的重要因素。近年来，恶性传染病来势汹汹，在全球范围内引起极大的恐慌，不少人因此而丧生，例如 2003 年的 SARS 病毒和禽流感病毒、2009 年的甲型 H1N1 流感病毒等。世界卫生组织发布的《2007 年世界卫生报告——构建安全未来：21 世纪全球公共卫生安全》指出，目前传染病从地理学角度上讲比任何历史时候传播的速度都要快，而且新病种出现的速度似乎也超过了过去的任何时期，过去 5 年里，全世界范围内有超过 1 100 起疾病流行事件。② 另外，世界卫生组织发布的《2008 年世界卫生统计年鉴》指出，全球疾病负担正越来越多地由非传染病引起，心脏

---

① 冯卫东．用生态耕作对抗粮食危机——解读《国际农业科技发展评估》［N］．科技日报，2008-06-09.

② 2007 年世界卫生报告——构建安全未来：21 世纪全球公共卫生安全，http：//www. who. int/whr/2007/zh/index. html.

病和中风等疾病正成为威胁人类健康的头号杀手，今后20年中，腹泻症、艾滋病、结核病、新生儿感染、疟疾等传染病在引发死亡方面将成为较为次要的原因。①

六、网络安全

国际组织：匿名者入侵了世界贸易组织（WTO）的网站，并泄露了大量成员的个人信息。

日本：2015年5月，日本的国家养老金服务系统遭到黑客攻击，受到此次事件影响的人数大约为125万。

美国：2015年3～7月，所有政府工作人员的OPM（人事管理办公室）管理记录包括美国军人的个人信息在内，泄漏的记录数量增加到了2 100万。

中国：伟易达是中国专门研发和生产教学辅助玩具的科技公司，遭遇数据泄漏事件，泄漏了大约480万家长以及20万儿童的个人隐私信息。随着时间的推移，受影响的人数增长到了670多万。

第四节 全球创新网络

中国要面向以美国为代表的北美，以英国、德国、法国为代表的欧洲国家，以及日本、韩国等东亚国家和地区来布局结构性改革。中国要在全球建立创新网络，找到技术来源地和最好的人才，将创新要素源源不断地输入中国。

一、推动国内创新网络

1. 跨国公司在华研究机构

2012年，在中国设立研发中心的世界500强企业达到470家，包括：IBM

---

① 世界卫生组织发布《2008年世界卫生统计年鉴》，http：//www. un. org/chinese/News/fullstorynews. asp? NewsID =9824.

中国开发中心（1999 年）、GE 中国研发中心（2000 年）、微软亚洲研究院（2001 年）、三星电子中国研发中心（2004 年）、陶氏化学上海研发中心（2005 年）、ABB 中国研究院（2005 年）、西门子中国研究院（2006 年）、3M 中国研发中心（2006 年）等。

2. 北京中关村

2015 年 9 月 23—25 日，第 32 届国际科技园区协会世界大会在国家会议中心举行，共有来自 48 个国家和地区的近 700 名代表参会，包括巴西 TECNOPUC 科技园，日本京都研究园、泰国科技园、英国科技园协会、牛津大学科技创新中心、爱沙尼亚塔林科技园等。

二、加快海外科技园建设

2003 年，科技部下发了《海外科技创业园试点工作指导意见》。截至目前，科技部共批准设立了 7 个海外科技园，包括中国火炬（新加坡）高技术创业中心、中美马里兰科技园、中英剑桥科技园、中英曼城科技园、中俄友谊科技园、中奥科技园以及中澳科技企业孵化中心。

1. 建设意义

这些海外科技园在帮助我国的科技型企业“走出去”、参与国际市场分工与竞争中发挥着重要作用。它们为缺乏国际化经营经验的中小企业提供服务，扫清障碍，带动它们“走出去”；同时发挥窗口效应、辐射效应，增强各国对我国的了解，在无形中提高中国的软实力。设立海外科技园的重要性主要体现在：

一是降低风险。我国“走出去”的企业有两类，一类是已有相当经济和技术实力的大企业，它们凭借自身的力量就能够在国际市场上站稳脚跟，但这一部分是少数；另外，还有一类是科技型中小企业，这一部分是多数，它们不具备单打独斗的能力，在国际市场上经常会遇到各种各样的问题和阻碍，如果有政府间合作协议和海外服务平台的支持，它们在与当地政府部门、机构、企业打交道时就有了底气，就降低了海外经营的风险。

二是牵线搭桥。在海外设立中国科技创业园，可以拉近东道国的中小企业与我国中小企业之间的距离，建立并形成良好的沟通渠道，促进它们了解我国市场、征询在华合作伙伴、对华转让技术、采购中国产品、对华分包项目、承接中国项目等，这比它们远赴中国进行合作洽谈或一对一地联系要有效得多，因此，海外科技园可在其中发挥重要的桥梁作用。

三是曲线救国。在发达国家设立海外科技园，可使我国企业规避有关国家对我国高技术的限制和封锁。例如，可通过设在海外科技园的企业在股票市场和工业产权交易市场合法参股或收购外国公司，获取国内所需的先进技术；把国内的科技项目分包给发达国家的企业、大学、国家实验室或联合组织团队合作研发；充分利用发达国家的各种科技优势和资源，研发和孵化国内所需的先进技术和高技术产品。

四是提升形象。海外科技园是东道国及其周边国家了解我国的一个重要窗口。在产品、技术、人员、模式等各类输出中，模式输出最能体现一个国家的软实力，我国通过在海外建立科技园，可以集中地展示中国经济科技发展的成功经验，维护中国在技术创新上的话语权，从而提升国家形象。

2. 建设原则

作为我国企业在海外的平台和窗口，“走出去”的科技园必须采取灵活的策略模式，真正扎根于当地，才能更好地发挥作用。

一是预先筹划。我国在决定到某个国家或地区设立科技园之前，必须做好充分的准备。首先是了解东道国的政治、经济、科技和资源的情况以及对我国的态度；然后是根据东道国的资源和条件不同，明确海外科技园的发展战略，如对俄罗斯侧重吸引其智力和科研成果，对美国和英国侧重于吸收其技术，对新加坡侧重于推进企业吸收风险投资和融资上市；最后是加大对企业培训的力度，帮助科技型中小企业理清发展思路，推动国际化。

二是因地制宜。目前，我国实行的是社会主义市场经济体制，具有浓厚的中国特色，因此，科技园区的相关经验如果要推广到国外确实存在一些困难，在体制、机制还有人员派遣这几个方面都存在相应的难度。所以，在进行海外科技园区建设的时候，必须保持灵活性，根据当地的具体情况进行修正。

三是合作双赢。对于我国在海外设立科技园，中方与外方思考的角度不一样，对外方来说，考虑更多的是就业和带动当地经济增长问题；对中方来说，考虑的是如何在那里发展，在国内有些技术和产品比较成熟的情况下，取得当地标准的认可，然后打到国际市场。

四是创新导向。海外科技园是我国创新体系的一个组成部分，能为我国提高自主创新能力、建设创新型国家做出独特的贡献。因此，创新是海外科技园的生命力所在，其经营发展必须以创新为导向，包括技术研发与产业化，这是激发我国企业投身新兴产业、升级产业技术结构、步入国际一流科技园的重要台阶。

3. 职责与经营模式

科技部《海外科技创业园试点工作指导意见》指出，海外科技创业园的职责是：为我国高新技术企业到所在国的创业与发展提供入驻咨询、相关代理或委托代理服务；协助企业解决在境外创业与发展中出现的各种困难，提供科研、商务和工作、生活等方面的咨询与援助；吸收海外留学人员到科技园创办企业，并为他们回国创业或为国服务搭建平台、提供咨询服务；为推动我国高新技术企业的产品出口以及引进境外先进技术、人才、资金等，搭建国际化服务平台。

科技部对海外科技园的指导思想是政府引导、社会出资、企业运作。目前已设立的 7 个海外科技园采取了以下几种不同的经营模式。

一是政府运行。这种模式系政府间协定合作项目，双方政府投入引导资金，由政府直接运作或由承办单位运作。如中俄科技园是由中俄两国首脑会晤提出，中俄总理定期会议科技合作分委会确定，由哈工大八达公司和莫斯科动力学院为各自具体承办单位。建立的“中俄科技园管理公司”，注册资金为10万卢布，双方各占50%的股份，按股份公司制度进行运作管理。

二是企业运行。这种模式系双方公司或高新区的合作项目，由企业投资和运作。如中澳科技企业孵化中心由郑州高新区创业中心与澳大利亚Goldsn－Sunshine公司合作建立，双方成立合资公司作为运行单位。中奥科技园为火炬中心和奥地利国际科技中心共建项目，中方完全由社会集资，由6家企业出资建立“中欧兴业投资管理有限公司”，注册资金1 000万元，与奥方合资建分公司，作为管理运作单位。

三是政府与企业合作运行。这种模式系双方中央政府或地方政府的合作项目，政府支持并加以组织，具体由企业投资和运作。如中美马里兰科技园为中国科技部和美国商务部共同支持的合作项目，中方由火炬中心、中关村园区和济南高新区共同出资1 200万元，成立“北京中关村海外创业园公司”，与美国马里兰大学共同在美注册成立“中美马里兰科技管理公司”，负责运作工作。

四是东道国运行。这种模式系外国有关地方政府或企业自发建立，旨在吸引中国企业的孵化器，完全由外方投资和管理。如英国威尔士发展局建立的思旺西科技园，已形成7个孵化器网络，与上海交通大学确立了合作关系。

4. 未来发展

改革开放以来，我国共建立了53个国家级高新区，这些园区的整体建设是不错的，极大地推动了中国经济的发展，在国际上具有很大的影响力，特别是一些新兴国家，包括俄罗斯、东欧等，它们对中国科技园的建设模式很感兴趣。但是，相较于一些发达国家，我国的科技园建设尚不成熟，还存在较大的差距。

为利用不同地区的资源，达到不同目的，我国的海外科技园应统筹安排，合理布局。一方面应考虑到东道国的积极性和条件，另一方面应有意识地选择和促进海外科技园的建立。

未来，除了在发达国家布点外，为了发展与东欧、东盟、拉美、非洲的合作，进行人才、技术、管理经验和产品输出，我国需要逐步推进在东欧、泰国、越南、巴西、南非、埃及等国的布点。

因此，我国科技园“走出去”有两个方向，一个是走向发达国家，学习发达国家科技园的运营模式，学习发达国家科技型企业进行技术创新、产业化、技术扩散的经验；另外一个方向就是走向其他发展中国家，积极推广中国科技园的建设和运营模式，提升影响力。

近年来，由于受金融危机的影响，不少国家对我国企业投融资的需求有所增加，在一些领域放宽了限制，我国有越来越多的企业参与国际竞争，融入全球市场。因此，我国需要牢牢抓住这一机遇，充分利用国际资源，将创新体系扩展到全球的层面，从更广阔的范围内参与国际竞争。

然而，由于不熟悉国外的具体情况，不少科技型中小企业对“走出去”心存顾虑。在这种情况下，我国要大力推动科技园“走出去”，在国外搭建为企业全方位服务的平台，帮助他们提高创新能力，解决国际化中面临的实际问题，以此增强我国企业的竞争力。

三、加强中欧科技创新合作

过去的30余年来，作为中欧关系的一个突出亮点，中欧科技创新合作不断走向深化，促进了彼此的科技进步、经济发展和贸易增长，符合双方的根本利益。如今，中欧关系已成为世界上最重要的双边关系之一。双方经济互补性强，合作潜力大，内生动力足，合作将实现互利双赢。

1. 中欧科技创新合作将实现互利双赢

展望未来，中欧关系已经从建设性伙伴关系发展到全面战略伙伴关系，中欧科技领域的联合与合作关系已经步入健康、稳步发展的快车道，双方应抓住这一机遇，推动中欧科技合作不断迈上新的台阶。

中欧面向未来的发展规划及战略相契合。目前，中欧总体发展规划相契合，受国际金融危机的影响，全球经济格局处于大发展、大变革和大调整的关键时期。中欧均处在各自重要的发展阶段，共同面临经济和竞争力增长、就业、地区和社会融合及可持续发展等战略性挑战。中国的规划与“欧盟2020”战略相契合，同样的目标、相近的理念、高度的互补性和巨大的合作潜力，为中欧深化合作创造了历史性的机遇。

中欧创新发展战略相契合。创新驱动发展战略是中国面向未来的发展战略。中国政府明确提出，“科技创新是提高社会生产力和综合国力的战略支撑，必须摆在国家发展全局的核心位置。”目前，中国正在酝酿创新驱动发展的有关政策，这些政策将包括落实科技金融、人才评价、科研投入、经费管理、资源配置以及如何落实企业主体地位等。欧盟的创新发展战略更加重视国际合作，认为应对如气候变化、粮食安全、防治疾病等全球化问题需要协调一致的国际研究工作。

中欧经济互补性增强，互利共赢特征明显。中欧经济结构高度互补。中国是一个快速发展的发展中国家，欧盟是世界上最大的发达经济联合体，双方的发展水平和经济结构存在较大差异，在自然资源、劳动力、资本、市场、技术等多方面具有很强的互补性。总的来看，中欧经济的互补性远大于竞争性，这种特点还将长期存在。目前，中国还处在工业化、城镇化加速发展的进程中。今后中国将坚持扩大内需特别是消费需求，加快推进经济发展方式转变，改造提升制造业，培育发展战略性新兴产业。欧盟清洁能源技术处于世界领先水平，可以在参与中国经济发展方式转变的过程中发挥其独特优势。欧盟还在高端制造业、高端消费品等产业具有明显优势，对中国出口的专用机械、电子设备和通用机械等产品，能够较好地满足中国产业升级和技术进步的需要。

中欧经贸合作日趋深入。目前，中国与欧盟之间的经济达到了密不可分的地步，对全球经济产生了重大的影响。中欧经济有高度的互补性，经贸合作发展势头良好。欧盟连续 8 年成为中国第一大贸易伙伴，是中国重要的资金、技术来源地，欧元是中国外汇储备多元化的重要依托。中国则是欧盟第二大贸易伙伴和出口市场、第一大进口来源地，也是欧盟出口增长最快的市场。尽管不断增大的贸易差额可能会引起欧洲的担心，但因为中国一半以上的对外贸易是由跨国公司（其中大部分在欧洲）进行的，即在大多数情况下，中国对欧盟出口产品的附加值的大部分都为欧洲企业所得，并非为中国所得。中欧两个市场优势互补，其规模之大使得双方的合作将会给全球市场带来重要影响。

2. 中欧科技创新合作面临一些分歧和挑战

尽管中欧双边关系处于良好时期，但由于文化和制度方面的差异，双方仍存在一些限制和戒备，根源在于缺乏理解和信任，在多个方面存在争执和分歧。法国前外交官、汉学家魏柳南曾指出，中国和西方的分歧，从根本上来说是文化的而非政治的，这缘于不同的宗教文化背景和互相不了解。

中方认为，在知识产权方面，中方企业在欧申请专利的费用很高，周期很长。在技术标准、转让方面，《瓦森纳协定》造成中资企业在欧洲的研究成果在母公司和子公司或分支机构之间的技术出口转移受到严格的管制；中国在欧洲的信息通信、机械装备等企业很少有机会参与欧洲行业标准制定；欧洲很多研究机构愿意转让技术到中国，欧盟对此应该减少限制；中国企业收购欧盟企业受到诸多限制。在政府补贴和政府采购方面，中国企业基本没有享受到政府财政补贴、税收优惠及政府采购政策。在申请欧盟及其成员国的科技计划方面，中国在欧企业在新兴的信息与通信技术、纳米科学技术、材料等高新技术领域申请到的项目很少。另外，工作许可签证是中国企业在欧洲发展遇到困难的问题之一。

欧方认为，在政府补贴方面，中方给予内资企业较多补贴；欧洲在华企业参与中国科技计划不多；在知识产权方面，中方涉及知识产权保护的行政和司法体系过于复杂；在技术标准方面，中国采用国际标准的比例过低，不到40%；外企参与中国行业或地方标准的制定不多，特别是在信息通信、信息安全等领域；中方应及时、透明地公布产业与地方标准；中国尚未加入世贸组织《政府采购协议》。上述看法中可能有不少属于误解。中欧之间存在文化、制度上的差异是正常的，需要通过各种途径加强沟通与交流，广泛寻求利益交汇点，妥善处理有关分歧和矛盾。通过这些问题的解决，中欧双方的科技创新合作将释放更大潜力。

3. 中欧科技创新合作应聚焦双方共同需求

中欧科技创新合作始于 1981 年，迄今已有 30 多年的历史。30 多年来，中国与欧盟及大多数的欧洲国家均签订了政府间科技合作协定，合作领域从能源发展到基础科研、农业、健康医学、自然资源、信息通信、材料、环境和航空航天等诸多领域。面向未来，中欧科技创新合作应聚焦双方共同需求，深化合作领域。

一是节能环保。当前，全球环保产业开始进入快速发展阶段，逐渐成为支撑产业经济效益增长的重要力量，并正在成为包括中国和欧盟在内的许多国家革新和调整产业结构的重要目标。例如，中国出台了《“十二五”节能环保产业发展规划》，欧盟实施“环保型经济”中期规划，均加大了环保领域的资金投入。中小企业规模小、数量多，资源利用率较低，环境污染严重，是推动节能减排的重点对象，中欧之间已围绕中小企业节能减排设立了科研合作资金项目，有效地支持了中国的中小企业与欧盟企业、研究单位等开展技术交流与合作，突破关键技术。

二是现代农业。在工业化、城镇化深入发展中同步推进农业现代化是“十二五”时期的一项重大任务，国务院印发了《全国现代农业发展规划（2011—2015 年）》。20 多年来，中欧农业科技合作在科研成果、合作领域等方面都取得了积极进展，未来科技合作将更加深入。

三是食品安全。中国与欧盟同为重要的食品农产品生产国家和地区，欧盟是中国第二大食品出口市场，中国本身又是食品生产消费贸易大国。2009 年，中欧食品农产品进出口贸易额达到 91.4 亿美元，进出口食品农产品安全是双边合作中的核心领域，有广泛的共同利益和合作基础。因此，中欧围绕食品安全进行科技创新合作势在必行。

四是信息通信。信息通信是中国战略性新兴产业的一个重要领域，也备受欧盟的重视。欧盟在此领域位于全球前列，但中国相距甚远。根据国际电联2013年10月7日发布的年度报告，2012年全球信息通信技术发展指数，中国在157个经济体中排名第78位；韩国2012年继续在全球信息通信技术发展指数名列榜首，实现了三连冠，其后依次为瑞典、冰岛、丹麦、芬兰、挪威、荷兰、英国和卢森堡。中欧信息通信合作具有广阔的空间。

五是新能源。可持续发展是包括中欧双方在内世界各国的共同目标，新能源和可再生能源作为清洁、可持续发展的能源，将成为解决人类未来能源供应问题的重要手段和途径。中欧都非常重视可再生能源和新能源的发展。通过多年合作，双方已经形成了比较成熟的合作机制。中欧在新能源、低碳技术领域的合作潜力巨大。中国、欧盟可以在很多领域加强合作，例如可再生能源和新能源开发利用、节能减排技术、智能电网、智能交通、循环经济、低碳经济和低碳技术等。

六是道路交通。中国与欧盟已经在道路安全、电子收费、新能源汽车等方面开展了广泛合作。欧盟FP6国际合作项目SIMBA旨在促进欧洲和中国、印度、巴西及南非在道路交通领域特别是智能交通、基础设施及汽车方面的合作研究。中欧在道路交通领域的合作基础良好，已经开展了卓有成效的合作。随着中欧科技合作的深化，中欧双方在道路基础设施、智能交通等方面建立了合作与对话机制，双方将不断深化合作领域。

七是医疗健康。中国具有庞大的医疗服务市场，中欧在医疗健康领域已开展了深入的合作。以中医药为代表的传统医药的巨大市场潜力和科研价值已逐渐得到国际社会的广泛重视，中欧应在著名科研机构和专家间建立长期、稳定的合作关系，选择中医药治疗具有优势和特色的领域，开展互利共赢的中欧科技合作。

八是航天。在航天领域，中国十分重视与欧洲的合作，并与欧洲空间局在中欧航天合作联合委员会机制下共同签署了《中欧航天合作现状和合作计划议定书》。同时，中国还与欧洲气象卫星开发组织共同签署了《关于气象卫星资料应用、交换和分发合作协议》。另外，中国与法国签署了中法空间及海洋科技合作框架协议，与英国建立了空间科学技术联合实验室，与德国签署了关于在载人航天领域开展合作的框架协议，中德双方在“神舟八号”飞船上开展了空间生命科学实验合作项目。

4. 中欧科技创新合作需构建新型机制

经过多年发展，中欧科技合作通过多种方式形成了一些比较成熟的机制，取得了很好的合作成效。面对中欧科技创新合作的新形势，仅仅依赖这些机制还不够，需要结合全球创新形势的变化和双方的积极需求，不断创新合作形式，构建新型合作机制。

一是科技计划合作模式需要升级。从实践来看，欧盟通过其框架计划对华开展科技合作，合作过程需遵循欧盟框架计划的规则，没有专门的合作安排，其管理程序缺乏针对性和灵活性；而且，中国机构参与欧盟框架计划主要集中在食品、农业与生物技术、环境、健康等传统领域，在新兴的信息与通信技术、纳米科学技术、材料等高新技术领域的合作项目不是很多。

建议欧盟在新的“地平线2020”计划中设立对华合作专项，在管理程序上具备更大的灵活性，与中方形成合力来开展合作，共同商定重点合作领域，增加参与欧盟项目申请的中国机构数量，提高中方在项目实施过程中承担的研究任务比重，探讨中欧双方合作的新模式。

二是建立产业集群合作机制，加速双方经济发展。产业集群创新对于提高经济竞争力具有重大意义，能够帮助企业和研究机构与全球合作伙伴建立长期合作关系。为推动节能环保、城市可持续发展、资源效率、生物经济等领域的产业集群合作，符合中欧共同的战略利益，双方需要为中小企业建立合作机制，为产业集群合作搭建网络平台，共同推动技术合作。

建议中欧开展产业集群合作，促进科技成果转化、科技创新企业孵化、科技创新服务业发展、创新创业人才培养，建立国际战略联盟和业务联盟，加强国际联系与协作，加快区域创新服务体系的构建，实现以科技创新服务业发展完成区域产业结构转型升级，辐射和示范区域产业结构升级与区域经济加速发展。

三是建立联合研发中心机制，切实提高双方创新水平。联合研发是中欧科技创新合作的重要模式，通过双方的精诚合作，各取所长，有助于培养对实现技术发展和成果转化具有推动作用的骨干技术人才和复合型人才，开发出更多具有市场竞争力的新产品，对深入开展高水平跨学科交叉国际联合研究具有积极的推动作用。此外，欧盟联合研究中心是隶属于欧盟、在科学技术研究领域的唯一机构，负责对涉及各领域的欧盟政策提供科学建议和技术支持，下属的 7 个研究机构分别位于比利时、德国、意大利、荷兰及西班牙 5 个国家。建议中方组织一流的研究机构与欧盟联合研究中心共同建立中欧联合研究中心、联合实验室，建设合作机制与平台。

四是建立技术转移中心机制，提高双方科技成果转化。中意技术转移中心是中欧科技创新合作的一个成功典范。2011 年 4 月，该中心揭牌并正式成立，它推动了中意两国科技园与高技术企业的对接，促进了两国间的技术转移及创新合作，成为中意科技合作的新模式。该中心重点围绕现代农业、机械设备、生物技术与医药、节能减排、环境保护等双方优先领域开展工作，实现中意合作信息共享，推动中意创新联盟、联合研发中心和联合实验室的建设，促进双方科技创新成果的转移，实现中小企业在对方市场的“软着陆”。1995 年，欧盟出台了鼓励中小企业开展跨国技术转移合作的计划——欧盟创新驿站网络计划（IRC），由欧盟委员会根据其“创新和中小企业计划”资助而建立，是欧盟促进中小企业之间技术合作和转移最主要的计划。建议中国高新区、经济技术开发区、技术交易所与创新驿站建立技术转移中心，并与欧盟成员国等互相推动双边合作。

四、强化中美科技外交

纵观当前中美关系，在经济领域贸易摩擦不断，在政治领域人权冲突针锋相对，在军事领域美国重返亚太对中国进行围堵，可谓是硝烟弥漫，而唯有在科技领域两国一直是共识大于分歧、对话多于对抗。基于此认识，为稳定和发展中美关系，面向未来，中国应发挥科技外交的独特影响力，加强与美国的对话、合作与交流，使其成为中美关系发展的重要推动力量。

1. 中美科技外交的发展历程

中美科技外交始于20世纪70年代初，是两国关系恢复最早的外交领域之一。1979年1月，邓小平在访问美国期间，与卡特总统在华盛顿签署了《中华人民共和国政府与美利坚合众国政府科学技术合作协定》，这一官方协定作为两国政府签署的第一个正式合作协定，确立了双方科技合作与交流的框架，消除了隔阂，开辟了两国外交中一个非常重要且富有活力的领域。

自此之后，尽管中美关系不时受到政治、军事、文化等领域摩擦的冲击，但中美科技外交所受的影响并不大，一直有条不紊地开展，并在发展的过程中形成了中美科技合作联委会、中美创新对话两个稳定的科技外交平台，在重大疾病防控、民用航空、气候变化、核安全、可再生能源等领域签署了众多的合作协议。

2009年，中美联合研究中心成立，这是中美科技外交的一次重大事件。为落实胡锦涛主席和奥巴马总统伦敦会晤达成的重要共识，科技部部长万钢、国家能源局局长张国宝和美国能源部长朱棣文共同宣布成立中美清洁能源联合研究中心，这一机构为两国相关单位参与双边能源科技合作提供了平台和支持，对加强中美科技合作发挥了积极作用。

根据《中华人民共和国政府与美利坚合众国政府科学技术合作协定》，两国成立了中美科技合作联委会，每两年在两国轮流举行一次，这一机制成为中美科技外交的重要平台。2012年5月1日，第十四届中美科技合作联委会在北京召开，双方成立了相关科技领域合作工作组，签署了农业研究旗舰项目议定书和国际科技合作伙伴计划合作谅解备忘录等文件。

根据第二轮中美战略与经济对话，在中美科技合作联委会框架下，两国设立了中美创新对话平台。2012 年 5 月 2 日，第三次中美创新对话在北京举行，由全国政协副主席、科技部部长万钢与美国总统科技助理兼白宫科技政策办公室主任霍尔德伦共同主持，两国政府及科技界、产业界和学术界代表参加，双方就未来科技合作达成了若干一致性意见。

2. 中美科技外交的战略意义

中国与美国，一个是世界上最大的发展中国家，发展最快；一个是世界上最大的发达国家，科技最发达，出于巨大的利益互补需求的考虑，双方具有强烈的科技外交愿望。因此，自中美建交之后，两国科技领域的合作与交流一日千里，规模不断扩大，为两国乃至世界的经济发展做出了突出贡献。

30 多年来，双方依照协定进行的交流促进了多领域的合作研究，包括农业、高能物理、医药卫生、海洋渔业、地球和大气科学、物理和化学基础研究、与能源相关的行业、民用工业技术、地质、健康以及灾害研究；有超过 100 万中国学生曾在美国学习，其中 2/3 分布在科技领域。

通过中美合作，中国取得的一些科技成果在国际上居于领先地位，如中科院遥感卫星地面站、北京正负电子对撞机、中国数字化地震台网、宇宙中迄今最大的螺旋状星系的发现、家用电冰箱氟利昂替代技术研究及超级节能无氟电冰箱生产、核安全监督管理法规的制定和核安全监督管理方式、煤气化联合循环发电示范工厂等；而从美国的角度来看，成千上万曾经留美或已经驻美的中国科学家和工程师，也为美国的科技进步和经济发展做出了不可低估的贡献。

两国间通过不计其数的科技合作项目，极大地推动了科技界的往来，提高了彼此的科技水平，并通过政府官员、科学家的双向交流，增进了两国人民的理解和友谊，带动了两国关系的全面发展，逐步形成了一个覆盖政治、经济、军事、科技、文化和环境等众多领域在内的庞大关系网络。

3. 中美科技外交面临的挑战

需要指出的是，尽管中美科技外交的成果丰富、前景广阔，但中美之间仍存在战略互疑，政治、经济贸易、军事等领域长期存在冲突，这为两国科技外交的深化和发展增加了一定的不确定性。

第一，多年来，美国对中国防范与合作两手并用的立场一直没有改变，不时利用涉藏、对台军售和人权等问题向中国施压。2012 年 3 月 27 日，美国参议院外交关系委员会通过涉藏决议，中方对此表示坚决反对。2012 年 5 月初，美国国会参议员公布白宫复信，提到奥巴马政府愿意认真考虑，出售新型战机给台湾。2012 年 5 月 4 日，美国国务院发表《2011 年国别人权报告》，对中国人权事业歪曲指责；作为回应，5 月 25 日，中国国务院也发表《2011 年美国的人权纪录》，抨击美国的人权问题。

第二，直至目前，美国一直未放松对中国的高技术出口管制，虽然近年来屡屡放出口风，但“只闻楼梯响，不见人下来”。清华大学中美关系研究中心周世俭指出，美国的受管制产品，原来禁止对华出口的仍然禁止，原来需凭许可证对华出口的仍然需要许可证，没有任何实质性改变。美国国防部与国务院联合发布一份报告，呼吁国会放松对卫星及相关产品出口管制，但中国被排除在放松名单之外，甚至建议强化管制对华出口卫星及其部件。

第三，中国一直担心美国联合亚太国家对中国形成包围圈，阻碍中国和平发展，事实上，尽管美国不承认是在针对中国，但却构成了事实上的包围圈。2012 年 6 月，美国最大规模“环太平洋 2012”军演在夏威夷举行，为期 55 天，参加国家多达 22 个，被排除在演习之外的中国明显成为潜在的遏制目标。

第四，美国大选可能会对中美外交关系造成不利的影响。2011 年 11 月，在亚太经合组织（APEC）会议上，迫于选举压力，美国总统奥巴马就人民币汇率等问题对华高调施压，声称美国民众对人民币升值缓慢“越来越不耐烦”，提出“中方以廉价人民币助长出口”的问题。

4. **中美科技外交面临的机遇**

中科院中国现代化研究中心主任何传启曾经表示，2008 年国际金融危机爆发后，世界科技界一直有“新科技革命前夜”的说法；研究表明，第六次科技革命的预期时间是在 2020—2050 年，距今只有大约 10 年时间；第六次科技革命不但是生命科技、信息科技、纳米科技等三大科技的交叉融合，更将是科学革命、技术革命和产业革命三大革命的交叉融合。

面对新的科技革命，不论中国还是美国，都需要加强国际科技合作，以保持在竞争中的有利地位。20 年前，创新一般都是由一家企业或机构的实验室独立完成；如今，很多创新都是通过与包括自己的竞争对手、合作伙伴、供应商和顾客在内的对象开展合作，满足各方面的创新需求，跨国科技合作已成为势不可当的潮流。

改革开放以来，中国的科技实力不断增强，根据中国科技部公布的数据，“十一五”期间，中国科技投入年均递增 20%，科技人力资源总量位居世界第一，在量子纠缠交换、高效能计算机、新型铁基超导材料、空间出舱活动技术、深海载人潜水器等领域已比肩国际前沿。尽管美国经济仍没有从金融危机中完全复苏，但其科技创新能力仍处于全球领导地位，其汇聚了世界上最多、最优秀的科技人才，是全球创新能力最强的国家。

因此，从某种程度上来讲，尽管中美科技仍有较大的差距，但彼此的合作已属于强强联合，这种合作模式容易引发内部竞争。一方面，美国担心自己的科技领导地位被中国夺走，难免会在合作中制造障碍；另一方面，随着中国科技实力的上升，不甘心在合作中始终处于被动地位，将对美国的主导地位发起挑战。摩擦也就不可避免，这就为两国的科技外交提供了发展的空间。两国需要通过科技外交斡旋，求同存异，以共同从科技革命中获益。

5. **中美科技外交展望**

中美关系是 21 世纪最重要的双边关系。中美合作将给两国和世界带来巨大机遇，中美对抗将给两国和世界带来巨大损害，[①] 但是，中美建设相互尊重、互利共赢的新型大国关系史无前例，确实如同“摸着石头过河”，[②] 需要两国共同努力，任何一方缺乏诚意都将导致失败。

2009 年 10 月 15 日，美国总统奥巴马向第 13 届中美科技合作联委会致信表示，美中 30 年科技合作证明，科技已成为两国合作的桥梁，对中美科技合作给予了充分的肯定，并希望双方能够继续向世人证明，两国可以通过科技合作创造一个更加美好、强大和繁荣的未来。

2012 年 5 月 1 日，中国国家主席胡锦涛向第 14 届中美科技合作联委会发来贺信，指出中美两国都认识到科技是经济社会发展中最活跃、最具革命性的因素，都高度重视科技创新，并积极推进科技合作。[③] 这为中美科技外交的进一步开展释放了积极的信号。

整体来看，中美科技外交面临良好的机遇，但也不乏挑战。面向未来，中国需要利用高超的外交智慧，以小博大，通过科技外交带动政治外交、经济外交、军事外交、科技外交、文化外交和环境外交等，缓解摩擦和矛盾，赢得国际合作的主动权，从而为我国的经济社会发展创造良好的国际环境。

第五节　中外创新对话

当前，世界已进入创新全球化的时代，各国纷纷利用全球创新资源，积极参与国际合作与竞争，来推动本国经济增长和共同解决全球性问题。然而，由于国情、文化、政策、制度等方面的差异，各国在创新合作中不可避免地存在一些分歧和矛盾。在此背景下，创新对话作为一种积极有效的沟通机制，

① 胡锦涛．推进互利共赢合作发展新型大国关系——在第四轮中美战略与经济对话开幕式上的致辞．来源于人民网，2012－05－03.

② 希拉里．中美关系确实如同“摸着石头过河”．来源于新华网，2012－05－03.

③ 参见《解放日报》，2012 年 5 月 2 日 01 版。

成为化解冲突、达成共识的法宝。

一、中美创新对话的基本情况及成效

中美之间在文化传统、体制机制等方面的差异是巨大的，而且由于经济社会发展阶段的不同，双方对于创新、创新政策也有较大分歧，导致合作中摩擦不断。根据第二轮中美战略与经济对话达成的共识，双方决定在科技合作联委会框架下举办中美创新对话，并将成果纳入战略与经济对话的成果文件。

1. 中美创新对话的基本情况

作为中美战略与经济对话的一部分，中美创新对话已成功举办了 7 次，不断化解了两国之间存在的冲突，为中美新型大国关系的巩固做出了积极的贡献。

2010 年 10 月，第一次中美创新对话在北京举行。对话包括 4 个主题，即中美创新政策、创新政策最佳实践、企业圆桌——对创新驱动措施的看法、中美的创新手段及其与科技创新原则的关系。

2011 年 5 月，第二次中美创新对话在华盛顿举行。对话的主题为：市场准入和技术转移；资助创新和非歧视的创新激励措施；标准和知识产权政策；政府干预和国家/联邦/州/省的创新，包括国有企业政策；私营部门视角。

2012 年 5 月，第三次中美创新对话在北京举行。对话包括 4 个主题，即创新政策发展现状及其对以服务业为核心的中美关系的影响、创新的最佳实践和产学研创新合作（侧重技术转移）、创新绩效的衡量与培育良好的创新环境、地方和企业的创新和培育创业。

2013 年 7 月，第四次中美创新对话在华盛顿举行。对话的主题是：加强创新政策交流，促进科技创新合作。双方就两国创新政策、知识产权、技术转移、市场竞争、政府促进创新和产业化等议题进行了深入研讨。

2014 年 7 月，第五次中美创新对话在北京举行。对话的主题包括：跨部门创新政策的实践与挑战、支持中小企业创新的政策——中美的经验最佳实践、创造生物制药创新与合作的生态体系、城镇化进程中的智能基础设施。

2. 中美创新对话的成效

中美创新对话是根据2010年第二轮中美战略与经济对话两国元首特别代表达成的共识而建立，已成为双方增进理解、达成共识、消除分歧、强化关系的重要舞台。经过两国政府、企业、大学和科研机构的共同努力，以一个机制为基础已衍生出4个平台，使中美创新对话的内容变得更加丰富和务实，也为持续推动双边关系提供了有效的抓手。

一个机制即中美创新对话机制，是双方在创新、科技、产业等领域共同搭建的双边沟通机制。它根植于中美科技合作联委会框架下，由中国科技部部长万钢与美国总统科技助理、白宫科技政策办公室主任约翰·霍尔德伦共同主持。在第一次中美创新对话上，双方达成一致意见，决定将中美创新对话机制化，每年举行一次，且在中美战略与经济对话会议之前举行。经过前几轮对话，双方认为这一机制能够增信释疑，对推进中美合作、稳定和发展双边关系发挥了巨大推动作用。

在中美创新对话机制的引导下，双方陆续建立了中美联合研究专家平台、中美科技创新园、中美技术转移中心、中美联合研发中心等4个高端平台，从理论研究到实践指导，从技术研发到产业化，从技术引进到技术创新，初步形成了一个整体覆盖、重点突出的平台体系。

（1）中美联合研究专家平台

第一次中美创新对话提出，尽快成立中美创新联合研究工作小组，吸收学者和民营企业家参与，双方就共同关注的问题进行调查研究，寻求解决方案，向中美创新对话提交报告。自联合专家组成立以来，以其为核心，两国政府、企业、大学、科研机构广泛参与的专家平台逐步建立起来。联合研究专家的加入、重视用事实和数据说话，避免了低效率的扯皮，为化解双方的矛盾提供了充分的论据，推动了中美竞争合作的成效。

（2）中美科技创新园

中美科技创新园是中美两国政府为了推动双方在创新领域开展深入和持久的合作，而共同推动建设的由政府引导、以企业为主体、产学研合作、市场化运作的创新园区。无锡新区率先行动，成为国家科技部批复建设的全国第一个中美科技创新园；随后，在相关政府部门的支持下，青岛高新区、保定涞源也与美国切诺基基金会签约，将通过加大投资，促进地区产业转型升级，推动高科技创新产业迅速聚集和快速发展。

（3）中美技术转移中心

为推动技术合作，双方成立中美技术转移中心，以中关村科技园区为依托，落户于北京中关村鼎好国际技术转移中心。为重点加强能源领域的合作，还特别设立了中美能源国际技术转移平台。

（4）中美联合研发中心

根据中美两国政府于 2009 年 11 月签署的《关于中美清洁能源联合研究中心合作议定书》和中美清洁能源联合研究中心指导委员会会议达成的共识，中美双方同意在未来 5 年内共同出资 1.5 亿美元，支持清洁煤、清洁能源汽车和建筑节能等 3 个优先领域产学研联盟的合作研发。双方确认由清华大学与密歇根大学牵头清洁能源汽车产学研联盟的合作、华中科技大学与西弗吉尼亚大学牵头清洁煤产学研联盟的合作、住房和城乡建设部建筑节能中心与劳伦斯伯克利国家实验室牵头建筑能效产学研联盟的合作。

3. 中美创新对话打通了贯穿官产学研的全方位渠道

有别于中美战略与经济对话的政府间直接对话，中美创新对话吸纳了政府、企业、大学和科研机构等各界代表的广泛参与，使各方的利益诉求得到充分表达，得到了双方各个层面的支持，既带有政府的权威性，又带有企业的灵活性，极大地增加了中美双边关系的触点，调动起官产学研各界的积极性，丰富了新型大国关系的内涵。

一是官产学研积极参与。从第一次中美创新对话起，官产学研共同参与就成为这一机制的典型特征。在政府方面，中方主要有科技部、外交部、国家发展改革委、国资委、工信部、商务部、财政部、国家知识产权局等，美方主要有白宫科技政策办公室、商务部、财政部、能源部、农业部、贸易发展署、专利与商标局等；在企业方面，中方主要有华为、华能、无锡尚德、爱国者、北汽集团、新奥集团等，美方主要有微软、GE、艾迪欧、思科、辉瑞、霍尼韦尔等；在科研机构方面，中方主要有中国科学院、中国工程院等，美方有国家标准与技术研究院、电驱动交通协会、考夫曼基金会等。这种官产学研共同参与的模式，极大地提高了中美双边沟通与交流的效率，企业的利益诉求能够直接反映到两国的主管政府部门，相关问题放在台面上进行讨论，得到了快速的响应，也为两国政府聚焦政策分歧点提供了良好的机会。

二是企业创新备受关注。企业是创新主体和政府政策的重点，是中美双方的一致共识。企业间的利益冲突是中美双边关系的一个重要影响因素，是中美创新对话的重点。第一次对话即设立了企业圆桌，为企业家交流对创新驱动措施的看法提供了机会；第二次对话中，跨国企业投资的公平待遇、高技术出口等问题成为对话的焦点；第三次对话中，企业的声音更是得到了充分体现，创新绩效评价、创新文化培育、商业模式推广等问题被摆在了前面；第四次对话中，高新技术企业相关的知识产权政策、专利领域的合作等企业关注的问题被重点提了出来。

三是地方政府作用凸显。第一次对话中，美国商务部对中国国家层面与地方层面的自主创新目录之间的关系、进口替代政策表示关切，中国科技部对国内地方保护主义作了澄清说明；第二次对话中，地方政府采购问题得到了美方的关注，双方达成一致意见进行实地考察，美方将访问北京、西安、上海、苏州等地的创新情况；第三次对话中，地方和企业的创新和培育创业成为主要议题之一，会议中无锡市市长朱克江介绍了无锡市的科技创新情况、中美科技创新园的筹备情况，以及地方政府对创新的支持政策等。在中美创新对话的引导下，中国的无锡、青岛、保定与美国的加州之间建立了密切的合作关系，促进了中国国家高新区与美国的硅谷、北卡三角科技园的合作。

4. 中美创新对话将推动中美新型大国关系稳固发展

新型大国关系准确命中了中美关系发展的现实需要，以中美战略与经济对话为纽带，中美创新对话与新型大国关系已建立起了密切的关联。中美交流基金会与美国进步中心研究的最新成果指出，中美关系应着力于从“危机管控”向“机遇运营”转变。在此场景下，构建新型大国关系需要双方持建设性态度，中美创新对话将为其注入强劲的动力。

一是推进全球创新村基地设立和建设。2012 年毕马威的一项调查认为，中国和美国是未来两到四年里最有可能实现影响全球的“颠覆性技术突破”的两个国家，也就是全球创新中心所在的国家。尽管美国受到金融危机的严重冲击，整体实力有所下降，但其科技创新能力仍然在全球首屈一指。中国要在更高层次上谋划和建设全球创新体系，必须将美国的创新中心作为一个重要的节点，要利用中美创新对话提供的机遇，推进在硅谷建设全球创新村总基地，构建中美创新的桥梁，并在以色列，英国，中国的北京、上海、深圳、青岛等地设立分支机构作为全球创新村的重要组成部分，从而形成全球创新网络。

二是加快中美科技创新园在全国的布局。科技创新园具有国际科技合作的示范基地、科技创新合作的重要窗口、中国企业国际化的高地、知识产权保护的典范等功能，融国际合作、科技创新、产业发展、人才引进于一体，是中美两国地方和企业合作的有力抓手。目前，中美科技创新园在全国已成立了 3 个，分别位于无锡、青岛和保定，这仅仅是起步。要发挥这 3 个科技创新园的先行示范作用，需要借助两国地方政府和企业之间的合作契机，推动这一模式在全国范围进行布局，努力实施创新驱动、人才先导、金融助推、全球链接等战略，促进科技创业孵化、创新人才集聚、科技金融汇聚，充分满足地方经济发展的需求，强化两国地方政府和企业之间建立密切关系。

三是推动中美技术转移中心向全国辐射。目前来看，受美国对华技术出口管制、国内企业创新能力相对较弱等影响，中美技术转移工作还面临着各种障碍和困难，因此中美技术转移中心的影响力还有待于进一步提高。面向未来，中美技术转移中心的工作重点是要向全国进行辐射，推动中美技术转移项目在全国范围内统筹规划、合理布局，切实避免同一个技术转移项目多个地方、多家企业一拥而上的局面，防止造成资源浪费、重复配置、效率低的问题。要加快推动中美技术转移中心在全国各地设立分中心，发挥地方政府和企业的积极性，与美国主要州的优势产业之间形成对接，要努力突破政策机制上的束缚，保障中美技术转移工作的顺利进行。

四是扩大中美联合研发中心的领域范围。从实际效果来看，单纯的技术引进通常很难提高国内的技术水平，因为核心技术不可能被引进；相比之下，通过联合研发的方式，充分利用美方的创新资源，能最大限度地提高本国的创新能力。迄今为止，中美清洁能源联合研究中心成立已接近5年，取得了一系列技术成果，开发了多个先进产品，制定了多部国家/行业标准，发表了许多高水平学术论文，申请了多项发明专利，培养了众多的优秀人才，在国际上产生了广泛的影响。这一合作模式为两国相关单位参与双边能源科技合作提供平台和支持，对加强中美科技合作发挥积极作用。面向未来，双方应以中美清洁能源联合研发中心为样本，推进中美在农业、卫生、环境等更多的领域共建联合研发中心。

二、中欧创新合作对话的进展

过去30余年来，作为中欧关系的一个突出亮点，中欧创新合作不断走向深化，促进了彼此的科技进步、经济发展和贸易增长。然而，在实践中，中欧也越来越多地发现，双方对彼此的创新环境、创新政策、合作需求的认识存在分歧，需要通过适当的途径来解决争执和冲突。受中美创新对话的启发，中欧之间也开启了创新合作对话的进程。

1. **对话的基本情况**

2012 年 9 月 20 日，第十五次中欧领导人会晤上，科技部万钢部长与欧盟科研创新委员奎因签署了《中欧创新合作对话联合声明》。2013 年 11 月 21 日，第一次中欧创新合作对话在北京人民大会堂举行。第二次、第三次中欧创新合作对话分别于 2015 年、2017 年在欧盟总部布鲁塞尔举行。

2. **双方最新达成的共识**

在第三次中欧创新合作对话上，双方共同交流中欧最新科技创新政策，分享中欧创新合作的良好实践，围绕科技创新形势、科技体制改革、创新合作框架条件、知识产权保护、科技创新旗舰合作计划等议题深入交换意见，就未来中欧创新合作达成以下 5 点共识①：一是共同推动大众创业、万众创新。在中欧间建立创业培训网络、搭建创业交流平台、支持中小企业创新创业合作项目，完善创业生态系统，为双方青年人才创业、初创企业和中小企业的发展提供支撑。二是加强开展项目、人才和基地合作。探索建立联合研究项目、联合实验室/联合研究中心和科研人员交流的三位一体科研创新合作体系。三是共同促进开放科学。加强中欧开放科学和开放获取相关政策的交流与研讨，促进双方以快速高效的方式交流、展示、分享和出版科研成果。四是开展新形势下的知识产权交流与合作。以稳固和全面的知识产权保护体系为基础，倡导公平、透明的原则，定期开展知识产权交流与合作。五是启动科研创新旗舰合作计划。确认启动 2018—2020 年中欧科研创新旗舰合作计划，推动双方在农业（包括食品）与生物技术、环境、可持续城镇化、地面交通、安全绿色航空、健康生物技术等领域的科研创新合作。

三、对中外创新对话的建议

2014 年 5 月，在亚信上海峰会上，中俄就进一步发展双边关系和扩大各

---

① 第三次中欧创新合作对话在布鲁塞尔成功召开，参见 http：//www. most. gov. cn/kjbgz/201706/t20170613_ 133479. htm。

领域合作达成一系列共识，共同推动中俄全面战略协作伙伴关系进入新的历史时期。由此可以预见，中俄创新合作也将进入一个全面深入的发展阶段。从中美创新对话、中欧创新合作对话的经验来看，创新对话能够有效地增进了解、减少分歧，中外之间也应灵活地运用这一机制来促进双方的合作。

一是中外创新对话要针对双方创新发展中面临的重大问题。当前，中国和世界各国都树立了发展目标，面对这一目标，中俄均面临各种各样的困难和阻碍，建议双方聚焦这些重大问题，共同梳理矛盾和寻找解决办法。

二是中外创新对话要坚持优势互补、合作共赢的原则。以中俄合作为例，中俄创新合作具有很大的互补性，总体来看，俄罗斯侧重于基础研究，而中国侧重于应用研究；中国的科研基础设施和研究成果数量颇多，但总体水平较低，而俄罗斯在许多研发领域诸如航天技术、军事技术和能源技术等都已处于世界领先地位，甚至超越欧美发达国家，但是科技发展不平衡。建议中俄创新对话要努力促进双方各取所长、互通有无。

三是中外创新对话要建立创新合作平台。创新合作有了载体才能更加务实，建议双方共同推动建设由政府引导、以企业为主体、产学研合作、市场化运作的创新园区，引进、孵化、转化、示范一批新技术成果和高科技企业。

四是中外创新对话要推动技术转移和联合研发。要推动创新合作的深入，建议建设跨国技术转移中心和联合研发中心，推动技术成果的转化应用，共同完成研发项目，提高双方的技术和研发水平。

五是中外创新对话要强化创新政策研究。为加强对彼此创新政策的理解，建议双方成立联合专家研究组，针对政府采购、政府补贴、技术转移、知识产权保护等一系列政策展开比较研究，为双方的创新合作创造良好的政策环境。

第六章

以发展援助与合作为依托，促进全球创新

作为世界上最大的发展中国家，中国与其他发展中国家一直都保持着友好的援助与合作关系，尤其是改革开放以来，中国科技取得了突飞猛进的发展，科技援助与合作已成为中国巩固与加强同发展中国家关系的重要方式。借助日益广泛和深入的科技援助与合作，中国已有不少的实用科技传播到了其他发展中国家，提升了其内生发展的动力，满足了经济社会发展的需要；与此同时，中国也借此提升了自身的科技水平，获得了经济、贸易和资源等方面的回报，实现了互利合作、共赢发展。面向未来，中国应与广大发展中国家一道，精诚合作，互利共赢，以科技改善生活、促进经济发展和提高政治地位，不断增强综合国力，力争成为国际舞台上的重要力量。

第一节 发展援助与合作的背景和意义

中华民族的科技活动有着悠久而辉煌的历史，但在近代历史上，积贫积弱的中国在科技发展上乏善可陈，与国际科技界的互动也较少。自 1978 年改革开放后，中国科技水平有了很大提高，特别是进入 21 世纪以后，在科技全

球化的推动下，中国的科技发展取得了举世瞩目的成就，科技界也广开门路，科技交流逐渐增加。尤其是为应对发达国家的挑战，满足其他发展中国家强烈的科技进步需求，实现全人类的共同进步，中国对发展中国家实施科技援助与合作的主动性不断增加，与印度、俄罗斯、巴西、南非等新兴国家开展了高水平的科技合作，与印度尼西亚、哈萨克斯坦、埃及、阿根廷等发展中国家则是科技援助与合作并行，共同提高科技创新能力，在轨道交通、青蒿素、杂交水稻、地球资源卫星、载人潜水器等领域积极开展了科技援助与合作。

一、背景

1. 科技全球化的趋势日益明显

20 世纪 90 年代以来，科技在整个世界的传播和应用范围更广、更迅速、更有深度，将很多国家紧密地联系在一起。科技全球化成为经济全球化的重要组成部分。科技全球化为包括中国在内的发展中国家利用全球资源提供了重大的机遇。首先，科技活动的全球化能够整合有限的资源和力量解决人类共同面临的问题，实现单个国家难以完成的科技突破；其次，科技传播的全球化能够更快捷地满足一国或企业的科技需求；最后，科技人才的全球化能够最大限度地发挥人才的创新潜力。

但与此同时，科技全球化也给广大发展中国家的经济和科技发展带来了巨大的挑战。一方面，发展中国家在科技全球化的过程中处于弱势地位，缺乏充分的人力物力资源从事研究开发活动，在创造和获取现代科技成果方面处于不利地位，对现代科学技术知识的需求严重不足；另一方面，科技全球化主要是由发达国家主导和推动的，为西方发达国家及其跨国公司巩固和提高国际科学技术地位而服务，发展中国家在科技资源争夺中往往会造成优秀人才不断流失。

在科技全球化的浪潮下，中国同众多的发展中国家一样，必须学着趋利避害，以获得最大的收益。一方面，通过灵活的手段，从经济发达国家获得最大限度的技术溢出收益，从而实现技术、经济的跨越式发展；另一方面，加强同发展中国家之间的平等合作，实现技术、经济的共同进步。

2. 发达国家不断加强技术垄断

从20世纪80年代以来，为了长远地获取超额的垄断利益，发达国家利用先发优势，凭借其强大的经济、政治优势，不断强化知识产权保护，综合利用法律和非法律的手段，垄断和控制全球范围内的技术扩散与利用。从这个角度来讲，在国际社会上，国家间的技术竞争不再单纯是技术先进性的竞争，更是发达国家之间技术垄断性的竞争，是发达国家对发展中国家的技术垄断和控制。

自20世纪70年代中期以来，向发展中国家进行技术转让的增长速度远远慢于全球技术转移的增长，发展中国家在全球技术转移中所占的份额在下降。根据北京大学法学院何怀文先生的分析，发达国家对发展中国家许可的技术往往是容易模仿的二流技术，技术扩散的贡献很有限；跨国公司实行严格的核心技术锁定，严密控制尖端技术的扩散，通过各种各样的战略性技术联盟，形成了技术网络，控制了相关技术领域发展的方向、规模和速度，掌控了世界科技知识的生产和扩散，并建立专利联盟，控制技术发展和相关的世界市场。

在这种情况下，发展中国家不能坐以待毙，必须采取积极措施，以防止被发达国家永远锁定在技术链的低端。一方面，必须坚持自主创新，要充分利用本土的科研力量，形成自身拥有和可以掌控的创新资源；另一方面，要突破发达国家的阻碍和束缚，建立符合发展中国家利益的战略性联盟、专利联盟，通过众多的发展中国家的诚挚合作，切实掌握对本国经济社会发展起到决定性作用的关键技术。

3. 中国科技具备了“走出去”的实力

改革开放30多年来，中国的科技实力有了显著增强，科技创新取得了丰硕的成果，科技事业也正处在历史上最好的发展时期之一，成为世界上少数几个有可能通过科技创新、实现快速发展的大国之一。这为中国与其他发展中国家开展科技合作提供了有利条件。

中国是一个科技大国，已经是无可争议的事实。尽管在质上与发达国家尚有一定的差距，这与国情有关，但是在量上却已取得了压倒性的优势。量变产生质变，假以时日，中国成为科技强国是完全可以预见的。在科研经费方面，据统计，2014 年全国科技经费投入持续增加，全社会研发（R&D）支出预计达到 13 400 亿元，比 2013 年增加了 1 553.4 亿元；R&D 支出占 GDP 比重预计达到 2.1%，比 2013 年提高了 0.2 个百分点。

在科技人力资源方面，根据科技部出版的《中国科技人才发展报告(2014)》，中国已成为第一科技人力资源大国，2013 年中国科技人力资源总量达到 7 105 万人，每万人口中科技人力资源数为 522 人；作为科技活动核心要素的 R&D 人员总量高速增长，2013 年我国 R&D 人员总数为 353.3 万人，绝对总量已经超过美国居世界第 1 位。

在科技产出方面，根据国家知识产权局公布的数据，2014 年中国发明专利、实用新型、外观设计申请受理量达 236.1 万件，其中发明专利（申请受理量）为 92.8 万件，同比增长 12.5%，居世界第 1 位，每万人口发明专利拥有量达到 4.9 件，同比增长 22.5%。

随着中国经济、科技实力逐步增强，中国与各类国际组织、发达国家和发展中国家之间建立了广泛的交流与合作关系。尤其是“一带一路”倡议提出后，中国科技“走出去”迎来了新机遇，沿线发展中国家对中国的高新科技需求更加旺盛。目前，中国科技已经历了由独立自主、自力更生，到改革开放后的技术引进推动自力更生，再到当前的自主创新；由单纯的设备、技术引进，到技术、人才引进，再到全方位的利用国际科技资源；由原来单向的“引进来”到双向的“引进来、走出去”。面对当前全球经济复苏乏力，中国通过科技“走出去”可以整合和利用全球科技资源，提高创新能力，进而推动经济快速增长，因此受到了包括发达国家和发展中国家在内所有国家的普遍关注。

4. 发展中国家对科技进步要求强烈

在进入21世纪之后，不少发展中国家已充分认识到科技对经济社会发展的重要性，它们积极进行科技体制改革，纷纷采取措施推动本国科技发展，建立适应本国发展要求的科技发展模式，并寻求国际科技合作。

例如，近年来，俄罗斯发布了“千所实验室”的全新科技计划，实施了科技新项目“俄罗斯科学分布图”，俄罗斯还制定与颁布了《2013—2020年俄罗斯国家科技发展规划》，提出研发投入占GDP比重达到3%的目标，将投入1.6万亿卢布（约合530亿美元）专门用于该规划的实施。印度宣布了独立以来的第4个科学政策，提出建立一个强大的、可行的科学、研究和创新体系，用7年时间让印度实现跻身全球科技五强的目标。巴西制定了《科技创新行动计划（2011—2014）》，并在巴西科技部成立了“巴西科学未来委员会”作为国家科技咨询机构。在东盟国家中，越南公布了《2011—2020科技发展战略》，提出到2020年高技术和应用高技术产品产值将占GDP的45%的目标。

从全球范围来看，广大发展中国家均不同程度地采取了积极的改革措施，转变发展观念，致力于建立健全的国家创新体系，不断加大研究投入力度，确定重点研究领域，重视高级人才培养，加强国际科技合作力度，反映了通过科技促进经济社会发展的决心。

二、意义

在国际社会，单个的发展中国家实力弱小，因此备受欺凌，正当权益常常得不到保障，即便是中国和印度等实力较强的大国也不例外。要扭转被动的局面，发展中国家必须将个体的力量凝聚起来，众人拾柴火焰高。中国应承担起领头羊的角色，以科技合作为纽带和桥梁，将广大发展中国家团结到一起，共同提高科技水平，发挥科技是第一生产力的作用，通过科技带动经济、社会的快速发展，为发展中国家争取更大的生存权和话语权，不断缩小与发达国家之间的差距。

1. 提高科技水平，缩小与发达国家之间的科技鸿沟

对于任何一个国家的长远发展来讲，科技的重要性都毋庸置疑。因此，后发国家无不千方百计地提高自身的科技水平和创新能力，开展国际科技合作即是其中一条有效的途径。

如今，中国的科技水平已位居发展中国家前列，这为其他发展中国家通过对华科技合作提高科技水平带来了福音。那些科技落后的发展中国家不再热衷于只是接受中国的物资和经贸援助，而是更加青睐于科技援助，希望通过技术溢出效应，构建和提高本国的科技能力；那些科技水平较高的发展中国家也对与中国开展高水平的科技合作表现出极大的兴趣，希望可以与中国共同攻克面临的科技难关，把握科技前沿。

在这些科技合作中，中国更多的是技术输出的一方，对科技相对落后的发展中国家缩小科技鸿沟发挥了重要作用，但自身也从中受益匪浅，一方面可以推广和检验中国的科技标准，为后期的经贸合作与产业合作奠定坚实的基础；另一方面，一些发展中国家在个别领域处于世界领先的水平，同样值得中国学习，而且通过双边合作与交流，中国还可以进行曲线救国，获取一些发达国家对华极力封锁但对其他发展中国家有所放松的科技，弥补中国在某些落后领域的短板，从而实现跨越式发展。

2. 促进经济发展，提升发展中国家整体实力

科技合作最直接的表征是以技术贸易与技术投资形式表现的技术转移，在此基础上再推动商品贸易。中国与发展中国家开展科技合作，既可以通过科技进步提高生产力水平，也可以带动经贸往来，以技术出口带动商品和设备的出口，开拓和保护商品销售市场，带动商品输出，改善中国出口商品的结构，大大增加出口商品的附加值，技术出口往往能够带动相当于几十倍技术价值的商品设备出口，创造可观的经济效益。

中国在开拓发展中国家市场方面取得了新成效。根据商务部的统计数据，2014 年中国与发展中国家进出口比重较 2013 年提高了 0.4 个百分点，其中，对东盟、印度、俄罗斯、非洲、中东欧国家等进出口增速均大于整体增速。2015 年，习近平主席在出席博鳌亚洲论坛 2015 年年会时指出，中国提出的“一带一路”可在未来 10 年里，让中国同沿线国家的年贸易额突破 2.5 万亿美元。①

中国与发展中国家开展科技合作，目的并不仅仅在于提高科技水平，更重要的是将科技转化为生产力，提高科技转化率，尤其是提高产品的科技含量，扩大出口，不断增加对外贸易额。近年来，中国与发展中国家领导人会晤时，经贸与科技的议题通常同时进行，不少发展中国家已从对中国、印度、巴西等新兴国家的出口中获益。只有发展中国家的整体经济实力获得大幅度的提升，才能真正缩小与发达国家之间的差距。

3. **改善政治环境，共同应对发达国家的挑战**

发展中国家又称欠发达国家，在历史上大多都是经济发达的帝国主义国家的殖民地、半殖民地或附属国，在政治概念上称为“第三世界”国家，因此与发达国家之间具有根深蒂固的历史矛盾。尽管随着“冷战”结束和两极格局的消失，“第三世界”的概念已经不再被提及，但对这些发展中国家而言仍具有凝聚力和归属感，他们在对抗发达国家的不公平行为时仍会保持一致的行动。77 国集团旨在国际经济领域内加强发展中国家的团结与合作，加速发展中国家的经济社会发展进程。

尽管中国并不是 77 国集团成员之一，但身份比较独特，一为发展中国家，属于第三世界；二为正在和平崛起的大国，必将对世界历史进程产生深刻影响。这样一种国际定位对于中国来说意味深长，它决定了中国不仅要致

① “一带一路”十年目标：年贸易额 2.5 万亿美元［N］. 第一财经日报（上海），2015－03－30.

力于本国的经济建设，也要关心和援助广大发展中国家；不仅要为第三世界摆脱贫困和动荡做出积极努力，也要为整个世界的繁荣与和平做出应有的贡献。也就是说，作为集双重身份于一体的大国，中国负有为世界人民进步事业而不懈努力的国际责任。

多年来，由发达国家一手创建了不合理、不公平的国际经济政治旧秩序，严重束缚和阻碍了发展中国家前进的步伐。因此，中国一贯重视与其他发展中国家的合作，支持77国集团的正义主张和合理要求，与其保持良好合作关系，在经社领域一般以“77国集团加中国”的模式表达共同立场，在国际社会上为发展中国家谋求利益。2015年9月，习近平主席在第70届联合国大会一般性辩论中强调，中国将继续同广大发展中国家站在一起，坚定支持增加发展中国家特别是非洲国家在国际治理体系中的代表性和发言权。①

中国与发展中国家开展科技合作，急人所需，将中国科技发展的经验进行推广，同其相应机构和单位建立技术合作关系，同它们在不同的科技领域里进行合作，能活跃彼此间的科技交流活动，加深双方的了解，密切相互之间的关系，增进彼此之间的友谊，切实提高发展中国家的整体实力，从而联合起来共同营造公平的国际政治环境。

4. 提高生态环保水平，共同解决全球性问题

当前，生态和气候变化是人类社会面临的主要挑战之一，如不及时采取有效的应对措施，无论是发达国家还是发展中国家都将深受其害。不幸的是，发展中国家并非气候变化的使然者，却成了全球气候变化的最大受害者。发达国家长期以来的温室气体排放对气候变化负有不可推卸的责任，却在技术转让和资金问题上推脱逃避，落后的经济科技使得广大发展中国家应对乏力。

在应对气候变化方面，中国同样面临技术和资金难题。核心技术掌握在发达国家手中，对此，中国与其他发展中国家持有相同的立场，不断敦促发

---

① 习近平在第七十届联合国大会一般性辩论时的讲话．来源于新华网，2015－09－29.

达国家提供资金保障和以优惠方式向发展中国家转让现有技术。鉴于目前发达国家将新能源、新技术作为竞争的战略制高点，并通过标准设置绿色技术壁垒，中国等发展中国家显然不能完全依赖于发达国家的技术援助，而是必须通过自身的努力，加强能源领域的资金投入，推动能源技术的自主创新，促进低碳技术和产品的研发。

中国在推动发展中国家科技合作应对气候变化方面做出了自己的贡献。2010 年 11 月，由中国科学技术交流中心编写的《南南科技合作应对气候变化适用技术手册》在联合国气候变化谈判大会期间对外发布，受到发展中国家和有关国际组织的广泛欢迎和好评。中国与广大发展中国家开展科技合作，尤其是加强在生态、环保、气候变化等领域的交流与合作，互助互惠，符合双方的共同利益。2012 年 6 月，时任国务院总理温家宝出席联合国可持续发展大会并发言，宣布向联合国环境规划署信托基金捐款 600 万美元，安排 2 亿元人民币开展为期 3 年的国际合作，帮助小岛屿国家、最不发达国家、非洲国家等应对气候变化。在 2015 年 9 月中美两国再度发表的《气候变化联合声明》中，习近平主席表示，中国政府承诺将拿出 200 亿元人民币（约 31 亿美元）支持其他发展中国家应对气候变化，并承诺将严格限制公共投资流向国内外的高污染、高排放项目。①

第二节　发展援助与合作的典型国家

根据联合国开发计划署 2010 年 11 月 4 日发布的《2010 年人文发展报告》，世界上共有 44 个发达国家和地区，它们的人类发展指数不低于 0.9。除此之外的其他国家即为发展中国家，通常是指那些经济、社会方面发展程度较低的国家，有 130 多个，主要分布于亚洲、非洲、拉丁美洲及其他地区，

① 中美元首气候变化联合声明．来源于新华网，2015－09－26.

这些国家占世界陆地面积和总人口的70%以上，拥有丰富的自然资源和广大的市场，在经济、贸易和军事等方面都占有举足轻重的战略地位。多年来，根据经济社会发展的需要，中国已与很多发展中国家签订了政府间科技合作协定，民间开展的科技合作项目更是不计其数。

一、新兴国家

1. 印度

中国和印度都是世界文明古国，科技交流的历史源远流长，通过古代的“丝绸之路”、中国的“四大发明”已先后传入印度，促进了科技的传播。近年来，印度在科研领域投入了大量资金，科技水平有了很大提高，在火箭技术和核电技术领域更是脱颖而出。班加罗尔被称为印度“硅谷”，成为发展中国家发展高科技产业的成功范例。

中国和印度是世界上最大、发展速度最快的两个发展中国家，开展科技合作对双方均有益处。1988 年 12 月，印度总理拉吉夫 · 甘地访华，中印关系逐步走出低潮，双方决定成立科技联委会，签署了科技合作协定，奠定了双方科技合作的基石。1991 年，李鹏总理访印，双方签署了和平利用外空科技合作谅解备忘录。2002 年，朱镕基总理访问印度，双方签署了包括科技、水利、空间等领域的 6 个合作文件，推动了中印科技合作关系的进一步发展。2005 年 4 月，时任国务院总理温家宝访问印度，双方领导人又再一次强调要加强两国的科技合作。2006 年 9 月，中印两国科技部在北京签署了《科技合作谅解备忘录》，成立了部长级中印科技合作指导委员会，以协调解决双边合作中的战略性问题，指导两国科技合作的发展。2006 年 11 月，时任国家主席胡锦涛对印度进行了国事访问。双方发表了《联合宣言》，制定了深化两国战略合作伙伴关系的“十项战略”，其中一项重要内容就是促进科技领域合作，双方认为应在科技领域建立中印伙伴关系，并同意在以下 4 个领域联合开展合作：地震工程学、气候变化和天气预报、以先进材料为主的纳米技术、以生物纳米为主的生物技术和制药。2008 年 1 月，中印举行了科技合作工作级别会议，就一些具体事宜交换了意见并达成共识。2012 年 8 月，中印第九次经贸科技联合委员会部长级会议在印度新德里召开，双方就扩大双边经贸合作取得了重要共识。2015 年，印度总理莫迪访华，双方签署了联合声明，将在和平利用外层空间、和平利用核能、公共卫生、医学教育和传统医药等领域展开合作。

如今，中印科技合作步入“快速路”，双方已经举行了多次科技联委会会议，确定了数十个项目，科技合作已经涉及农业、生物技术、化工、医学、电子和新材料等许多领域，具有相当的广度和深度。

2. 俄罗斯

新中国成立伊始，中苏两国即签署了科技合作协定，两国的科学院、高教部、农业科学院也分别签订了对口合作议定书。苏联解体后，俄罗斯成为苏联科技力量与科研系统的主要继承者，依然是中国开展科技合作的重点对象。

1992 年 12 月，中俄双方正式签订《中华人民共和国政府和俄罗斯联邦政府科学技术合作协定》，此后双方在副总理级的中俄经贸科技合作委员会下设立了科技合作分委会。1997 年 6 月，在北京举行的中俄总理定期会晤委员会第一次会议上，中俄双方正式决定在中俄总理定期会晤委员会框架内设立科技合作分委员会，负责统一协调、管理中俄科技合作工作，此后中俄总理定期会晤委员会科技合作分委员会每年召开一次会议。1999 年，双方就签署了《中俄政府间科技合作协定框架下知识产权保护和权力分配议定书》，目的是为促进中俄两国科研院所和企业之间的科技交流与合作，了解两国在知识产权保护领域存在的差异，解决中俄科技合作中出现的法律问题，使合作双方签订的合同文本更加规范化。2000 年 11 月，在中俄两国总理定期会晤期间，双方正式签署《创新领域合作的谅解备忘录》，并在中俄总理定期会晤委员会科技分委员会中成立了专门的“中俄创新工作小组”、军转民技术合作工作小组、中国重点科研院所与俄国家科学中心工作组，并在中俄双方建立了“科技园”。2003 年，中俄在莫斯科建立了中俄友谊科技园，其宗旨是协助两国政府间科技合作计划的实施，引进俄罗斯的成熟技术，将中国企业的高技术产品推向俄罗斯市场，培养高水平的中俄合作项目的管理人才，完善转移国际技术的规范性法律文件和信息平台。2006 年和 2007 年中俄两国互办“国家年”，表明两国政府对科技合作的高度重视。2011 年 8 月，中国科技部与俄罗斯哈巴罗夫斯克边疆区政府的领导在会晤时强调，要深化中俄地区间科技合作。2014 年 10 月，俄罗斯技术国家集团（Rostec）和中国航天科技集团公司（CASC）签署战略合作协议，促进双方在共同研发和生产电子元器件、信息技术、通信系统和自动化系统、新材料等领域的合作。2015 年，俄罗斯政府成立的非营利组织斯科尔科沃基金会和中国赛伯乐投资集团签署了 2 亿美元的合作协议，共同打造一个俄中创业孵化器，一家机器人中心和一个创业基金，重点投资 IT（信息技术）、机器人以及通信技术领域的公司。

中俄在科技上互有短长、技术互补，在很多的领域内都有满足对方需求的能力，具有广阔的科技合作空间。经过多年发展，中俄科技合作已经成功突破了磨合期，合作主体不断拓展、领域不断扩大、形式不断创新、成果不断显现，逐步形成了多层次、多渠道、全方位的科技合作格局。

3. 巴西

在拉美国家中，巴西的科学技术水平非常引人注目，在信息技术、生物技术、航天航空技术、水利工程技术以及新材料技术等方面，巴西均取得了很大的成绩。1974 年 8 月中巴两国建交以来，政治、经济、贸易、文化、科技等领域的合作顺利发展。

1982 年 3 月，中国与巴西签署了两国政府科技合作协定，该协定于 1984 年 3 月在巴西履行法律手续后正式生效，同年，双方在北京举行了科技合作混委会第一次会议。30 多年来，双方签署了大量的科技合作协定、协议和议定书等文件。2001 年 4 月，两国科技部签署了《科技合作谅解备忘录》，表示将长期进行科技合作，确立新的优先合作领域，包括生物技术、新材料和信息通信技术。2009 年 5 月，两国科技部签署了科技与创新合作工作计划。2012 年，中巴签署了《关于建立气象卫星联合中心的谅解备忘录》和《关于建立中巴生物技术中心的谅解备忘录》，将为进一步加强在气象卫星、生物技术等领域的科技交流与合作提供有力的保障。2015 年 6 月，中国和巴西第二届高级别科技创新对话在巴西利亚举行，双方签署了科技园区领域合作谅解备忘录。

中巴的合作领域相当广泛，涵盖了航天航空、通信、水电、农牧业、林业、医学医药、环保、地质、交通能源、化工、水产养殖和新材料等，以空间技术为代表的双边科技合作已成为南南合作的典范。近年来，中巴科技交流已走出传统领域，开始涉足生物技术、纳米技术、信息技术领域，并积极探索在新能源、可再生能源的合作潜力。

4. 南非

中国历来重视与非洲各国的友好合作关系。1982 年年底，中国提出了同非洲国家开展经济技术合作的四项原则，“平等互利，讲求实效，形式多样，共同发展”，即科技合作的内容逐步扩展到农业、林业、能源、机械、环保、通信、卫星等领域。2000 年 10 月，在北京召开的中非合作论坛第一届部长级会议，成为中国与非洲国家加强科技合作的里程碑。

南非是非洲最大经济体和最具影响力的国家之一，其国内生产总值约占撒哈拉以南非洲国家经济总量的 1/3，对地区经济发展起到了重要的引领作用，是比较富裕的发展中国家，在 2010 年加入了金砖国家，与巴西、俄罗斯、印度、中国共同成为新兴经济体的典型代表。

1999 年 3 月，中南两国签署了政府间科学技术合作协定，由此开启了中南科技合作的新篇章。中南两国科技部分别于 2000 年、2003 年、2005 年、2010 年轮流在两国召开了 4 次中南科技合作联委会，讨论重点合作领域、磋商合作中需要解决的问题，审定联合支持项目。2009 年，在中非合作论坛第四届部长级会议上，中方把增强非洲自主发展能力作为重要目标，提出了对非合作八项新举措，其中包括倡议建立中非应对气候变化伙伴关系、加强科技合作等。2013 年 10 月，中国－南非科技合作联委会第五次会议暨中南国家双边委员会科技分委会第五次会议在北京召开，双方商定了第七批中南联合研究计划项目，并就下一阶段合作方向、重点领域、合作方式等交换了意见，同意将通过共建高水平联合实验室或联合研究中心、开展旗舰项目、中南联合研究计划、短期访问项目、共同组织科技展和企业对接活动、共建科技园等合作形式深入推进中南科技合作。2014 年 12 月，南非总统祖马访华期间，两国元首见证了《中华人民共和国和南非共和国 5—10 年合作战略规划 2015—2024》以及经贸、投资、农业等领域多项合作文件的签署。

如今，中南两国科技合作与交流活动已经遍及与科技有关的广泛领域，覆盖了生物技术（含食品加工、农业和医药）、新材料和先进制造技术、信息技术、环境保护、采矿冶金、资源勘探、空间技术、交通运输、古人类学、本土知识体系等领域。除了科技部，其他如卫生、农业、林业、渔业、水利、环保、矿产、能源、交通等多个部门之间的科技合作也十分活跃。

二、其他发展中国家

1. 印度尼西亚

中国与印度尼西亚的科技合作是在东盟的框架下进行的。科技合作一直是中国与东盟之间合作的重要内容，这一点也体现在 2002 年双方签署的《中国与东盟全面经济合作框架协议》中。

1994 年，中国与东盟的科技合作联委会和经贸合作联委会同时建立，1995 年举行了科技合作联委会第一次会议，此后每两年举行一次。在科技联委会框架下，双方开展了一系列合作项目，包括人员交流、研讨会、培训班、技术示范、联合研发、设备捐赠等。双边合作方面，中国和东盟 10 国中的 8 个国家签订了政府间科技合作协定，并与印度尼西亚、马来西亚、菲律宾、新加坡、泰国、越南6个国家建立了双边科技合作联委会机制。中国的农业技术领先于东盟各国，特别是在亚热带农作物方面，中国的农业技术帮助东盟各国促进农业生产，增加了当地农民收入。

鉴于印度尼西亚位于印度洋与太平洋相连接的特殊地理位置，很多发达国家都选择了与印度尼西亚进行海洋合作研究，中国也加入这一行列。2006年11月，国家海洋局第一海洋研究所与印度尼西亚国家海洋与渔业研究院在山东青岛签署了“南海与印尼海海水交换的观测与研究”合作执行计划书，拉开了两国海洋科技合作的序幕。2010年8月，中国印尼科技合作联委会第四次会议在印度尼西亚召开，双方确定了新一期联委会项目共10个，涉及农业、生物医药、新能源等多个领域，会后又举行了中国科技部向印度尼西亚研技部捐赠电脑和会议纪要签署仪式。2011年12月，中国科学技术部和印度尼西亚技术研究国务部共同主办了“2011年中国—印尼科技周”，并举办了以核能、水力发电和中医药为主题的研讨会，共有120余家两国大学、科研机构和科技型企业参加，两国重新签署了中国和印度尼西亚政府间科技合作谅解备忘录。2014年4月，中国科学院与印度尼西亚科学院签署了《科技合作谅解备忘录》，推动两院间开展互惠互利型科技合作，双方将在科研人员交流、召开双边研讨会、开展联合研究项目以及向科学家、研究人员及职员提供培训等方面开展合作。2015年4月，习近平主席赴印尼出席亚非领导人会议和万隆会议60周年纪念活动时，双方发表联合新闻公报，将推动海上、航天、科技战略性务实领域合作取得更多实实在在的成果，不断充实中印尼全面战略伙伴关系的内涵。

2. 哈萨克斯坦

哈萨克斯坦是苏联解体后产生的国家中最具投资价值和较高生活水准的国家，拥有丰富的自然资源和较雄厚的工业基础，是全球发展中的新兴经济体之一。1992年1月，中哈两国建交；2005年7月，中哈建立战略伙伴关系。中国与哈萨克斯坦之间建立了稳定的双边关系，为双方的科技合作创造了良好的条件。

1994 年 12 月，《中华人民共和国政府和哈萨克斯坦共和国政府科学技术合作协定》在阿拉木图签署。2001 年 5 月，双方举行了科学技术合作委员会第一次会议，通过了《中哈科技合作委员会章程》，并成立了中哈科技合作工作委员会，相互通报了各自国家在科技领域进行的改革情况和科技政策的主要方向，确定双方开展科技合作的重点领域，确定了 19 个科技合作项目。2002 年 4 月 23 日至 26 日，中国科技部和哈萨克斯坦教科部在阿拉木图联合举办了“中国科技日”展览活动。2004 年 5 月，中哈合作委员会科技合作分委会成立。2004 年 10 月，中国科技部组织“走出去”代表团访哈，并在哈举办了“中国技术和产品推介会”。2007 年 8 月，中哈合作委员会科技合作分委会第三次会议召开，双方决定进一步支持合作研究开发和先进科技成果的产业化，鼓励和协助中哈两国对口部门以及科研机构之间建立联合研究中心和联合实验室，开展共同感兴趣的合作研究，并建立多种形式的科技合作关系。到 2013 年 12 月，中哈合作委员会科技合作分委会已召开了 6 次会议，双方商定继续围绕两国科技发展规划中的重点领域和优先方向，开展从合作研发到成果产业化的全面合作，商定了 2014—2015 年中哈政府间科技合作项目计划。2015 年 9 月，在欧亚经济论坛科技分会上，中哈成功签署了 10 项合作协议，签约项目涉及交通、物流基础设施、工业基础设施、能源基础设施、农牧产业、绿色经济、绿色建筑等多个领域。

哈萨克斯坦大力实施国家工业创新战略，制定并执行《2010—2014 年加速工业创新发展国家纲要》，与中国的《国民经济和社会发展第十二个五年规划纲要》之间有不少契合之处，为促进两国进一步的科技合作提供了良好的机遇。

3. 埃及

埃及是第一个同新中国建交的非洲国家，也是第一个与中国签署政府间科技合作协定的非洲国家。埃及的科技力量较为雄厚，是非洲和中东地区除以色列之外科技实力最强的国家。据联合国教科文组织开罗办事处统计，在阿拉伯国家中，埃及的各项科技指标均名列前茅。2004 年 7 月，埃及政府内阁进行了改组，许多与科技发展有关的内阁成员有了变动，年轻化和务实派的官员占据了更高的主导地位。此后，埃及政府对科技发展更加重视。

2002 年，由埃及驻华使馆和中国驻埃使馆牵线搭桥，中国深圳高新区与“埃及穆巴拉克科技城”合作签约。2006 年 10 月，埃及代表团第二次参加在深圳的高交会，其通讯部副部长表示，埃及政府非常重视与中国的合作，欢迎中国人到埃及投资兴业。2011 年 11 月，中国—埃及政府间科技合作联委会第六次会议在北京成功召开，双方探讨了下一阶段中埃两国科技合作的重点领域和合作渠道，认为凡是符合两国国情，有益于双方经济、科技发展的合作方式都可在今后的工作中予以探索和引导。2011 年，中埃还签署了制造低轨道人造卫星的合作协议，埃及期待中国供应零部件，以帮助其在短期内完成装配和制造卫星的计划，并协助其太空企业实现基础设施建设。2012 年 8 月，两国领导人共同出席中埃政府间经济技术合作协定等合作文件的签字仪式，希望促进科技领域的交流。2014 年 12 月，埃及总统塞西访华期间，双方发布了关于建立全面战略伙伴关系的联合声明，在科技领域，双方一致同意发挥两国科技联委会的作用，鼓励和支持两国科研机构、高校、企业开展共建联合实验室、联合科技示范、共建科技园区、举办学术交流与技术合作等形式多样的科技创新合作，鼓励两国科学家特别是青年科学家间进行经常性交流。近年来，从埃及的外交实践来看，已加强了对中国的双边关系，中埃科技交流与合作的前景将更加美好。

4. 阿根廷

受益于丰富的自然资源、高度受教育的人口、出口导向的农业部门以及多样的工业基础，阿根廷是拉美地区综合国力较强的一个国家，工业门类较齐全，农牧业发达，与中国保持着良好的合作关系。中国与阿根廷通过举行科技合作混委会会议来确定科技合作的领域与重点。

2006年2月，中国国家天文台向阿根廷圣胡安大学天文台提供的人造卫星激光测距仪安装调试完毕，这是中国在南美进行的最大的天文科学合作项目。2011年5月，阿根廷农业部国家农牧科技研究院与中国国家谷物研究院就深化中阿两国农业科技合作交换了意见，探讨了加强双方在谷物收获、销售和仓储等领域合作的可能性。2011年6月，阿根廷门多萨省省长雅克到访中国，与中国科技部的领导就加强农业科技、可再生能源合作交换了意见，会后双方签署了科技部与阿根廷门多萨省科技合作框架协议。2014年7月，习近平主席访问阿根廷，双方签署并发表《中华人民共和国和阿根廷共和国关于建立全面战略伙伴关系的联合声明》，签署了56项合作协议，涉及贸易、科技、国防、能源、教育和民航等不同领域，加强了两国之间的战略联盟。

5. **古巴**

中国和古巴有着深厚的传统友谊，双方政府高度重视发展经贸与科技合作，并通过科技合作混委会会议来确定优先合作领域。目前，双方已在生物技术、生物医药、信息通信技术、纳米技术、新材料和基础科学等多个领域展开了深入的合作。

2007年11月，中国国家质检总局与古巴共和国科学技术与环境部在北京签署了《中华人民共和国国家质量监督检验检疫总局与古巴共和国科学技术与环境部关于质检领域科学技术合作协议》，双方将开展科技、标准、认证认可、检验、质量管理、计量及特种设备领域的具体合作，这一协议是推动双方合作进入一个新时期的重要举动。2009年9月，中国与古巴两国政府在北京续签了两国进行生物科技领域合作的理解备忘录，表达了加强和深化合作的愿望。2010年2月，中国政府与古巴政府签订了经济技术合作协议，由中国向古巴援助一批现代化设备物资。2014年10月，中国—古巴政府间科技合作混委会第十次会议在哈瓦那举行，双方商定将纳米技术、生物技术与生物医药（含中古分子免疫学中心）、数字电视、可再生能源—太阳能、半导体照明、科技园区、青年科学家交流等列为下一阶段优先合作领域，拓展LED照明、光伏太阳能等高新技术领域合作，加强科技人员交流，积极实施中拉科技伙伴计划和中拉青年科学家交流计划。

第三节　发展援助与合作的典型案例

中国在与广大的发展中国家开展科技合作的过程中，出现了若干成功的、具有典型示范意义的案例，它们使中国与发展中国家均受益匪浅，一种典型案例是中国对发展中国家的科技援助，对发展中国家起到了无法估量的积极作用，极大地增强了彼此间的友谊；另一种类型是中国与实力较强的发展中国家之间开展的高水平的科技合作，在世界上产生了不容小觑的影响，提振了发展中国家与中国开展科技合作的信心。

一、轨道交通

坦赞铁路是中国在 20 世纪 70 年代最大的对外援助项目，也是当时中国外交史上对外经济援助的最大项目之一，被誉为“自由之路”、“解放之路”和“南南合作之路”，该项目使坦桑尼亚和赞比亚成为在非洲国家中最大的受援国，占中国对非洲援助总额的 1/3 以上。

1975 年，坦赞铁路顺利建成通车，1976 年 7 月正式交给坦桑尼亚和赞比亚，对坦赞及其周边国家的发展建设起到了重要作用。前坦桑尼亚总统尼雷尔高度评价说：中国援建坦赞铁路是“对非洲人民的伟大贡献”，“历史上外国人在非洲修建铁路，都是为掠夺非洲的财富，而中国人相反，是为了帮助我们发展民族经济”。前赞比亚总统卡翁达也赞扬说：“患难知真友，当我们面临最困难的时刻，是中国援助了我们。”

坦桑尼亚和赞比亚在 20 世纪 60 年代初获得独立后，两国都面临发展民族经济，巩固政治独立，实现国内稳定和经济发展，并加强两国的联系与合作，促进非洲民族解放运动的迫切需求和艰巨任务。殖民统治时期的坦赞两国，工业只有采矿和农产品加工，几乎没有制造业，属于单一型经济结构。如果能够修建连接两国的铁路，将有利于坦桑尼亚开发南部平原的农业发展和西南地区煤铁资源的利用；也有利于赞比亚进一步发展铜矿开采加工工业，改善国内经济依赖性和低发展性的特点。

坦赞两国多次向西方国家和中国提出援建铁路的要求，遭到西方国家的反对及阻挠，中国国家领导人经过深入研究讨论，最终站在世界民族主义革命的高度，在自己国家也很困难的情况下，决定斥巨资援建坦赞铁路。中、坦、赞三国政府于1967年9月5日在北京签订了《关于修建坦桑尼亚—赞比亚铁路的协定》。协议规定：中国提供无息的、不附带任何条件的贷款，并派专家对这条铁路进行修建、管理和维修及培训技术人员。

中国先后派出专家和技术人员5万多名。施工高峰的1972年有1.6万人同时在现场作业。坦赞两国先后参加施工的人员共10万多人。在修建过程中，有64名中国工程技术人员献出了宝贵的生命。

中国为坦赞铁路的修筑做出了巨大的贡献。坦赞铁路修建的近6年中，共完成土石方8 887万立方米，铺轨2 044.7公里，建成桥梁320座、涵洞2 225座、明洞4座、隧道22座、房屋370 398平方米。全线还配备了运营配套设备16 833台（件），大至机车，小至婴儿床、卧具、剪票夹等，一应俱全。

中国援建坦赞铁路促进了中国经济发展和技术进步。坦桑尼亚和赞比亚远离中国，修建铁路所需的工程技术装备、筑路需要的路轨、机车以及人员的输送都需要从中国运往坦桑尼亚和赞比亚，使中国的远洋运输得以发展起来。为了满足修建坦赞铁路所需的路轨和机车，中国的钢铁和机车生产也得到发展。四方机厂先后派出551人次工程技术人员和专业工人赴坦赞铁路工作；制造援外内燃机车142台、各种客车315辆及大批量的机车车辆配件；援外产品产值达3亿多元人民币。为了满足坦赞铁路所需钢轨的数量和要求，武钢组织技术人员试制新型钢轨，并新增两条由武汉重型机床厂设计的生产线。

近年来，中国高铁技术日渐成熟，在国际竞争中处于优势地位，成为对外援助与合作的重要领域，成为中国经济外交和产能合作的开路先锋。截至2016年年底，我国高铁运营里程已突破2万公里，居世界第1位，占世界高铁总里程的65%左右。

二、青蒿素

全球疟疾流行地区主要分布在非洲中部、南亚、东南亚以及南美北部的热带地区，其中，90%的疟疾死亡病例出现在撒哈拉沙漠以南的非洲国家，每年得病有上千万人次，死亡人数有两三百万。青蒿素是中国发明的独有的治疟疾有效针剂，它帮助很多非洲人民从疟疾的死亡威胁中解脱出来。

2006年11月，时任国家主席胡锦涛提出，中国将在未来3年内为非洲援助30所医院，并提供3亿元人民币无偿援款帮助非洲防治疟疾，用于提供青蒿素药品及设立30个抗疟中心。[①] 作为中国率先实行国际化的优秀的民营企业集团，在中央政府部门和上海、广西当地政府等的大力支持下，上海复星医药积极投入到对非的援助上。

上海复星医药旗下的桂林南药加大自主研发力度，打破跨国公司的垄断，实现了中国医药行业历史上质的突破。2007年8月30日，世界卫生组织（WHO）在其官方网站上正式宣布，复星医药旗下的桂林南药股份有限公司的青蒿琥酯片+盐酸阿莫地喹片联合用药和盐酸阿莫地喹片通过了预认证（PQ），取得了WHO抗疟联合用药目前为止唯一的中国供应商资格，也是全球除诺华之外仅有的WHO合格ACT（联合用药）预供应商。在同时公布的8个名单中，复星桂林南药以其自主品牌占据3个席位，既有联合用药也有单方，名单中赛诺菲的抗疟药生产厂也是复星桂林南药。由于使用安全、对抢

① 胡锦涛．中国将采取八项政策措施促进中非合作．来源于新华网，2006－11－04.

救危重病人疗效显著，青蒿琥酯注射液成为2006年WHO疟疾抢救用药的第一选择。

目前，复星桂林南药已打造了较为完整的青蒿产业链，青蒿琥酯联合用药系列产品已经得到了包括世界卫生组织、联合国儿童基金会、国际红十字会、联合国救济总署以及莫桑比克等非洲国家的采购。

上海复星医药积极承办由国家商务部主办的疟疾防治研修班。该项目规格高，规模大，由WHO的官员和中国相关疟疾防治领域的高层领导及资深专家授课，对发展中国家，尤其是疟疾高发区的非洲国家的抗疟防治工作具有全局性的战略指导意义，并受到了这些国家的普遍赞誉和中国政府的高度肯定。

三、杂交水稻

中国的杂交水稻技术属于世界领先水平。联合国粮农组织已将推广杂交水稻列为解决发展中国家粮食短缺问题的首选措施，并在全球累计推广播种50多亿亩，增产粮食5亿多吨，每年为世界多养7 000万人。

中国以湖南省、海南省等基地为基础，在“走出去”战略指导下，与印度尼西亚、越南、菲律宾、乌兹别克斯坦、柬埔寨、文莱等国家广泛开展了杂交水稻对外援助项目，先后在这些国家建立了杂交水稻示范基地，展示和推销中国的杂交水稻技术及种子，取得了极大的成功，树立了“中国杂交水稻”这一享誉世界的技术品牌。“杂交水稻”之父袁隆平有两个心愿：一是把“超级杂交稻”合成；二是让杂交稻走向世界。

2007年，中国科技部立项资助了“在乌兹别克斯坦援建杂交水稻联合实验室”援外项目，进一步推动了把中国的杂交水稻栽培技术和其他农业技术在乌兹别克斯坦产业化并推广到其他中亚国家。该项目配合了国家在中亚地区的外交工作，得到了各级领导的高度肯定。

巴西的水稻平均产量较低，其杂交水稻研究处于起步阶段，急需中国援助杂交水稻技术。中国利用杂交水稻技术与巴西开展杂交水稻合作研究和示范，开发了巴西的水稻生产潜力，增加了巴西的粮食产量，带动了中国杂交水稻技术及产品在巴西的推广，并且辐射到整个拉丁美洲，扩大了中国在南美地区的影响。

同时，巴西是南美洲作物种质资源多样性的中心，其水稻资源丰富，特别是高温下优质、耐旱、耐穗上发芽、适宜直播抗倒伏等稻种资源为中国所缺少。与巴西合作开发杂技水稻，使中国获得了一些进一步提高杂交水稻产量、米质和抗性所需的种质资源。

在中国科技部批准和资助下，湖南省举办了多期“杂交水稻技术”“农药应用技术”“茶叶栽培及加工技术”等面向发展中国家的国际技术培训班，有力地促进了科技援外工作的开展，使国外认识到中国的优势技术及产品，为中国进入这些国家的市场建立了渠道，奠定了基础，直接为湖南省农药、杂交水稻、茶叶等产品及配套设备带来了近800万美元的出口额，使“科技兴贸”落到了实处。

同时，举办国际培训班使发展中国家的学员感受到了中国改革开放的巨大成就，对提高中国的国际地位起到了重要的宣传示范作用，进一步促进了中国与其他发展中国家的科技合作与交流。如由湖南省化工研究院承办的“农药技术国际培训班”，加深了各国学员对中国农药研究开发、产品市场开拓、进出口情况的了解，提高和扩大了中国的农药技术和产品的国际地位和影响，更重要的是把中国的先进技术和新产品推介到了发展中国家。

四、沼气

自20世纪70年代末80年代初，中国农村沼气技术的发展推广已在全世界享有盛誉。1979年，国务院批准成立农业部成都沼气科研所（BIOMA），并与联合国开发计划署（UNDP）在该所建立起“中国成都亚太区域沼气研究和培训中心（BRTC）”。从此，每年都有不少发展中国家的人员到中国来学习中国的沼气技术。到2012年5月，BIOMA已承办了48期“发展中国家沼气技术培训班”，来自加纳、纽埃、委内瑞拉、缅甸等众多的发展中国家的学员前来参加培训，系统学习沼气技术方面的专业知识和技能。

1994年，BIOMA创立了成都环能国际合作公司（CEEIC），先后开展了一系列的国际合作项目。在“南南合作”的框架下，BIOMA、BRTC和CEEIC的多批专家组曾先后到莱索托、贝宁、埃塞俄比亚、突尼斯、卢旺达、几内亚比绍等国家，实施由联合国组织、中国政府援助以及双边合作的沼气项目，包括农村户用沼气、大中型沼气工程、沼气发电、城镇生活污水处理、建立国家沼气实验室、沼气资源调查和制订国家沼气发展战略规划以及举办各类管理和技术人员培训班等。

非洲国家的人口、环境、能源、生态卫生、资源都是制约其经济发展的重大难题，沼气技术的推广和应用，从某种角度不仅能缓解这些矛盾，还能促进工农业的可持续发展。与德国、印度的沼气技术相比，中国的沼气技术的适用性和经济性都领先一步，因此适合于在广大发展中国家，特别是非洲国家推广和应用。

五、地球资源卫星

1984年，中国与巴西在空间领域展开合作。1988年3月，中巴双方的专家讨论确定了中巴联合研制资源卫星的工作报告，并就合作事宜明确了以下基本原则：双方以平等、互利和互惠的原则联合研制中巴地球资源卫星（CBERS）；双方同意以中国资源一号卫星总体方案为基础；中方承担总经费的70%；巴方承担总经费的30%，总经费含有卫星研制费（2颗飞行星）、2枚运载火箭的购置费和发射服务费；同时明确了CBERS工程的任务目标是，利用先进的空间遥感技术为中国和巴西两国的农业、林业、地质、水文、测绘和环境等资源的调查、开发、管理和监测服务；促进中巴两国遥感和空间技术的发展和应用。1988年7月，两国政府代表正式签订了关于核准研制地球资源卫星的议定书，双方开始了卫星的联合研制工作。

1999 年 10 月，长征四号乙运载火箭在太原卫星发射中心顺利升空，将中国和巴西联合研制的第一颗地球资源卫星送入轨道。时至 2009 年 5 月，中巴两国已先后研制发射了 3 颗卫星：中巴地球资源卫星零一星、零二星、零二 B 星。这 3 颗卫星主要用于收集土地利用、农作物估产、水资源调查、探矿、城市规划、环境保护、海岸带检测等信息。2014 年 12 月 7 日，中国在太原卫星发射中心用长征四号乙运载火箭，成功将中巴地球资源卫星 04 星发射升空，卫星顺利进入预定轨道。04 星提高了空间分辨率，增加了传感器和谱段数，获取的 5 米全色、10 米多光谱等影像图，可广泛应用于中国和巴西农作物估产、环境保护与监测、国土资源勘查和灾害监测等多个领域。

中巴联合研制地球资源卫星是中国首次在空间技术领域与外方进行的全面国际合作。在合作中遇到了两国研制经费困难问题，巴西承制卫星项目的 ESCA 公司破产，以及两国相距太远，存在技术协调和语言交流等诸多不便，致使 1990—1994 年的合作处于停滞状态，两国政府先后于 1993 年、1996 年签订补充协议，重申“中巴地球资源卫星”合作的重要意义，克服困难，坚持合作，两国领导人誉之为“南南高技术领域合作的典范”。

六、载人潜水器

“7 000 米载人潜水器”项目是中国国家“十五”863 计划重大专项，该潜水器具有当前世界同类载人潜水器的最大下潜深度，能把人员和各种设备运载到 7 000 米的深海超常环境下进行资源勘查、科学考察和深海特定作业，工作范围可以覆盖全部海洋区域的 99%。

俄罗斯是目前世界上拥有载人潜水器最多的国家，比较著名的是 1987 年建成的“和平一号”和“和平二号”两艘潜水器，最大下潜深度 6 000 米级，带有 12 套检测深海环境参数和海底地貌设备，它们最大的特点是能源比较充足，可以在水下停留 17 小时至 20 小时。

因此，在项目研制过程中，中国与俄罗斯开展了科技合作，中俄政府间科技合作框架发挥了重要的作用，中俄双方在钛合金载人球、钛合金框架、深压海水泵等高技术领域开展了密切合作。该项目是中俄在海洋高科技领域又一次成功合作的典范。

2012 年 6 月 24 日，中国“蛟龙号载人深潜器”在西太平洋的马里亚纳海沟试验海域成功创造了载人深潜新的历史纪录，首次突破 7 000 米，最深达到 7 020 米海底，其中的观察窗由于国内制造工艺达不到，都是由俄罗斯帮助加工。“蛟龙号”已经成为世界上下潜能力最深的作业型载人潜水器，可在占世界海洋面积 99.8% 的广阔海域自由行动。

七、地球化学填图

“国际地球化学填图”这一项目由中国牵头，联合了南美大陆的资源大国巴西和哥伦比亚、非洲大陆的资源大国埃及和南非以及中亚的哈萨克斯坦，并得到了中国地质调查局和中国地质科学院的大力支持。

该项目主要开展了 3 个层面的研究：第一，为南美、非洲和亚洲等 40 余个国家举办了 5 次地球化学填图培训班，培训学员达 260 余人次。第二，制订了针对南美热带雨林地区和非洲与中亚干旱半干旱地区的国际地球化学填图技术规范，该规范涵盖了国际地球化学填图从采样、样品加工、样品分析测试以及数据管理和图件制作的全过程，这是首次由中国牵头制定这一领域的国际技术标准。第三，与许多国家合作开展了研究：与巴西合作，按照全球尺度填图采样格子，完成了巴西巴拉那州全境 71 种元素地球化学图，圈出了北东向规模巨大的 Pt－Pd－Cu－Ni－Au 异常，巴西地质学家在这一异常范围内经初步检查，发现多处超基性杂岩体，预示了存在 Pt－Pd 矿的可能性。与哥伦比亚合作，按照全球尺度填图采样格子，完成了哥伦比亚近 2/3 国土的 71 种元素地球化学填图。与哈萨克斯坦合作，在哈萨克斯坦一条面积约为 10 万平方千米的成矿带上进行了 1:100 万地球化学填图示范，制作了 1:100

万71种元素的地球化学图，不仅圈出了已知的金矿省，还首次发现了楚－伊犁黑色岩系中微粒金与铂矿化。

2008年7月25日，国际科技合作重点项目“国际地球化学填图”通过了科技部组织的专家组验收。由于该项目进展良好，除了参加的原5国愿意继续合作以外，蒙古、圭亚那、印度、东亚及东南亚地球科学计划协调委员会（CCOP）成员国等也要求加入。2010年11月，中国地质科学院地球物理地球化学勘查研究所申请建立“联合国教科文组织国际地球化学填图研究中心”获得了支持，其通过培训使40多个国家享受到了这些先进方法与技术，用实际行动很好地践行了联合国教科文组织的宗旨。

第四节　发展援助与合作的特点和存在的问题

在全球化时代，中国一直坚持改革开放这一战略方针和基本国策，随着国际合作日渐频繁，在科技领域尤其活跃，形成了在地域上覆盖全球、在主体上涵盖政府和民间（如企业、大学和科研机构等）、在领域上扩展到几乎所有行业的国际科技合作体系。在科技合作的国别选择上，一方面中国重视与发达国家的科技合作，中国虽然已经是科技大国，但还远远不是科技强国，仍需要通过与科技实力强大的发达国家合作，以提高自身的科技水平；另一方面，中国也没有忽视对发展中国家的科技援助与合作，或进行科技援助，或进行地位平等的科技合作，带动其他发展中国家共同进步。

显然，在与发达国家的科技合作中，中国处于相对劣势的地位，发达国家往往占据主动，对中国持有防范心理，并且通过各种途径制约中国的科技能力；而在与其他发展中国家的科技合作中，中国又处于相对优势的地位，出于互惠互利的目的，双方合作的意图更加良好。因此，与发达国家的科技合作相比，中国与发展中国家的科技援助与合作具有明显不同的特点。

一、特点

1. 政府搭台，多方参与

中国与发展中国家的科技合作具有多重战略意义，虽然政府不是科技合作的主体，但却在其中发挥着不可替代的引导作用。从当前来看，中国已与很多发展中国家签订了数量不等的政府间科技合作协定，并在双边和多边协议下执行科技合作项目，不同国家的企业、大学、科研机构等均有机会与中国开展国际科技合作。这种合作方式是由官方出面，选择的一般都是优秀的研发机构，解决的是双方都关注的重大问题，因此科研合作水平较高，对发展中国家科技水平的提高有较大的帮助。

从中国与发展中国家科技合作的实践可以看出，既有双边的合作，也有多边的合作；既有区域性的合作，也有同盟式的合作。例如，中国与印度尼西亚的科技合作是在中国与东盟合作的大框架下进行的，中国与南非、埃及的科技合作是在中非科技合作的大框架下进行的，此外中国还凭借与77国集团的友好关系，加深了与大多数发展中国家的科技联系。借此，中国与发展中国家之间形成了多领域、多层次的合作体系，共同致力于科技水平的提高。

2. 援助为主，辅以合作

从中国与发展中国家科技合作的实践中可以看出，除了俄罗斯、巴西、南非等实力较强的发展中大国之外，与其他国家的大部分合作项目均属于科技援助的范畴，真正意义上的对等的科技合作仍属少数。事实上，科技援助也是许多发达国家实现本国外交目标和国家利益的一个重要手段。西方发达国家普遍设立了针对发展中国家的政府开发援助计划，并都将对外援助与本国的外交目标直接结合起来。政府开发援助大致可分为无偿技术援助、无偿赠款援助和低息贷款援助3种形式。美国、日本、德国、法国和英国等国的政府开发援助总额居世界前几位。我国的对外技术援助工作还处于初级阶段，必须充分研究和借鉴国际经验，强化国家外交战略意志，加强政府的引导作用和整体协调能力，确保达到国家援助目标和援助成果，充分体现和维护国家利益。

3. 优势互补，取长补短

部分发展中国家的科技在一些方面具有独特性和前瞻性，某些技术甚至是发达国家所不具备的，这些技术完全可以通过中国与其开展的科技合作为我所用，中国应充分利用其他发展中国家的优质技术资源，尤其是俄罗斯、南非、埃及、巴西等发展中大国的技术资源，例如，南非的煤变油技术等是中国与其进行科技合作的重要内容。

中国与其他发展中国家在一些与日常生活密切相关的领域不断进行技术合作，如食品、动植物、微生物、医药、纺织、工程学、沙漠治理和环境研究等领域；同时与这些国家在高科技领域的合作也在不断加强，如与埃及（沙漠资源卫星项目）、尼日利亚等国在卫星科技方面的合作，使中国的小卫星和微型卫星发射技术更多地为这些发展中国家服务；另外，与一些发展中大国在新材料、信息技术、激光技术和环境技术等方面的高水平合作项目，以及与这些国家科技园区的合作，都使技术交流与贸易往来得到了极大的促进。

4. 相互学习，共同发展

相互学习，共同发展是中国与其他发展中国家开展科技合作的宗旨，也是科技合作的突出特点。一方面，改革开放以来，中国经济高速增长，国内生产总值保持了 9% 以上的年均增幅，创造了人类历史上空前的“发展奇迹”，2010 年中国更是超过日本成为世界第二大经济体。虽然当前中国经济发展进入新常态，但中国模式仍是众多发展中国家向往的对象，令它们纷纷到中国取经。另一方面，中国地域辽阔，地区发展不均衡，各行业的技术水平也参差不齐，需要从其他发展中国家的成功经验中寻求借鉴，以更有效地促进经济科技的发展。

近年来，中国与很多发展中国家互派专家考察对方的科技成就，学习新知识，获取新经验；共同研究新课题，并共同享有科研成果；共同鉴定新成果；举办讲学；提供技术培训或实习基地；相互聘请专家传授技术和经验；相互提供科技情报资料等。通过相互学习，中国与发展中国家达到了增进相互了解、促进各自国家经济、社会和科技的发展，并产生了显著的经济效益和社会效益。

5. 领域宽广，潜力巨大

领域宽广是中国与发展中国家科技合作的重要特点。近年来，中国与发展中国家开展的科技合作涉及的领域越来越多，囊括了生物技术、新材料和先进制造技术、信息技术及系统、环境保护、采矿技术、资源勘探、空间技术、本土知识系统、交通运输、医学、地质、冶金、通信、农业技术、卫星、卫生技术等各个方面，合作领域不断扩大，合作规模不断提高。然而，中国与发展中国家在科技方面的合作与经济和政治领域的合作相比还有一定的差距，因此加强科技合作具有巨大的发展潜力。在工程技术承包方面，不少发展中国家目前正大力加强铁路、公路、桥梁、港口、电站等基础设施建设。中国企业在这些领域具有明显的优势，因此双方在这方面开展合作的潜力巨大。中国应抓住这些国家大力进行基础设施建设的有利时机，扩大在这些国家的工程技术承包。

另外，中国不同水平的工农业技术发展可以适合不同发展中国家在这些领域的发展，这是许多发达国家所无法比拟的，因而，中国与发展中国家无论在合作内容上，还是合作方式上都有更多的选择。以农业科技合作为例，中国有不少发展中国家可以借鉴和引用的农作物品种，不仅可以在化肥、农药、饲料、热带农作物病虫害防治、农产品加工、食用菌栽培技术、农村能源技术培训、沙土保持技术、饲料加工、农作物栽培技术培训和示范、水产养殖、农业机械等方面进行合作，双方也可以在农业信息技术、农业生物技术等农业科技领域进行合作。除此之外，双方在农业生物技术、太阳能利用技术、地质勘查和采矿技术、新药研发，以及气候变化、水资源保护、防治荒漠化和生物多样性等环境保护领域的合作也存在巨大潜力。

二、存在的问题

经过多年的发展，中国与发展中国家的科技合作已经取得很大进步，对科技、经济、外交等领域的促进作用日益显著，但与中国同发达国家的科技合作相比，还存在很多的问题。其中既有中国自身的原因，也有其他发展中国家的原因。在与发达国家的科技合作中，虽然中国处于被动地位，但发达国家具有成熟的合作机制和模式，使得双方的合作比较正规；中国与发展中国家合作，在很多情况下形式大于内容，各种合作机制仍处于摸索的阶段，没有形成系统全面的成熟模式，在有些情况下没有达到预期的目的。

1. 管理制度低效

不少发展中国家的管理制度低效，严重阻碍了与中国科技合作的正常进行。一些国际科技合作与援助项目缺乏规范的科学评估机制，有些项目的提出只是科学家个人研究评价的结果，国外合作双方的起点都不高，无法取得国际一流水平的成果。而且，中国尚未建立一个沟通全国性国际科技合作活动的网络系统，没有建立起发展国际科技合作的科学统计指标体系和合作效果评价体系，致使合作成果评价不科学，推广不力，同时通过合作获得的资料和数据得不到专业机构的聚集保管，得不到应有的传播和使用。

从这一点上来说，中国对发展中国家的科技合作与援助陷入两难困境：一方面，提高发展中国家当地的管理效率是其重要的目标之一；另一方面，要保证项目的正常进行，就必须改变现存低效无力的管理体制。

2. 成果评价机制不畅

在实际操作中，中国与发展中国家的科技合作项目往往过于强调有形的、可计量的成果，这样非常不利于项目的正常执行，因为科技合作的目标本身就存在计量上的难度（如知识水平、技能水平的提高，管理水平的改善等都很难测量），因而过分强调有形成果，就容易将项目人员的注意力引向多做调查、多写报告等这些容易产生有形“成果”、便于事后评估的活动上来。事实上，中国与发展中国家的科技合作，通常都具有长远性的战略意义，在有些情况下并不是短期内就能够获得成果的，如果因此而遭到了否定，实不利于中国与发展中国家友好关系的建立。

3. 发展中国家参与不足

中国与发展中国家的科技合作项目，尤其是科技援助项目方面，在实践操作中往往流于供给推动型，即在项目的设计、执行中，大多数情况下是由中国做出决策，而未能更多地吸收发展中国家的参与，对发展中国家的培训不足，这主要表现在两个方面：一是对培训的地位和作用认识不足，往往将其作为项目的附属；二是许多送往国外学习的成员不愿意回国，从而达不到培养本地人才的目的。这样做不但使发展中国家丧失了对项目的拥有感，而且影响到项目的可持续性，同时还容易导致项目设计与实际情况严重偏离，如在项目设计中忽略了当地最急需解决的问题。这就导致部分项目只是一时的风光，一旦中国的科技力量撤出，项目就处于停滞不前的状况，发展中国家并没有形成自己的科技能力。这种情况一旦发生，本来是一件好事，也有可能起到相反的效果。因此，中国与发展中国家开展科技合作，要在考虑自身利益的基础上，试着站在发展中国家的立场，切实提高它们的参与度，培养和提高发展中国家的科技能力。

4. 过分依赖长期居住当地的顾问

中国与发展中国家在其当地开展的科技合作中，来自中国的长期顾问与当地的工作人员之间容易引起摩擦，主要因为：一方面，相对于当地的工作人员来说，这些长期顾问的收入由中国支付，且一般相对较高；另一方面，他们往往能享受政府机构所提供的各种有利设施，如交通、设备等，但同时对他们的职能又规定不严，往往容易流于形式，因而造成他们在权利与义务上的不对等；此外，文化方面的原因也容易带来长期顾问与当地工作人员之间的摩擦。“外来专家与本地人员结对子”模式容易失败。在实际操作中，外来专家与本地人员之间的协作性差，双方的交流存在一定的障碍，因而学习的效率也难以提高；同时，双方缺少互相挟制的机制：专家缺乏制订、实施工作计划的权利，当地人员也缺乏对学习培训机会的要求权。

5. **缺乏战略性考虑**

2006年年初，中国出台的《国家中长期科学和技术发展规划纲要（2006—2020年）》提出了到2020年实现创新型国家的梦想，但是中国在对外科技合作上没有更多地配合该战略，没有积极地推动“中国标准”走出国门，而我国大多数“中国标准”都亟待其他国家的支持，都需要走出国门，逐步推动成为真正的世界标准。

6. **受不良国际舆论干扰**

对于中国与发展中国家的科技援助与合作，国际舆论始终有不少怀疑声音，甚至称中国进行科技援助的目的是掠夺自然资源，搞“新殖民主义”，主要原因在于某些国家利用世界不了解中国这一点来歪曲事实，毁坏中国的国际形象，干扰中国科技计划的实施，阻碍中国与发展中国家正常的科技合作与交流，企图对中国经济社会的全面发展制造障碍。例如，有的国家媒体将中国个别科技人员造假的现象歪曲为普遍现象，怀疑中国到国外留学、访问、考察的科技人员为技术间谍或工业间谍等。此外，中国科技界在国际组织中的影响力还不够。例如，全世界目前共有与科技有关的国际组织96个，中国参加了其中的51个，但是至今仅有600多名中国科学家曾在国际组织中任职，且仅在少数的国际科技组织中担任过领导层职务，其原因在于中国目前仍缺乏对科学家在国际组织中工作的重视和总体战略安排。当然，也有一些人士保持友好态度。例如，2015年9月，联合国副秘书长泰格艾格奈瓦克·盖图在联合国发展峰会期间明确表示，“中国是受发展中国家欢迎的合作伙伴。”尽管中国与大多数发展中国家有着多年的友好关系，但也难以抵制某些敌对国家的众口铄金。

7. 科技外交力量分布不均

一直以来，中国科技合作的重点是欧美日发达国家，与发展中国家的科技合作较多停留在传统的“援助”概念上，双方的科技界之间缺乏相互了解，由于发展中国家科技水平普遍较低，不容易做出高水平的科研成果，中国科技人员也很少愿意去发展中国家从事科技合作项目。近些年来，发达国家大都扩大了对科技外交组织和人事上的保障安排，而中国目前驻国外大使馆的科技人员数量和分布还需要调整，大部分科技外交官驻在发达国家，很少去发展中国家，即使在近邻的广大东南亚地区，也仅在新加坡和泰国各驻有一名科技外交官；驻外使馆科技处主要集中在一些发达国家和俄罗斯、东欧等转型国家，在非洲，只在驻埃及和南非两个国家大使馆设有科技处。

第五节　对外援助与合作的政策建议

与发展中国家开展科技合作，不仅是中国国家科技政策的一个重要内容，也是中国外交政策的一个组成部分。在目前的国际政治外交、对外经济的环境下，中国要通过与发展中国家进行科技合作，来服务于现代化建设和国家外交工作两个大局，从而对中国的政治外交、对外经济、科技进步起到积极作用。为实现设定的各项战略目标，中国应努力抓住以下战略重点，通过合作双方的互利共赢，打破发达国家对科技的垄断，实现与发展中国家的共同繁荣。

一、战略重点

1. 完善情报机制

建立科技型企业“走出去”的信息平台。在当今对外贸易中，商业情报是海外投资的先导。各大国、强国“走出去”之前，无不先从商业情报入手。但是中国还没有普遍建立起专业商业情报机构或者民营、民办的商业情报机构等。中国的国际科技合作主要服务于经济政治外交，一方面对发展中国家的科技援助很有成效，另一方面政治与经济脱节，外援信息档案缺乏，只能发挥一时的效益，可持续性不强。国际科技合作项目可以作为科技型企业出口的先导，但很多外援档案无法利用，使得企业无法跟进，造成对外援助随着援助的结束也就结束了。因此，中国在与发展中国家的科技合作中，要逐渐与投资、出口、劳务和商业活动等挂钩，为众多的科技型企业"走出去"服务。

2. 建立协作机制

当前，在中国与发展中国家的科技合作尤其是科技援助中，相当大的部分仍然是与中国外交战略密切相关，中资机构的许多项目带有浓厚的政治色彩，缺乏市场化的有效监督。也就是说，中资机构存在滥用中国的外交信用而不注重自身效益提高的可能。这个问题在中国的对外援助中屡次出现。这种形式的对外援助没有起到相应的良好效果，反而为我国科技型企业"走出去"人为制造障碍。中国的国际科技合作涉及商务部、外交部、科技部、农业部、卫计委、环保部等多个部门，因此，跨部门协调机制非常有必要建立，而且应当建立一个专门机构来负责执行协调机制的工作与决策。中国应建立统一的协调机制，切实履行监管职责，提高科技合作与援助的效益，为推动中国与发展中国家的经贸往来打好基石。

3. 拓宽合作渠道

目前，中国与发展中国家进行国际科技合作的参与主体主要是政府。在今后的发展趋势中应增加高校、科研机构和民间团体的力量，其他力量的加入，特别是高校、科研机构的加入，可以完善国际科技合作体系，也可以利用国外的科技资源进行技术创新和技术储备。中国应尝试在发展中国家建立科技合作的高科技和产品示范基地，作为展现中国科技实力、产品质量和援助诚意的示范窗口，通过这一窗口的示范和辐射作用，为中国科技型企业"走出去"开辟一条成本低、效果好，并且易于掌握的渠道。中国应不断增加与发展中国家科技合作的参与主体，丰富形式和内容，拓宽国际合作的渠道。

4. 重点转向经济

发展才是硬道理。在国际竞争中，科技实力是根本，经济实力是基础。目前，中国与发展中国家的科技合作更多地侧重于政治外交目标，在今后的国际科技合作中，要努力转移到经济目标上。在调研发展中国家的市场情况与经济发展水平的基础上，选定一些优先合作的领域，以便于集中人力、物力及其他资源实现合作的突破性进展，重视产业化和商业化，切实促进当地经济发展。通过对发展中国家或地区的选择和援助重点领域来实现政治、外交和经济目标。

5. 输出适用技术

中国应利用国际科技合作的国际舞台，向发展中国家输出中国先进实用的技术，推动中国相关技术和产业的国际化，增进国际经济技术交流。发挥国际科技合作的整体优势，利用好国内国外两个市场、两种资源。以国际科技合作为依托，探索和实践合作领域从科技援助向经济技术合作转移的发展模式和机制，为发展中国家社会经济可持续发展提供示范，推动中国与世界各国的技术交流与经济合作，进而带动中国和其他发展中国家相关技术领域和产业的发展。

6. 培养优秀人才

通过与发展中国家的科技合作平台，建立人才流动机制及人才信息库，加大在人力资源开发领域与发展中国家交流合作的力度，从实用技术培训扩展为学历教育、官员研修、考察交流等多种形式，邀请发展中国家的技术官员和技术人员来华，参加中方举办的各类研讨、研修、考察、培训和交流活动，改变发展中国家人才向发达国家单向流动的状况。在这个过程中，中国许多公司和企业也应积极参与科技合作，直接获得涉外经验，锻炼和培养一批高素质的跨国优秀人才。

发展中国家科学院执行主任 Romain Murenzi（穆伦齐）博士在接受《中

国科学报》记者专访时表示，“当前，知识密集型的经济增长已经不再是发达国家的特权。任何一个关心国民福利的国家都应该发展科技，提高创新力。”因此，面向未来，发展中国家将纷纷提高对科技重要性的认识，不断进行科技体制改革，增加科技投入，提高自身的科技实力，这将为与中国开展更多、更深入的科技援助与合作提供机会。在此情况下，中国需要采取积极的态度，尤其是抓住“一带一路”的机遇，加快科研机构和高科技企业“走出去”的步伐，扩大对发展中国家科技援助与合作的层次，推动发展中国家整体科技水平的提高。

二、行动安排

1. 制订“科技合作行动计划”

“科技合作行动计划”的重点应体现在两个方面：一是以科技合作促进产品出口与技术开发，中国的一些传统产业如机械、纺织、食品、化工、医药、电器、电子等，具有一定的比较优势，拥有大量成熟技术，是发展中国家非常需要又易于接受的。建议科技部与有关部门联合，组织科技人员与企业经营者一同走出去，了解国际市场的需求，根据需求去研发新产品再打入国际市场，以缓解产业结构升级对部分部门生产能力过剩状况的压力。二是以科技合作促进国际合作和人才培养，派出专家（包括仿效日本的“花甲专家”，派遣已退休的科技人员）赴第三世界国家讲学、培训，举办发展中国家相关技术人员和管理人员为对象的培训班、研讨会、展示会，介绍中国可对外输出的技术和产品，积累国际合作经验，同时也可以了解各国的市场、资源及对科技和产品的需求。为此，可建立国家级及地区内的国际科技合作培训机构，帮助国外欲进入中国市场和国内欲走出国门的企业培训人才，尤其是培训企业家。

2. 选择重点国别、地区、行业和领域

国际经验表明，只有正确地选择重点国别、地区、行业和领域，制定促

进国际科技合作的政策，才能取得合作的成功，实现双赢和多赢。提升农业水平、改善基础设施、加强工业建设、培养各类人才，是广大发展中国家发展经济、改善民生的必由之路，也是非洲人民的殷切期盼。中国在上述领域具有成熟适用的设备、技术和经验，双方合作潜力巨大。中国政府将进一步加强和完善政策、金融、法律和信息服务，积极鼓励和引导双方企业在相关重点领域开展互利合作。

中国在与发展中国家的科技合作中，应该结合不同地区的具体情况和要求，对于不同区域的发展中国家采取更具针对性的科技合作政策。如对东南亚国家，应重点联合开展资源调查、综合性前期合作研究、科技规划和科技政策制定、技术培训、技术示范与技术服务；对拉美国家的科技合作项目应以协助拉美国家制定本国国家创新战略为目标，通过开展平等互利的合作研究，联合攻关，共同解决发展中遇到的关键技术问题，并开展多渠道、多层次的人才交流和培养合作等；对非洲国家，则要进行必要的实物捐赠，如与科技援助项目相关的县级实用技术产品、科学仪器、实验设备和示范装置等。

3. 丰富科技合作的形式和内容

将过去主要是技术交流与合作、实物捐赠等相对单一的技术援助形式扩展到更多的科技合作形式。一是科技规划与政策制定。根据发展中国家的国情和自然条件，充分发挥中国科技规划和政策制定的能力和经验，帮助他们制定本国发展的中长期规划和科技政策。二是技术示范与技术服务。选择中国农业、新能源、医疗医药、信息、石油化工等众多领域的先进适用技术在发展中国家建立技术示范基地，增加派出专家进行技术指导与服务，充分发挥退休科学家和工程师的作用，开展特定技术合作项目的咨询、指导与现场研究等工作，条件成熟时进行推广应用。三是技术培训。主要以来华培训、境外培训、短期考察培训和中长期专题研修等形式为主，结合中方确定的重点技术输出领域，举办不同技术主题、不同国别（区域）、不同形式的培训。培训内容除涉及相关的技术内容外，也包括对中国社会、政治和文化等领域内容的交流与传播。通过技术培训，既培养了专业技术人才，也奠定了未来合作的人际关系基础。四是联合调查。包括资源调查、科技情况调查、市场调查、基础设施建设方案调查和政府体制改革建设调查，等等。重点是针对能源、水利、海洋、农林资源，以及技术、市场资源等方面的开发性调查。调查结果既可支持发展中国家建设方案的决策制定，也将为中方制定对发展中国家的外交、科技政策提供决策依据。五是综合性前期合作研究。主要为开展双边和多边的政府间重大科学、工程计划及项目合作进行前期可行性分析和研究。此类综合性前期合作研究主要围绕能源、环境、农业、生命健康等领域的共性技术或竞争前技术进行合作研究，为今后与发展中国家的科技合作和技术及产品输出做好准备。

4. 建立健全企业国际科技合作服务体系

在“走出去”战略的指导下，国家提供各项优惠政策和措施积极鼓励相关企业“走出去”、积极参与到国际科技合作之中，这就必然要求建立健全企业国际科技合作服务体系，即一个高层次、完善的国际科技合作服务体系，以帮助中小企业解决怎样在国际市场上寻找目标市场、选择技术、选择合作伙伴等问题。

首先，建立政府主导型企业国际科技合作服务机构，帮助企业扩展科技合作渠道，为企业提供相关国家的技术、市场和经济等方面的具体信息，介绍国外有关科技合作的相关规则，并对中小企业提供政策辅导，提供成功案例，为中小企业决策提供参考和依据。其次，强化行业协会、科协等业界组织的作用，为中小企业国际科技合作服务。帮助企业建立国际合作的实体通路，一方面，作为企业的委托代表与外方进行直接谈判，另一方面直接为国内企业提供国外技术和市场信息，协助企业做出正确判断，协助企业申请国家专利，不断积累本行业企业走向国际科技合作的经验，有力促进企业向国际市场“走出去”。

5. 加强驻外机构调研信息的管理和应用

中国派出的驻外科技外交官每年发回大量宝贵的调研信息，为了使这些信息能够得到充分且及时的挖掘和利用，首先，责成已有的相关机构，或委托有水平、有名望的研究组织对这些信息进行整理、提炼和挖掘，让这些信息能在不同层次上、不同方向上发挥应有的作用。如有利于战略研究的支撑信息；有利于决策的支撑信息；有利于相关行业（或企业）发展的技术信息；重大项目发展的相关信息；学科发展走向信息；技术发展走向信息等。同时，将归纳的有价值的信息以一定的方式向国家、各部委、信息平台、行业协会等提供有丰富内容、有深入分析、有独到见地的调研报告，供决策和管理服务。另外，凡可公开的内容，可利用相关学会、研究会的出版物公开发行，为政府、社会，特别是为企业、行业协会提供无偿或有偿服务。

|第七章|

依靠企业家群体主导下一轮科技革命和产业变革

第一节　全球创新与企业

没有千千万万有创新精神的企业家，就很难实现科技革命和产业变革。过去，中国多次错失新科技革命的机遇，就是因为我们的企业家群体没有形成并发挥作用。其中，企业家群体主要包括三类：天生型企业家、后生型企业家和新生型企业家。

一、天生型企业家

马云、马化腾、雷军这样的企业家就是天生型企业家，他们有全球视野和全球思维。小米仅用了短短 3 年时间，销售收入就达到 100 亿元，而联想用了 15 年时间，销售收入才达到 100 亿元。我们做了简单的比较。

小米创立之初有 7 个创始人，他们来自全球不同的公司，其中有曾在微软工作的，有曾在 IBM 工作的。所以，小米做到了聚集全球的优秀人才。同时，小米具备了供应链全球化布局的意识和理念，它要求找最好的芯片、材料和制造商，这为其快速崛起奠定了坚实的基础。在起点阶段就以全球化、互联网思维进行布局，这些都是天生创新企业家的特点。

百度在海外市场建立了包括 DU Battery Saver、DU Speed Booster、ES File、MoboMarket 在内的移动产品矩阵，在美国、日本、巴西、埃及、印度、印度尼西亚、泰国 7 个国家设立了分公司。

二、后生型企业家

像华为、联想、格力这类传统实体企业，都是在改革开放后的全球化浪潮中发展起来的。这类企业的企业家经过十几年的奋斗，在全球化的浪潮中，自觉、主动融入全球的网络，开始是进行产品和贸易的全球化，后来是人才、技术、市场的全球化。

华为的任正非把能力中心建设在战略资源集聚的地方，开放创新，站在巨人肩膀上发展，实现全球领先。

三、新生型企业家

中国最大的创新潜力在于新生型企业家。现在强调“大众创业、万众创新”和传统企业及产业的转型升级。创业者和传统企业的企业家要从世界各地找好技术、好人才，推动创新和转型，面向全球开拓市场，这是创新驱动发展的希望。

沈剑山是新生型全球创新企业家代表，他的创新体现在传统产业转型升级方面，是凤凰涅槃后的新一代企业家；也是“大众创业、万众创新”环境下成长起来的创业者。康达新能源公司一直注重树立自身国际品牌形象、拓展海外业务，积极学习国外新能源综合利用的先进技术，努力引进国外先进新能源综合利用产品，该公司与 GE 公司旗下的颜巴赫和瓦克夏品牌建立了战略合作关系，同时，该公司积极向海外客户提供高品质的新能源综合利用产品和解决方案。

第二节　保护和激发企业家精神

一、保护知识产权

最近国家发布了知识产权保护的意见，这是历史性的变革。要将创新作为国家发展的核心和第一动力，要鼓励企业创新，就必须保护知识产权。如果产品一上市非常受欢迎，却很快被山寨、模仿了，就会抹杀企业家创新的积极性。另外，企业将通过法律渠道保护自身的合法权益。反对地方保护主义，让侵权者付出巨大代价，同时杜绝“侵权有理、原创被抓”的现象出现。

现在中国的企业要“走出去”，产品必然会被别人模仿，因此需要做好知识产权保护。无论是为了推动创新驱动发展战略，还是鼓励企业家投入创新或保护企业“走出去”，都要大力保护知识产权。

二、企业家参与决策的制定

企业是科技创新的主体，让企业家参与国家最高层面的科技计划、规划和政策的制定，可以让决策更加贴近市场，同时最大限度地调动企业家的积极性。2015 年印发的《深化科技体制改革实施方案》提出，建立高层次、常态化的企业技术创新对话、咨询制度，发挥企业和企业家在国家创新决策中的重要作用。吸收更多企业参与研究制定国家技术创新规划、计划、政策和标准，相关专家咨询组中产业专家和企业家应占较大比例。

第三节　鼓励企业开展基础性、前沿性创新研究

基础性、前沿性创新是中国“十三五”时期创新的“基座”。过去，国家对此类创新的政策支持更多倾向于高校、科研院所。这一做法留下了科技

与经济“两张皮”、科技成果转化难的后遗症，成为科技创新与经济发展中的一个痼疾。“十三五”规划明确提出，鼓励企业开展基础性、前沿性创新研究，这是对历史做法的修订，目的之一是为了强化企业创新主体地位和主导作用，使企业在建设创新型国家、小康社会进程中做出应有贡献。

一、科技成果转化问题

据教育部《中国高校知识产权报告（2010）》统计，中国高校的专利转化率普遍低于5%。2013年年底，时任国家发改委副主任张晓强在“中国经济年会”上透露，我国的科技成果转化率仅为10%左右。中国科学技术发展战略研究院在《国家创新指数报告（2013）》也指出，我国科技成果转化率仅为10%左右。

2014年6月，科技部万钢部长就实施创新驱动战略、增强我国科技实力接受专题采访时指出，当前科技改革的重要任务之一是促进科技成果转化和产业化。在2007年《中华人民共和国科学技术进步法》修订版中，明确规定财政支持科技项目的归属权为承担单位法人所有。这为企业成果转化打开了制度通道，从而使企业技术交易日趋活跃。据统计，全国技术交易额从修订前的2 300多亿元，快速增长到2013年的7 469亿元，其中80%以上的技术成果是在企业间交易的。中关村自主创新示范区尤其活跃，2013年达到2 400多亿元，占到全国的近1/3。

与企业科技成果转化相比，高校与科研院所成果转化并不顺畅，主要原因是科技成果的处置权和收益权界定不清。为此，科技部在中关村国家自主创新示范区进行了试点，积累经验。2013年启动《中华人民共和国促进科技成果转化法》修订工作，提出了把科技成果的处置权、收益权归属于高校、科研院所等法人机构及相关的制度建议。与之相应，科技部正在研究制定符合高校和科研机构特点的科技成果处置权、收益权管理办法，推动高校和科研机构建立技术转移工作机制，加快科研成果转移转化。

科技成果转化问题早已引起政府的高度重视。2014 年 7 月，国务院常务会议讨论“决定深化科技成果使用处置和收益管理改革试点”，通过改革允许科技人员拥有股权、期权。距此 22 天前，李克强总理刚刚在两院院士大会上提出，“要把股权激励、科技成果处置权收益权改革等鼓励创新的政策和机制推广到更大范围”。2014 年 11 月，国务院常务会议又讨论通过《中华人民共和国促进科技成果转化法修正案（草案）》，将科技成果处置收益分配制度化。2015 年 6 月 4 日的国务院常务会议，李克强再次提及科技成果的问题，提出要将科技企业转增股本、股权奖励分期缴纳个人所得税试点推至全国。

二、科技与经济相结合的国际经验

2011 年 7 月 16 日，温家宝总理在《求是》杂志发表文章《关于科技工作的几个问题》，指出科技经济“两张皮”问题没有得到真正解决，将科技与经济相结合的问题再度突出出来，此时距邓小平同志 1985 年 3 月 7 日在全国科技工作会议上提出“现在要进一步解决科技和经济结合的问题”已有 26 年的时间。可见，科技与经济“脱节”的问题是改革开放以来我国经济社会发展的一大痼疾，绝非轻而易举就能解决的事情。

然而，尽管棘手，这个问题却必须尽快得到妥善解决；否则，苏联即为前车之鉴。在 20 世纪六七十年代，尽管苏联意识到科技的重要性，大规模增加科技投入，研发支出远高于西方发达国家，但由于苏联并没有把科技进步作为经济发展的内生力量，没有促进科技与经济紧密结合，因此经济实力始终逊美国一筹，而美国在此方面实在称得上是典范，再加上一些其他因素，最终苏联落得个分崩离析的结局。

因此，当前我国作为崛起中的大国及美国的“假想敌”，必须要引以为戒，避免走苏联的老路，必须大力推动科技与经济紧密结合，推动科技成果商品化、产业化，服务经济社会发展。他山之石，可以攻玉，我国要在认真研究国内科技、经济形势的同时，积极向国际社会学习成功的做法和经验，从而以一种强健的姿态屹立于世界民族之林。

1. 促进科技界、工商界与金融界的深度联合

美国作为一个科技高度发达的工业化国家，经过多年探索，形成了相对成熟和高效的科技体制和经济体制，是促进科技与经济相结合的典范。凭借这一优势，尽管多次遭到经济危机的困扰，美国始终能够化解危机，至今其科技实力和经济实力仍令其他国家难以望其项背。

美国经济与科技相结合的一个重要特征是科技界、工商界与金融界的深度联合。以1983年俄亥俄州的爱迪生计划为例，作为一项综合性措施，该计划旨在为科技界、工商界和金融界提供联合机会，让它们在合作中发挥各自优势，从而使俄亥俄州已建立起来的公司能够吸取最新的技术，并为发明家们提供资金援助。

为此，该计划设立了1个种子开发基金，6个孵化器和8个技术中心，与全美所有的研究所、大学和国内大多数工业公司联合起来。其中，种子开发基金为研发提供资助，发展技术思想，引导新的技术产品、工艺和系统实现商品化；孵化器充当资金催化剂，以促使大学和企业联合，满足那些新兴的、靠技术起家的小型企业的特殊需要；技术中心将很多企业、大学和有关的研究机构组织在一起，开发某些有希望的综合研究领域。

爱迪生计划作为美国联邦政府制定的振兴地区经济的政策之一，与宾夕法尼亚州的弗兰克林协力计划被认为是美国最富有创新精神的计划，开创性地把企业家、金融家和科学家召集在一起，实现了科技与经济的紧密结合，产生出新的发展契机，对俄亥俄州乃至美国的经济做出了显著贡献。

2. 加强科学园建设

20世纪80年代初，英国经济进入萧条时期，经济发展和就业成为两大突出问题，为促进经济结构调整、增加就业，英国的各种科学园应运而生，以一种有效的发展模式，对促进经济恢复做出了积极的贡献。

英国的科学园在促进科技与经济相结合方面具有鲜明的特征。一是科学园绝大部分均由当地议会、大学、投资型企业和一些金融机构投资设立，实施董事会领导、企业化管理，由于政府部门的参与、居中协调，并给予资金支持，有效地促进了产学研合作。

二是科学园一般由大学直接参与经营和管理，使大学的人力资源、设施和成果资源得到充分利用，大学通过项目进行合作，将有产业化前景的项目推荐给企业和金融机构，并鼓励大学科研人员创办科技型企业。

三是科学园的服务范围广，提供从物业管理到咨询、培训、技术转移、融资服务、商务服务、对外营销等全方位的服务，实行服务社会化，从而实现了信息资源的社会化，提高了资源利用率，为科技和经济领域牵线搭桥。

英国是世界上创办科学园较早且有显著成绩的国家之一，其科学园具有庞大的投资规模和进驻企业数量，吸纳了大量的就业岗位，对培养高新技术企业家、推动成果转化和产业化进程、培育新的经济增长点具有重要的意义。

3. 运用法律手段予以保障

近年来，尽管法国的科研水平和经济实力都有一定程度的下降，但它也曾在世界科技、经济实力排行中位居前列，这些成就与其提供的促进科技与经济发展的法律保障是分不开的。

例如，为推动科研成果向生产力转化，1997 年 2 月，法国政府通过“97－152”号法令，对属下科技创新署的组织功能和任务重新定位，直接负责与当地的创新者和企业的对话与联络，通过设立的 25 个地区代表处充分了解中小型企业的需求，提供技术信息，协助科技型新企业或成长初期的企业进行融资。

1999 年 7 月，法国在综合修订《科学研究与技术发展规划导向法》、《高等教育法》、《贸易公司法》、《技术与职业教育规划法》、《税务总法典》和《劳工法典》等法律的基础上，出台了《技术创新与科学研究法》。该法对科研人员在企业和研究机构之间的自由流动给予鼓励和支持，通过建立孵化器和启动基金为创立技术创新型企业提供了便利，在地区级行政中心设立国家技术研究中心以促进本地区的企业与研发机构的联合等。

可见，法国政府为推动科技进步和经济发展，在促进科技与经济相结合的机制上运用了法律手段，为其产学研组织和科技人员从事创新活动提供了充分的保障。正是因为有法律的支撑，才更有利于推动科技链和产业链的紧密结合，法国至今在高技术产业领域仍具有雄厚的实力。

4. 重视民用生产技术发展

尽管先进的军事技术能够表明一国的科技实力，能够对他国形成震慑而产生政治影响，但若不转化成民用技术，其作用只相当于发挥了一半，因为直接促进经济发展的是民用技术，特别是大众消费品的生产。以民用生产技术发展为重点，是日本科技发展的一大特点，并因此而实现了经济上的腾飞。

“二战”后初期，日本的技术水平落后于先进国家三四十年，经济上更是千疮百孔。为了尽快缩小差距，重建各个产业，日本开始大力提高科技应用能力。

从民用研究费用占总研究费用的比例来看，1965 年日本几乎是 100%，联邦德国 89%，法国 76%，英国 70%，美国 67%；1971 年，日本为 94%，联邦德国 90%，法国 84%，英国 81%，美国为 73%①。与此同时，日本在技术引进时，非常重视民用生产技术；即便引进了美国等国的军事先进技术，也积极用来开发民用产品。这种技术研发特征使得日本能够开发出需求量大的先进产品，广泛打入世界市场，逐步成为世界经济大国。

日本的科技进步对经济发展的巨大作用是有目共睹的，不仅在传统部门迅速超过欧美，而且在许多高技术领域如半导体、计算机、光电子等方面，也成为欧美的竞争对手，这同时促进了日本国民经济各产业部门的技术进步和生产增长。

5. 推动组织结构调整

当前，我国的科技体制正处在转轨时期，如何打破部门和条块的限制，

① 王韶玲．战后日本科技应用的程度及其促进因素［J］．辽宁大学学报，1992（3）．

实行跨学科、跨部门联合是一个非常关键的问题。加拿大在此方面具有成功的经验可供借鉴。

1989 年，加拿大政府的三大科学基金组织——自然科学与工程研究理事会、医学研究理事会以及社会科学和人文研究理事会共同出资，联合建立了优秀网络中心（NCE）计划。其总目标是动员和组织学术界、企业界以及公共部门的优秀人才，为经济的发展和人民生活质量的提高服务。①

为促进大学、企业、公共机构及其他组织的联合，NCE 计划成立网络董事会作为最高决策机构，下设部门委员会和项目委员会，前者负责 NCE 的日常事务及知识交流与技术的转化，后者负责 NCE 所从事的研究项目的选择与管理。这种组织形式和管理方式决定了 NCE 具有多学科多部门联合研究、高质量人才培养、增进大学与工业界关系、加速知识交流和技术转化等多种功能，从而有利于科技与经济的紧密结合。

NCE 计划吸引了大量的优秀研究人员在 NCE 进行工作，众多的大学、公司和其他组织加入成为 NCE 会员，促进了知识交流和技术转移，对加拿大的经济和社会发展产生了非常显著的效益。为此，1997 年，加拿大政府将其规定为永久性计划，并将每届的资助年限由 4 年改为 7 年。

总之，对于世界各国而言，科技与经济相结合都是经济社会发展中的重大问题。回顾 500 年来世界大国相继崛起的历史，从葡萄牙、西班牙、荷兰、英国到法国、德国、俄国、日本和美国，无一不是通过先进的科技拓展出规模庞大的产业，从而实现国家经济水平的整体提高和对世界经济的重大影响。因此，当前我国要大力推动科技体制和经济体制改革，尽快消除科技与经济相结合的障碍，以实现我国经济社会发展的伟大蓝图。

---

① 朱桂龙，王国美，杨永福．加拿大优秀网络中心及对我国科技管理工作的启示［J］．科学学与科学技术管理，1998（5）．

三、企业参与的必要性

关于科技成果转化难的问题，业界早已认识到，政府也已经采取积极措施，如2007年科技部、教育部、中科院联合实施“国家技术转移促进行动”，2010年工信部、财政部联合设立国家重大科技成果转化项目等。但总体来看，受知识产权归属、利益分配等问题的影响，科技成果转化难的问题一直没有得到根本性的解决。2016年3月，科技部万钢部长在“两会”期间回答记者提问时表示，过去的问题主要在审批手续过长、处置权及收益权不明确、技术市场发展不成熟等方面。

近年来，政府更加重视科技创新，将其作为全面创新的核心，将科技成果转化问题也摆在一个突出位置。2015年，全国人大修订了《中华人民共和国促进科技成果转化法》。2016年3月，国务院又正式印发《实施〈中华人民共和国促进科技成果转化法〉若干规定》，鼓励科研机构、高等院校、企业等创新主体及科技人员转化科技成果。

这些举措对于我国促进科技成果转化具有推动作用，但仍有疑虑的是，所谓积重难返，政策虽已出台，但轻转化、轻企业的陈旧观念还深藏于政府决策部门和科研机构等各个层面。如果不突出企业在创新中的主体地位和主导作用，创新资源仍主要向高校、科研机构进行倾斜，这无异于隔靴搔痒，科技与经济将始终是“两张皮”，并不能从根本上改变科技成果转化难的问题。

事实上，企业在科技成果转化中的作用已经非常突出。截至2015年年底，全国技术市场的成交额已达9 835亿元人民币，其中80%左右来自企业的转让和吸纳。2016年政府工作报告明确提出，到2020年科研成果对经济的贡献率达到60%以上。要实现这一目标，必须依靠和发挥企业的力量，这一方面需要强化高校、科研机构与企业间的联系，但更重要的一方面是，鼓励企业从应用研究向基础研究、前沿研究进行延伸，融基础研究、前沿研究、应用研究于一体，从根本上避免科技与产业的脱节。

四、企业参与的可行性

科技部万钢部长表示，我国全社会科技资源配置方式已发生了重大变化，2015 年我国全社会研发支出达 14 220 亿元，其中企业支出超过 77%。可见，中国企业在创新领域的投入在逐步加大。最近，欧盟委员会下属调研机构 IRI 对全球研发投入最多的 2 500 家企业进行排名，中国内地共有 301 家企业上榜，在全球国家和地区中排名第四，排在前三的是美国（829 家）、欧盟（608 家）、日本（360 家）。

这里需要指出的是，企业更多是在进行应用研究，国内企业尤其如此，因为追逐利益是企业的本性。基础性、前沿性创新研究并不产生直接的经济效益，或者很难在短期内产生较大的回报，不仅如此，它还需要大量的人力、物力和财力投入，存在很大的风险和不确定性。从这个角度来讲，即便政府有鼓励企业开展基础性、前沿性创新研究的意愿，但如果不能为企业带来实实在在的利益，企业未必有充足的动力去参与。

从全球范围来看，中国企业的创新能力还有待于进一步提高，尤其是在基础性、前沿性创新领域。汤森路透评选了《2015 全球创新企业百强》，评定标准包括专利总量、专利授权成功率、专利组合的全球覆盖率，以及基于引用的专利影响力，日本以 40 家高居榜首，法国 10 家入围，德国 4 家，瑞士、韩国各 3 家，瑞典、加拿大、比利时、中国台湾、荷兰各 1 家，中国内地无一入围。

考虑到应用研究直接关乎企业利益，政府无须给予太多关注；但基础性、前沿性研究不同，需要政府制定更为细致的扶持政策，需要配备一定的启动资金，或在财政补贴上给予适当优惠，更多地通过政企合作的方式，调动企业开展基础性、前沿性创新研究的积极性。

综上，鼓励企业开展基础性、前沿性创新研究的政策导向明确，既有充分的必要性，也有切实的可行性。面向“十三五”，为建成创新型国家，我国必须加快确立企业的创新主体地位和主导作用；为从根本上消除科技与经济“两张皮”、科技成果转化难的问题，必须引导企业开展基础性、前沿性创新研究，提高整体研发创新能力。“十三五”规划已指出了明确的方向，下一步各级政府就要制定有效的配套政策。

具体来看，对于大型国有企业，以及华为、中兴、阿里巴巴、腾讯等创新能力强的国际化企业，它们具有自发从事基础性、前沿性创新研究的动力和前瞻性，政府只需适当引导，激发其社会责任；对于中小型科技企业，政府需要在融资、税收、人才等各方面给予更多的支持，切实消除它们在开展基础性、前沿性创新研究方面遇到的困难和问题。当企业尤其是中小型科技企业的创新潜力得到释放之后，中国才能真正由科技大国走向科技强国，真正跨入创新型国家行列。

| 第八章 |

寻找突破口，实现全球创新目标

第一节 未来全球科技创新趋势

当前，距离2008年国际金融危机爆发已过去了9年。9年来，世界经济没有完全复苏，仍然处于温和状态。根据经济繁荣的周期与技术创新的周期成“逆相关”的统计规律，这7年全球进入了新一轮科技革命的一个孕育期和活跃期。事实也是如此，在金融危机之后，包括发达国家、发展中国家在内，几乎所有国家都瞄准了科技创新，将其作为推动经济复苏的“发动机”，加快制订各项科技计划，不断加大科技研发投入，以此创造新的经济增长点。

经过9年之久的攻关后，全球在不少科技领域已取得或即将取得突破性进展。中国科学院院长白春礼指出，作为全球研发投入最集中的领域，信息网络、生物科技、清洁能源、新材料与先进制造等正孕育一批具有重大产业变革前景的颠覆性技术。近年来，全球各地屡屡传来技术突破的消息，这就是最好的证明。例如，在量子光学和量子信息领域，中国科技大学研发出了“非摧毁性的测量技术”，对量子通信的实用化意义重大。在干细胞与再生医学领域，韩国抱川中文医科大学、纽约干细胞基金会研究院分别利用成年人成熟细胞研制出了人类胚胎干细胞。在纳米科技领域，美国国家标准与技术研究院开发出了一种多壁碳纳米管材料，可大幅降低泡沫制品的可燃性。在石墨烯领域，英国剑桥大学科学家开发出了世界上首个基于石墨烯的柔性显示器。在智能制造领域，美国麻省理工学院利用复合材料进行3D打印，开发出4D打印技术，被打印物体可以随着时间的推移而在形态上发生自我调整。这一系列颠覆性技术正不断催生新产品、新业态、新商业模式，带动新兴产业发展，同时改善和提高人们的生活质量。

一、未来5年趋势判断

可以预见，在近期，至少未来5年内，全球科技将会延续当前的发展态势，新一代信息技术、材料科技、智能制造与机器人、能源科技、生态环境科技、空间科技、海洋科技、生命科学与生物科技等仍将是各国关注的重点领域，相关的科技成果将不断涌现。在这个过程中，全球科技将突出呈现如下特征：战略性技术领域的国际竞争将日趋激烈，争夺核心技术掌控权成为竞争的焦点；围绕全球共同挑战的国际科技合作将不断加强，合作的层面越来越高；科技创新资源全球流动将更加普遍，吸引优秀人才成为各国共同的选择；全球科技力量的对比将不断发生调整，科技创新格局的中心东移。

未来5年，围绕战略性领域和核心技术，各国将展开激烈竞争。当前及今后，美国、日本、欧盟等传统技术强国和地区绝不会主动放弃核心技术的垄断地位，尽管面临的挑战已越来越大。经过多年摸索，中国、印度、巴西等新兴市场国家深深体会到缺乏核心技术之苦，正努力获取重点领域的核心技术。中国过去曾采取“市场换技术”的策略，却从未换来核心技术。痛定思痛，面向未来，中国必将尽全力突破核心技术的瓶颈。

未来5年，气候变化、能源资源短缺、粮食安全、生态环境污染、重大自然灾害、传染性疾病疫情和贫困等一系列全球性问题不会得到根本性解决，甚至会趋于恶化。例如，美国国家海洋和大气治理署发布的《全球年度气候报告》指出，温度记录、海平面高度，极端天气、灾害性气候出现的频率，污染事件，冰川融化等数据均显示，全球环境将变得越来越糟糕。在此情况下，任何一个国家都不可能独善其身、置身事外，必将加强国际合作，共同应对全球性问题的复杂性和科学研究的艰巨性。例如，在2015年第七轮中美战略与经济对话期间，为更好地应对气候变化挑战，中美双方决定进一步加强在页岩气、核能、碳捕捉、清洁能源等领域的技术合作，成为南北国家开展气候变化合作的示范。

未来5年，借助于互联网、大数据、云计算等技术的进一步发展，人才、资本、技术、信息等创新要素甚至不需要发生物理转移，就能实现全球流动，众创、众包等新型研发组织和创新模式不断涌现。例如，美国政府开通了challenge. gov网站，设立各类创新竞赛与奖励，广揽全球优秀人才，推动对政府难题的创新性解决。医药制造企业美国礼来公司资助创立的InnoCentive网站是化学和生物领域的重要研发供求网络平台，聚集了9万多名科研人员，成员包括了波音、杜邦、宝洁等跨国公司。李克强总理在国家科技战略座谈会上也明确指出，依托互联网众创、众包、众筹兴起，大大拓展了科技创新边界。从理论上来讲，只要连通互联网，全球任何一个地方的优秀人才都可以开展科技创新、服务于任何一个机构或国家。

未来5年，北美、东亚、欧盟在全球科技领域“三足鼎立”的态势将变得更加明显。北美和欧盟国家作为传统的科技强国，实力不容小觑；但是近年来，伴随着全球经济重心东移，全球高端创新要素也在加速向亚太地区集聚，亚洲国家尤其是中国的科技实力得到极大的提升，给北美、欧盟国家造成了明显的压力。

面对持续低迷的世界经济，各国不约而同地将科学技术作为其复苏的引擎。对中国而言，经济发展已进入新常态，经济下行压力较大，更需要发挥科技对经济的引领和支撑作用。面向“十三五”，又面临2020年全面建成小康社会和实现“中国梦”的第一个百年目标的挑战，中国必须有国际视野和前瞻思维，密切跟踪全球科技发展动向，准确把握当前全球科技发展特点，抓住新一轮科技革命和产业革命带来的重大机遇，实施创新驱动发展战略，在重点科技领域实现跨越式发展，以建设创新型国家为导向，努力推动从科技大国向科技强国的转变。

二、下一个15年的科技跃变

2006年国务院颁发《国家中长期科学和技术发展规划纲要（2006—2020年)》，确定了16个国家科技重大专项。10年之后，我国又启动“科技创新2030—重大项目”，形成了15个项目立项建议。两者的规划期都是15年，均聚焦于重大战略产品、关键共性技术或重大工程，是我国科技创新的重中之重。

前一个15年尚未完结，项目的成效还不能盖棺论定，但根据前10年的实践过程，也可总结出有针对性的经验教训，以供下一个15年借鉴。2015年，全国政协教科文卫体委员会组成专题调研组，深入了解国家科技重大专项实施情况。在总体肯定的基础上，明确指出还存在缺少重大标志性成果、专项管理科学化水平有待提高、经费管理“既粗又细”、评审与激励机制打击科研人员积极性、成果产业化配套政策亟待完善五大问题，并提出了有针对性的意见建议。

这一调研开展得正当其时，结果发人深省。10年时间，在整个科技创新史上只是短暂的一瞬，但对于我国科技事业发展却是非常宝贵的关键时期。若错失了这10年，并且在未来5年内不能强劲发力，2020年我国进入创新型国家行列的目标或将搁浅；若再错失10年，也就无从谈起2030年进入创新型国家前列的目标，没有一步一步更上一层楼的提升，2050年成为世界科技强国的目标只能是空中楼阁。

《国家创新驱动发展战略纲要》确立的“三步走”战略路径，与发达国家在关键核心技术、前沿技术上的巨大差距，倒逼我国必须尽快严查“病根”，下猛药，出重拳。其迫切性还在于，以美国为代表的发达国家并非止步不前，在保持整体技术优势的同时，这些国家正在向代表未来发展方向的重点领域发起猛烈的攻击，其成熟的体制机制可以解除创新障碍，它们的难点在于如何突破科技本身。

从我国来看，虽然《国家中长期科学和技术发展规划纲要（2006—2020年）》也出台了配套政策，但在实践中发现，只是隔靴搔痒，并没有真正触及深层次、本质性的问题，政策本身的效力及执行效果有待于评估。因此，中国科技创新体制机制亟待变革，即使不能一蹴而就，也要在部分地区、部分领域大胆突破。有一系列问题需要破局，比如行政化主导科研的陋习如何破？院士制度异化的弊端如何破？科研成果转化的困境如何破？科技界浮躁的困局怎么扭转？若这些问题得不到解决，中国科技创新的前景仍不容乐观。

科技部已经意识到这个问题，强调“科技创新 2030—重大项目”将按照“一项一策”的原则创新组织实施方式，强化企业主体地位，研究提出鼓励地方、企业和社会力量参与的政策措施和激励机制。中国科技创新确实需要一次突破性的跃变。

第二节 战略性新兴产业——以能源互联网为例

七大战略性新兴产业是全球创新的突破口之一，包括节能环保、新能源、新能源汽车等七大领域，要通过运用新型技术，把战略性新兴产业和新型技术结合，推动新产业、新业态、新产品和新市场的形成和发展。下面重点以能源互联网为例来介绍。

2015 年 9 月 26 日，习近平主席出席联合国发展峰会时表示，中国倡议探讨构建全球能源互联网，推动以清洁和绿色方式满足全球电力需求。[①] 这是习

① 习近平在联合国发展峰会上的讲话．来源于新华网，2015 - 09 - 27.

主席立足于全球视野，为推动联合国2015年后发展议程做出的重要倡议。从科技角度出发，全球能源互联网亟须突破电力电子、通信、自动控制、大数据、新材料、新能源等技术，并实现相关技术的深度融合与集成，有必要发起国际大科学计划，集合世界各国的创新资源，尽快实现技术突破。中国已积累了大量的国际大科学计划和大科学工程的经验，有必要、也有能力牵头组织“全球能源互联网大科学计划”，积极取得在这一领域的主导权。

一、能源互联网的源起与探索

“能源互联网”的概念最早出现在2008年。美国国家科学基金会在北卡罗来纳州立大学建立了未来可再生电能传输和管理系统中心（FREEDM），希望将电力电子技术和信息技术引入电力系统，以分布对等的系统控制与交互，在配电网层面实现能源互联网；同年，德国联邦政府也提出了一个为期4年的信息化能源（E-Energy）计划，在智能电网基础上，打造新型能源网络，在整个能源供应体系中实现综合数字化互联以及计算机控制和监测。目前，美国的FREEDM项目与德国的E-Energy计划均处于模型试验阶段。

在经过4年的科学探索后，理论界开始关注“能源互联网”。2012年，美国未来学家杰里米·里夫金出版了《第三次工业革命》，通过媒体宣传的力量，将“能源互联网”的概念带入大众视野，在全球尤其是中国产生了很大影响。在他看来，第三次工业革命首先是一场新能源革命，互联网技术与新能源系统结合，把普通电网变成能源互联网，形成一个全新的能源供应体系，能源的边际成本将逐渐降为零。而且他多次表示，中国是新能源的“沙特阿拉伯”，在未来一定能引领第三次工业革命。

近几年，“能源互联网”开始从理论走向实践。美国出现一些新型的互联网创业公司，正引领能源互联网的风潮，包括C3 Energy、Geostellar、SolarGIS等。C3 Energy通过集成大数据形成分析引擎，提供电网实时监测和即时数据分析，服务于智能电网的拥有者、操作者和使用者。Geostellar是一个太阳能设备线上 B2C（企业到用户的电子商务模式）平台，提供太阳能电池系统的采购、融资、安装和维护等整体服务。中国的一些企业也开始关注能源互联网，如积成电子股份有限公司设立能源公司，投资智能微网与新能源、工业节能与节能服务、智慧能源等。南都电源动力股份有限公司募资建设分布式能源网络及云数据管理平台。科华恒盛股份有限公司以不间断电源为起点，与腾讯、360、百度等互联网企业密切合作，向数据中心、新能源等综合电能服务商转型。远景能源（江苏）有限公司已推出了阿波罗光伏云平台和格林威治云平台。

二、全球能源互联网的中国倡议与现状

全球能源互联网最早由中国国家电网公司提出。2014 年 7 月，电气与电子工程师学会电力与能源协会 2014 年会在美国华盛顿特区举行，中国国家电网公司提出了全球能源互联网的战略构想。随后，国家电网公司董事长刘振亚在亚太经合组织（APEC）能源部长会、美国《福布斯》杂志、联合国气候峰会等不同场合多次提及“构建全球能源互联网”。他认为，全球能源互联网的实质是“特高压电网 + 泛在智能电网 + 清洁能源”，构建全球能源互联网包括洲内联网、洲际联网和全球互联，重点是开发“一极一道”等大型能源基地、构建全球特高压骨干网架、推动智能电网在全球广泛应用、强化能源与电力技术创新。

国家电网公司是全球互联网的积极倡导者，中国在特高压、智能电网和促进清洁能源发展等方面取得了突破，为构建全球能源互联网奠定了重要基础。刘振亚表示，中国已经成功掌握特高压交直流输电技术，1 000 千伏特高压交流输电距离达到 1 500 公里，±1 100 千伏特高压直流输电距离可达 5 000 公里，全球各大清洁能源基地与负荷中心之间的距离都在特高压输送范围内；中国电网技术装备和安全运行水平进入国际先进行列；而且中国是世界上风电并网规模最大、光伏发电增长最快的国家。

事实上，全球电网已呈现出显著的互联发展趋势。1998年，俄罗斯就提出亚洲超级电网计划，开发蒙古国戈壁的风电与太阳能、俄罗斯远东地区的水电与火电、中国的风电与太阳能、韩国和日本的光伏与风电，实现连接俄罗斯、中国、蒙古国、韩国和日本的泛亚洲跨国电网。2009年，欧洲与非洲有关企业和机构达成了在北非撒哈拉沙漠地区建设全球最大太阳能电站的沙漠太阳能计划，通过穿越沙漠及地中海的输电线路向欧洲供电。2010年，欧洲北海沿岸9个国家共同发布欧洲超级电网计划，将各国的风力发电、太阳能发电和水力发电资源进行整合。

2016年3月，全球能源互联网发展合作组织在北京正式成立，成为首个由中国发起成立的国际能源组织。该合作组织会员已达到265家，涵盖五大洲22个国家和地区。2017年2月，全球能源互联网发展合作组织宣布，到2020年将力争推动跨国跨洲电力贸易量占全球电力消费的5%左右，全球清洁能源占一次能源比重达到1/4。全球能源互联网建设将分为3个阶段，其战略目标是，到2020年，实现国内电网互联；到2030年，大规模开发各国清洁能源，推动清洁能源占一次能源比重超过1/3，争取实现洲内电网跨国互联；到2050年，重点发展北极、赤道能源基地电力外送，使全球清洁能源占一次能源比重达80%以上，基本建成全球能源互联网。

三、发起全球能源互联网国际大科学计划的必要性

构建全球能源互联网具有重大的战略意义。从全球来看，巨大的能源消费带来的资源紧张、环境污染、气候变化等问题日益突出，已经威胁人类的生存和可持续发展，构建全球能源互联网将缓解各国能源分布不均衡的问题，有利于落后国家的发展，从而缩小发达国家与发展中国家之间的差距。从中国的情况来看，构建全球能源互联网，将打破西方主导的传统能源体系，巩固中国特高压、智能电网技术的领先优势，提升中国在世界能源领域的影响力，有利于保障国家能源安全、促进清洁发展、落实“一带一路”倡议等。

构建全球能源互联网的重要性毋庸置疑，但在具体实施之前，还必须突破技术和标准的瓶颈。能源互联网是信息科技、新材料、新能源技术的综合体，涉及大量相关高新技术的攻关与集成应用，包括电力电子、通信、自动控制、大数据、新材料、新能源等技术。世纪互联首席执行官陈升认为，能源互联网在技术层面包括智能电网、综合一体化的能源网络，以及冷、热、气、油、电等。赛迪智库提出，能源互联网目前还存在着4个关键技术瓶颈：高效、低能耗、能源采集和转换设备，能源互联传输所需的超导材料和技术突破尚没有形成时刻表，能源互联互通仍存在技术障碍，新型能源存储材料发展面临瓶颈。华北电力大学曾鸣表示，在全球能源互联网的构想下，为满足新能源的大规模输送和安全消纳，应尽快开展全球能源互联网中信息交互技术、智能电网控制和调度技术，以及分布式电源协同控制技术等先进关键技术，给全球能源互联网建设提供更为有力的技术支撑和储备。

为加快全球能源互联网的构建和落地，必须科技先行，突破技术瓶颈，发起“全球能源互联网国际大科学计划”。“大科学计划”是美国科学家在20世纪60年代早期提出的一个概念，研究原子弹的美国曼哈顿计划被认为标志着大科学时代的开始。就其研究特点来看，“大科学计划”主要表现为：投资强度大、多学科交叉、需要昂贵且复杂的实验设备、研究目标宏大等。全球能源互联网符合“大科学计划”的上述研究特点，需要集合世界各国的资源和力量，进行集中攻关和突破，其科技成果将使所有连接到全球能源互联网的国家和人民受益。

四、中国发起全球能源互联网国际大科学计划的可行性

近年来，中国积极参与了一系列国际大科学工程和计划，力促中国国际科技合作向高水平、高层次发展。具体包括全球变化研究计划、国际大洋钻探计划、国际人类基因组计划、人类脑计划、国际热核聚变实验反应堆计划、大型强子对撞机、全球对地观测系统、地球空间双星探测计划等。参与这些

计划为中国牵头组织和发起国际大科学计划提供了学习和借鉴的经验。

中国的科研机构在国际大科学计划中能够承担重要责任并做出突出贡献。在能源领域，中国参与了国际热核聚变实验反应堆计划（ITER 计划），该计划是目前全球规模最大、影响最深远的国际科研合作项目之一，由中国、美国、俄罗斯、欧盟等七方共同启动，是当今世界科技界为解决人类未来能源问题而开展的重大国际合作计划。2015 年，由中科院承担的 ITER 计划纵场线圈导体采购包最后一根导体成型和收绕工作顺利完成，这标志着中方承担的首个 ITER 计划采购包生产圆满完成，中国大型超导导体研制和工业化生产能力进入国际一流水平。在太空领域，中国参与国际大科学工程——平方公里阵列射电望远镜（SKA），也取得重大突破，中国电科提交的 SKA 天线设计方案通过批准，这是该工程最核心的工作单元设计方案，这标志着中国在天线领域的技术水平得到了国际同行的认可。

目前，国家和政府对中国牵头组织国际大科学计划也明确表示支持。“十三五”规划建议中，提出“积极提出并牵头组织国际大科学计划和大科学工程”。未来，如果中国能积极牵头组织“全球能源互联网国际大科学计划”，将会给中国科技界带来一次大整合、大创新的难得机遇，让能源领域出现革命性变化，并带来巨大的市场机遇。

第三节　推动战略性新兴产业国际化

自国际金融危机爆发以来，战略性新兴产业被认为是引导未来经济社会发展的重要力量，受到越来越多国家的重视，逐渐成为国际竞争的前沿阵地。因此国际化成为一国培育和发展战略性新兴产业的必然选择。世界各国纷纷出台政策措施，全面争夺全球资源和市场，推动国际投资，推动出口，努力提升本国战略性新兴产业的发展水平。

在新一轮的产业革命浪潮中，作为新兴国家的中国奋起直追，在大力推动国内战略性新兴产业发展的同时，也不断提高对外开放的水平，加快了国际化的步伐，大力推动出口贸易、科技合作和海外投资等活动。但是中国战略性新兴产业的国际化道路并不平坦，仍有一些突出的问题需要克服。

一、战略性新兴产业国际化的背景

近年来，中国在战略性新兴产业领域奋发图强、重拳出击，已取得了较大成就，成为一支不容忽视的竞争力量，为其国际化奠定了良好基础。但是，发达国家凭借多年来积累的领先优势，掌握着更多的核心技术，成为中国战略性新兴产业国际化的有力竞争者。鉴于发达国家与发展中国间的实力对比已发生了此消彼长的变化，因此中国战略性新兴产业国际化仍面临着有利的国际环境。

一是中国已拥有战略性新兴产业的良好基础。从政策环境来看，自2010年10月，中国发布了《国务院关于加快培育和发展战略性新兴产业的决定》以来，相关的政策文件不断出台，如《关于鼓励和引导民营企业发展战略性新兴产业的实施意见》《关于促进战略性新兴产业国际化发展的指导意见》《“十二五”国家战略性新兴产业发展规划》等，《“十二五”节能环保产业发展规划》《节能与新能源汽车产业发展规划》等细分领域的专项规划也陆续推出。

从产业规模来看，中国已成为全球最大的太阳能电池生产国和风电装机大国，2010年节能环保产业的总产值达到2万亿元，2011年生物产业实现总产值近2万亿元，迄今在25个示范城市已有超过1.9万辆自主研发的电动汽车产品，并建成了世界上最大的IPv6（互联网协议第6版）骨干网络。

从科技水平来看，高性能中央处理器、快速成像测井技术装备、核电超大型锻件、赖氨酸转基因克隆奶牛、6兆瓦风电机组、“神州九号”载人飞船、“蛟龙号”载人潜水器等一系列成果实现了历史性突破，提升了中国战略性新兴产业在国际上的声望。

二是发达国家在战略性新兴产业领域仍具优势。面对国际金融危机的严重冲击，包括美国、欧盟和日本等在内的发达国家和地区均高度重视战略性新兴产业，将其作为构筑新的经济增长点、抢占未来发展先机的着力点，加快了对新兴技术和产业发展的布局。例如，美国积极打造“智慧地球”，欧盟力推绿色经济，日本重点规划环保产业等。

凭借多年来积累的领先优势，发达国家已掌握了很多项关键核心技术，拥有更为健全的标准体系、投融资体系、市场环境、体制机制政策等，这些均有助于他们在新一轮技术和产业革命中占据制高点。

以美国为例，2011 年，美国的研发投入占全球份额的 33% 左右，是中国的 2.5 倍；在全球 IT 企业研发投入 30 强中，美国有 12 家，其次是日本，有 10 家，中国只有华为一家企业上榜；在全球 10 个主要技术领域每年新增专利比较中，中国仅仅在化学领域领先于美国。①

三是多极化世界格局提供了国际化的有利环境。当前，世界格局正处在新一轮的调整变化之中，美国因伊拉克战争、次贷危机等导致自身的软实力和硬实力都受到了沉重的打击；欧盟也因人口老龄化等问题逐渐表现出发展的后劲不足，债务危机更是将其拖入停滞不前的泥淖；日本尚未从国际金融危机中复原，又因 9.0 级地震使经济社会发展受到重创。

相比之下，中国、印度、巴西、俄罗斯、南非等发展中国家则抓住了历史性机遇，积极挖掘发展潜力，实现了群体性崛起，与发达国家的差距不断缩小，国际地位也得到了很大的提升。而且，为了防止发达国家转嫁危机，众多发展中国家还加强了彼此间的深入合作。

发达国家与发展中国家实力的此消彼长，使得传统的国际秩序受到了强有力的冲击，多极化的世界格局变得更加明朗。在这种形势下，中国以自身的实力为保障，推动战略性新兴产业走向国际化，对外谈判的筹码已得到了

---

① 章玉贵．中国不可缺席第三次超级产业革命［N］．证券时报，2012－02－27.

加强，有利于获得更为公平的待遇，开展更高层次的合作。

二、中国战略性新兴产业国际化的模式

由于战略性新兴产业兴起的时间并不长，中国相关企业“走出去”的规模还不够大，层次也比较低。根据对中关村117家开展国际化企业进行的调查，处于产品国际化的企业约占60%，组织国际化的企业约占25%，处于要素国际化的企业约占15%。

《“十二五”国家战略性新兴产业发展规划》指出，要充分利用全球创新资源，加强国际交流合作，探索国际合作发展新模式，走开放式创新和国际化发展道路。因此，面向未来，中国战略性新兴产业要积极创新国际化的新模式，为国际竞争创造良好的条件。

1. 出口贸易

出口贸易是较为传统和基础的国际化模式。十部委联合下发的《关于促进战略性新兴产业国际化发展的指导意见》指出，要加大对鼓励类商品对外贸易的支持力度，对列入战略性新兴产业进出口产品目录且符合条件的产品在通关、检验检疫等方面给予支持，并加强出口促进体系建设，为企业提供国际市场信息服务。

在出口贸易方面，中国有一部分产业领域表现突出。例如，无锡市形成了以尚德、尚品、华能等为代表的，具有较强国际竞争力的新能源高新技术产业集群，一举使中国成为世界最大的新能源研发出口基地；中国新能源汽车也实现了大批量出口，顺利挺进欧美市场，“十二五”期间，山东将生产新能源客车2万辆、新能源乘用车10万辆、低速电动车8万辆、新能源专用车5万辆，其中有20%以上的产品出口国际市场；中国生物医药出口呈现大幅增长的态势，2012年上半年共出口到141个国家和地区，总额达到1亿美元，出口额在100万美元以上的企业已有23家。

2. **科技合作**

战略性新兴产业是以科技创新为基础、技术密集的产业，其基本特征是技术渗透性强、产业关联度高、附加值高。因此，掌握核心科技成为战略性新兴产业发展的重中之重，也成为各国开展国际合作的一个主要方面。《国务院关于加快培育和发展战略性新兴产业的决定》明确指出，要发挥各种合作机制的作用，多层次、多渠道、多方式推进国际科技合作与交流。

为提高战略性新兴产业的科技水平，中国已广泛开展了国际科技合作。例如，2009 年 7 月，中国与美国政府成立清洁能源联合研究中心，旨在促进两国的科学家和工程师在清洁能源技术领域开展联合研究，首批优先领域包括节能建筑、清洁煤、清洁能源汽车等；2011 年 8 月，国家卫生部医药卫生科技发展研究中心、英国国家医学研究院科技部签署中英生物医药国际合作“王朝计划”框架协议，将依托天津国际生物医药联合研究院，共建创新药物国际研发平台，实现国际抗肿瘤新药向天津技术转移、新药孵化和落地产业化；2012 年 8 月，中国与欧盟、欧空局签署了中欧空间科技合作工作范围文件，建立了双方在空间科技领域合作对话机制，在卫星导航、地球观测、空间科学、空间研究和技术及空间探测等方面开展交流与合作。

3. **海外投资**

海外投资并购是国际化的一种重要模式，也是中国加快战略性新兴产业发展的一条捷径。国家发改委发布的《关于鼓励和引导民营企业发展战略性新兴产业的实施意见》表示，要支持有条件的民营企业开展境外投资，建立国际化的资源配置体系；十部委联合下发的《关于促进战略性新兴产业国际化发展的指导意见》也明确指出，鼓励新能源、航空航天、新能源汽车、高端装备制造等行业符合条件的企业在国外投资建厂，鼓励七大产业“走出去”进行海外投资并购，吸收新技术。

不少企业通过海外并购取得了成功。例如，辽宁远东工具有限公司通过并购欧洲三甲企业维克公司和全球最大刀具企业美国格林菲尔德，其产品已开始直接供给波音、空客和宝马等欧美高端客户，高速钢钻头的全球市场份额提升到了37%，一跃成为全球最大的高速钢工具制造商和销售商；中国蓝星集团收购了挪威太阳能硅产品生产商 Elkem AS 的全部股权，迅速获得了有助于减少温室气体排放的相关技术。

三、中国战略性新兴产业国际化的问题

多年来，与发达国家跨国公司相比，中国企业在国际化方面面临的问题比较突出，集中表现在 3 个方面：一是势头迅猛，但竞争水平偏低；二是数量众多，但领先企业较少；三是产品丰富，但高端技术缺乏。[①] 这种状况如果得不到改善，中国只能跟在发达国家的背后亦步亦趋，难以超越对方。战略性新兴产业是中国参与国际竞争、抢占经济技术制高点、对发达国家实施弯道超车的重要领域，必须努力克服国际化中的各类问题。

1. 力量不强大

企业中小型化是中国战略性新兴产业的一个特点，资产规模小、员工人数少，因此，缺乏具备全产业链和全球资源整合能力的领军企业。即便有一些大型企业，与发达国家的企业相比也还有较大差距。例如，2011 年，全球电子制造企业入选世界品牌500强的中国企业只有 4 家，分别为联想、海尔、华为、浪潮，而美国进入前 20 名的就有苹果、IBM、英特尔、惠普、思科 5 家企业。由于缺少具有国际竞争力的大企业，中国在国际竞争规则的制定中经常处于劣势，少有话语权和主导权。

2. 市场环境不熟悉

欧美企业采用契约获取资源的方式，可以与任何不相熟识、不同族裔的人士和企业做生意，获得最大的生存发展机会。相比之下，中国企业在国内发展客户往往依赖政府的支持，到了海外水土不服，普遍不习惯欧美市场的契约

① 周中枢. 中国企业在国际化方面的三个突出问题. 来源于网易财经，2012－06－23.

文明环境，加上语言不通，不善于运用欧美民商法律来维护自己在海外的权益，致使中国企业在欧美市场丧失了一些生存发展机会，走了不少的弯路。

3. 产业布局不完善

总体来看，发达国家和地区长期以来是中国大陆传统的主要出口市场，2011 年，中国对欧盟、美国、加拿大、日本出口合计约 8 540.8 亿美元，占出口总额的 45.0%。[①] 中国出口贸易高度依赖发达国家和地区的市场，其中存在着不容忽视的巨大风险。在战略性新兴产业领域尤其如此。以光伏太阳能产业为例，中国光伏产品约有二成左右出口到美国，六成以上出口到欧盟，可见对欧美市场依赖之深，当前中国已接连遭到美国、欧盟的双反调查，若在调查中败诉，中国光伏业就到了生死存亡的关键时刻。

4. 国内外市场不协调

近期，全球贸易保护呈现泛滥的势头，美国、欧盟等国家和地区通过贸易救济措施，强化了对绿色、新能源产业和电子信息等产品的贸易保护，很多国家更是直接把矛头对准了中国。根据商务部产业损害调查局的《全球贸易摩擦研究报告（2011）》，目前国外对中国贸易摩擦涉案产品逐渐走向高端，有可能从传统的低端制造业转向更高端的制造业甚至战略性新兴产业。

这一不利趋势将对中国部分战略性新兴产业形成致命性的打击，其原因在于国内外市场不协调，国内市场需求不足，严重依赖海外市场。仍以光伏太阳能产品为例，由于体制上存在障碍，中国光伏太阳能产品的国内市场没有培育起来，90% 均出口到海外，这种极度不平衡的市场格局导致中国光伏太阳能产业几乎完全受制于人。

四、中国战略性新兴产业国际化的对策

《“十三五”国家战略性新兴产业发展规划》提出，战略性新兴产业增加

---

① 梅新育．中国企业应把目光投向新兴市场［N］．证券日报，2012－02－27.

值占国内生产总值比重达到15%，形成新一代信息技术、高端制造、生物、绿色低碳、数字创意等5个产值规模10万亿元级的新支柱，并在更广领域形成大批跨界融合的新增长点，平均每年带动新增就业100万人以上。

1. **推动建立产业国际化联盟**

中国战略性新兴产业单个企业的力量薄弱，难以与发达国家的跨国公司抗衡，需要抱团取暖，通过广泛联合国内外的相关企业、大学和科研机构，或强强联合，或优势互补，积极推动建立产业国际化联盟。事实上，建立产业国际化联盟是国际通例。目前，国际上公认的创新型国家如美国、芬兰、爱尔兰、瑞典、瑞士、日本等，都在通过协同创新组建国际产学研创新联盟，搭建区域产学研创新网络，[①] 并取得了良好的效果。

国内也有不少行业积极推动产业联盟建设，如长虹公司联合省内外26家院企在成都市发起了四川智能电视产业联盟，科大讯飞、联想等19家单位联合发起了中国语音产业联盟，汕头市成立了高性能生物降解环境友好材料产业联盟，上海市成立了战略性新兴产业知识产权联盟等。伴随着国际竞争的日趋激烈，中国应推动战略性新兴产业的各行各业建立产业联盟，以在国际化进程中争取更多的发言权。

2. **发挥驻外机构的桥梁作用**

驻外经商机构是中国政府在世界各个国家的派驻机构，隶属于驻在国大使馆的领导。目前，中国在全球拥有数百个驻外经商机构，承担着信息调研、协调服务、交涉保护等众多的任务，主要职责为对内服务于国内的发展、对外加强与驻在国的关系、保护中方的利益。

为协助战略性新兴产业走出国门，顺利地实施国际化，中国应充分发挥驻外经商机构的桥梁作用，通过它们向中国企业普及东道国的法律，帮助其规避海外投资的风险，促进中外企业之间的合作与交流，尽量减少文化冲突。

---

① 赵刚．我国战略性新兴产业的发展新议［J］．中国科技财富，2011（23）．

《关于促进战略性新兴产业国际化发展的指导意见》明确指出，发挥驻外机构、行业组织等相关中介机构作用，继续完善和推进以政府为主导，企业、行业中介组织、研究机构和驻外经商机构共同参加的海外知识产权保护服务网络。

3. 扩大国际化面向的区域范围

严重依赖欧盟、美国等发达国家和地区的市场具有极高的风险，中国战略性新兴产业应努力提高国际化的广度，着力开发新兴和发展中经济体的市场。根据国际货币基金组织2011年4月号《世界经济展望》提供的数据，在2010年全球实际GDP中，新兴和发展中经济体所占份额已达47.7%。[①]

为此，中国应不断加强在中国－东盟、阿拉伯自贸区、中部非洲经济共同体、太平洋岛国论坛等区域合作框架下的战略性新兴产业合作，尤其是深化与印度、巴西、俄罗斯、南非等金砖国家的合作，进一步推动贸易投资自由化、便利化。

4. 夯实国内市场基础

目前，在七大战略性新兴产业领域，每一个都具有比较明显的体制和机制障碍，例如新能源汽车的准入问题、新药的审批问题、药品的定价问题、生物制药进入医保目录问题、风力发电的并网问题以及节能环保领域的长效机制问题等，另外，还包括投资审批的问题、产业组织方式的问题、民营经济的进入问题等。这些问题成为中国培育战略性新兴产业的“拦路虎”。

因此，为形成与国际市场相匹配的国内市场，中国应积极推动体制机制改革，一是要尊重市场规律和产业发展规律，放宽准入门槛，简化审批程序；二是要综合运用产业、税收、财政、金融等手段，促进资金、技术、人才等生产要素向战略性新兴产业集聚，有效促进技术创新和资源优化配置。

---

① 梅新育．中国企业应把目光投向新兴市场［N］．证券日报，2012－02－27.

第四节 中国制造2025

在未来的竞争中，制造业将是最重要的领域。2008 年金融危机以后，美国发现很多制造业已经转移出去，所以需要花大力气把它们吸引回来。“中国制造 2025”有着明确的目标，2025 年中国要建设成为制造业强国；2035 年，中国将成为制造业中等强国；2045 年，中国将进入世界制造业强国行列。怎么实现这些目标？这就需要全国的企业家共同集聚企业家精神的能量，具有全球视野，推动全球创新。

一、全球制造业的发展格局

德勤有限公司全球制造业组与美国竞争力委员会联合发布《2013 全球制造业竞争力指数》，通过深入分析来自世界各地 550 多名制造业公司首席执行官和高管的调查反馈数据得出，中国的制造业竞争力指数在当前以及未来 5 年均位居榜首。中国制造业的关键优势：劳动力及原材料成本优势；政府大力投资制造行业；完善的供应商网络。德美两国位列前 3 名，但调查显示 5 年后它们的排名将有所下滑，德国将排名第四，而美国则排名第五，仅略高于韩国。目前，列于榜单前 10 的其他两大发达国家的竞争力也将在 5 年后有所下降：加拿大将从第 7 名降至第 8 名，日本将完全跌出前 10，退至第 12 名。主要新兴国家的竞争力指数排名在 5 年后有望提升：巴西从现在的第 8 名跃至第 3 名，印度从第 4 名跃至第 2 名。中国依然稳居第 1 位。

美国波士顿咨询公司发布的全球制造业成本价竞争力指数，基于对 25 个国家和地区进行的调查，指出中国、美国、韩国、英国和日本已经成为制造业成本最具竞争力的国家，2015 年美国的制造业成本仅比我国长三角地区高 5% 左右。由于劳动力成本的增加，中国已不再是廉价商品之王。中国商品的实际生产成本已接近美国。制造业成本最低的是印度尼西亚，其次是印度、墨西哥、泰国、中国大陆、中国台湾和美国。制造业成本最高的是澳大利亚、瑞士、巴西、法国、意大利和比利时。

二、美国再工业化战略

2012年伊始，美国总统奥巴马在其国情咨文中勾画了一幅不断发展的经济蓝图，并旗帜鲜明地指出，这一蓝图要从美国的制造业开始，鼓励商业领袖们将制造业岗位移至国内，以增加本土就业。

一石激起千层浪。奥巴马力表重返制造业的决心和行动，在国际社会上引起连锁反应，推动全球产业布局重新洗牌，这对于崛起中的中国制造业显然不是利好消息。面对美国咄咄逼人的气势，中国该何去何从？

1. 美国走上再工业化的道路

在20世纪中期，美国制造业创造的产值占GDP的27%以上，稳居世界第一；到80年代后，由于将制造业认定为“夕阳产业”，美国转向了以服务业为中心的第三产业，制造业的竞争力被严重削弱，国内外市场份额大幅度下降。进入21世纪以后，美国更是过度依赖以房地产业、金融业为代表的虚拟经济，最终陷入了经济危机的泥淖。

经过一番反思之后，美国开始扭转原来的发展思路，将实体经济重新由幕后转移到台前，重返制造业，实行“再工业化”，为此奥巴马政府陆续出台了一系列政策措施，包括签署了《美国制造业促进法案》，发起成立了“先进制造业合作委员会”，启动了“先进制造伙伴”计划，创设了隶属于国家经济委员会的白宫制造业政策办公室等，以此推动制造业的强势回归。

尽管美国声势浩大地表示要回归制造业、增加国内就业，但面临着明显的困境，主要表现为制造业领域缺乏新生的劳动力。根据2010年美国劳工部的调查，美国有19%的制造业工人平均年龄已达到54岁，25岁以下的工人数量仅占制造业工人总数的7%；而且，尽管美国大学生的数量不断增加，但工科学生的数量并没有随之上升，有才华的大学生更愿意到金融部门就业，这就导致工程技术人员的大量流失。

但与此同时，美国实行“再工业化”也具有很多独特的优势，主要表现为：拥有强大的技术开发和创新能力，无论是历史同期还是现在，美国一直是创新能力最强的国家，科技贡献率在全球首屈一指；具有卓越的企业家精神，美国企业家在引领产业发展方面始终扮演着领导者的角色；拥有强大的资本市场，美国是世界上风险投资最发达的国家，对高技术发展起到重要的推动作用。

需要指出的是，美国制造业的竞争力只是相对以往有所下降。事实上，美国从来就没有真正放弃过制造业，如1990年的“先进技术计划”、1993年的“先进制造技术计划”、1997年的“下一代制造——行动框架”、1998年的“集成制造技术路线图计划”、2004年的“鼓励制造业创新”的总统行政令及《制造技术竞争能力法》等，均凸显出美国对制造业的重视。

而且，奥巴马所倡导的再工业化战略，并不是鼓励传统制造业的发展，而是以先进制造为核心，不断吸收微电子、信息、计算机、机械、材料、生物、航空航天、环保等领域的技术成果，融入精益生产、准时生产、清洁生产、柔性制造、敏捷制造、计算机集成制造、虚拟制造、绿色制造等众多先进模式，抢占战略性新兴产业的高地，通过产业升级推动经济复苏，赢得未来。

2. 中国制造的崛起之路阻碍重重

2011年3月14日，美国经济咨询机构环球透视（IHS）发布的一项研究结果显示，2010年世界制造业总产出达到10万亿美元，中国所占比重达到19.8%，略高于美国的19.4%。平地一声惊雷。“世界最大制造业国家”这项桂冠在美国保持了一个多世纪之后，突然被中国抢走，难免要在美国国内引起一种强烈的心理失衡情绪。

因此，美国实施“再工业化”战略是以中国为头号假想敌。但事实上，这种对比有失偏颇，因为与美国相比，中国制造业的总体水平并不高，表现为：经济创造力较低，制造业劳动生产率约为美国的4.38%、日本的4.37%和德国的5.56%；附加值不高，仍处于世界制造业产业链的中下游，出口的产品大多数是技术含量较低、单价较低、附加值较低的“三低”产品，大量进口高技术含量、高附加值和高价格的“三高”产品。中国制造在关键生产环节与核心部件上技术落后，装备水平低，钢铁、有色金属、石油化工、电力等15个行业的技术水平普遍比国际落后5～10年，有的甚至落后20～30年。

可见，中国只是制造大国，还远远不是制造强国。即便如此，中国制造业的崛起仍然引起了美国的警惕，美国开始进行战略部署，对中国进行阻截。美国实施“再工业化”战略，无疑将打乱中国制造业的发展计划。第一，一些美国制造企业纷纷酝酿撤离中国，如福特汽车公司宣布在美国制造某些汽车零部件，此前首选是中国；美国NCR公司也把部分ATM（自动柜员机）的生产从中国移回美国；卡特彼勒公司也准备撤离中国，“回家”建厂。

第二，两国贸易将产生更多的对抗与冲突，美国利用自身的技术优势，将很容易地在竞争规则和国际贸易规则上做文章，阻碍中国制造的商品出口，从而加剧贸易摩擦。奥巴马在其国情咨文中已明确指出，成立贸易执行小组，负责调查中国等国家的“不公平”贸易做法。

第三，美国目前仍拥有世界最高技能的劳动力和先进的装备，是世界上制造业最发达和先进制造业发展最快的国家，具有突出的技术优势。作为一个后起国家，中国发展先进制造业很容易受到美国的技术封锁。时至今日，美国仍然对中国实施了严格的高技术出口管制政策。

得益于美元疲软，未来10年，很多美国企业都具有“巨大机遇”来扩大本土制造规模。相比之下，中国制造业面临的情形却恰恰相反。数据显示，2002—2010年，以美元计的美国制造业单位劳动力成本下跌11%；在过去8年里，中国平均工资年涨幅也达到或超过了15%，两国的劳动力成本差距逐步缩小，[①] 中国已开始失去成本优势。

对于跨国企业而言，除非是为了在巨大的中国国内市场上销售，否则它们越来越没有动力把生产基地设在中国。中国若采取以市场换技术的策略，将很难培养自主开发的能力，这也并非一项有意义的选择。

3. 一切从国家利益角度出发

中美创新对话是中美双方在创新、科技、产业等领域搭建的一个全新的双边沟通机制，主要由两国政府、学术机构和企业界的代表参加。在对话的过程中，美国从“坚持什么”和“绝对优势”两个方面来剖析中国创新战略的动因，对中国制造业的未来发展之路具有一定启示。

所谓“坚持什么”，是一个古老的故事，即将意粉投掷到墙上看哪一个会黏住，是指“同时尝试一切，然后抛弃那个不运作或导致太多国际争议的方法”；所谓“绝对优势”，即“不是追求比较优势政策或者竞争优势，而是确立绝对优势，在所有行业中寻求领导地位”。

美国认为，如果中国的政策是基于“绝对优势”，那么美国工业和高科技产出将出现绝对损失，与其匹配的就业和GDP增长亦是如此；而如果中国的政策是基于“坚持什么”，那么中美两国经济关系将会以更和谐的方式增进并使两国互惠，或至少不会伤及对方国家的竞争地位。

从理论的角度来讲，美国的这种说法有一定的道理，然而，在现实面前，却是站不住脚的。因为在制造业领域，美国显然并不是按照比较优势和国际分工理论来指导产业发展的，而是基于国家利益的考虑。若是按照美国的意图，中国只需要安分守己地守住传统制造业，先进制造、新兴产业留待美国去开拓。

面对世界经济格局的重新洗牌和世界产业分工的新形势，中国制造业实行高端转型势在必行，不可不为。中国的传统制造业处于全球产业链条的中

① 张茉楠．美国为何要夺回流失的“美国制造”［N］．经济参考报，2012－01.

低端，大而不强。传统制造业从低劳动力成本和大规模生产中获益的时代已渐行渐远，出口商品的低收益和低附加值不断挤压着制造业的增长空间。根据亚洲开发银行的调查显示，一部苹果手机的生产环节中，33.5%的价值流向日本企业，16.76%的价值流向德国企业，而中国企业的组装价值仅占3.6%。

国际金融危机之后，美国、欧洲等发达国家和地区纷纷调整产业结构，制造业国际格局正在发生变化，中国制造业面临着不进则退的境遇。中国长期依靠劳动力、土地、资源的低成本优势的发展模式，对资源能源造成了大量消耗，对生态环境造成了污染破坏。与此同时，近年来中国面临劳动力、原材料和土地等生产要素价格的不断上涨，中国制造业的庞大生产规模能否实现持续繁荣和发展，已成为当前中国工业化进程中的重要问题。

美国尝试依靠现代制造业和新兴产业推动“再工业化”，势必会推动全球产业结构调整，也将影响国际贸易政策和市场规则。中国制造业的发展与转型不能寄希望于美国放松高技术出口管制，而是要通过提高自主创新能力和科技水平，降低对引进技术的依赖，提高传统制造业的国际竞争力，鼓励新兴产业的快速发展。

三、美国发展先进制造业的关键举措

近年来，美国将发展先进制造业作为应对经济衰退、保持竞争力的重要阵地，接连出台了《重振美国制造业框架》《美国制造业促进法案》《先进制造伙伴计划》《先进制造业国家战略计划》《国家制造业创新网络计划》等文件，为促进先进制造业发展创造了良好的环境。这些政策措施环环相扣，取得了良好的成效。在发展先进制造业的带动下，制造业占美国GDP的比重从2010年的11%提高到2014年的12%以上。美国通过实施一系列战略布局和具体措施，先进制造业已迅速崛起，引领美国制造业走向复苏，成为经济向好的新动力。

1. **制造业创新网络释放产学研合作的最大合力**

为集中产学研力量，推动先进制造业的创新发展，2013 年 1 月，美国总统执行办公室、国家科学技术委员会和高端制造业国家项目办公室联合发布了《国家制造业创新网络初步设计》，计划投资 10 亿美元，在制造工艺、先进材料及其加工工艺、高效能技术及其平台以及具体应用 4 个优先领域建立 15 家制造业创新研究所，主要支持介于"'发现/发明'起步阶段"和"商业化之前开始规模生产时期"之间的创新，汇集了企业、大学、社区学院，以及联邦、州和地方政府等相关机构，共同投资产业共性技术，加快制造业创新。截至 2015 年 1 月，美国已陆续成立了 5 个制造业创新研究所；截至 2015 年 12 月底，已建成和正在筹建的"制造业创新研究所"共有 9 家，其中 7 家已建成，2 家在筹建中（见表 8.1）。

表 8.1 美国已公布的 9 家"制造业创新研究所"

制造业创新研究所	主管部门	财政投入（美元）
美国制造（America Makes）	多部门（建成）	4 500 万
电力美国（Power America）	能源部（建成）	7 000 万
数字制造与设计（DMDII）	国防部（建成）	7 000 万
明日轻质创新（LIFT）	国防部（建成）	7 000 万
先进复合材料制造（IACMI）	能源部（建成）	7 000 万
集成光子制造（AIM Photonics）	国防部（建成）	1.1 亿
柔性混合电子制造（FHE - MII）	国防部（建成）	7 500 万
清洁能源（CEI）	能源部（筹建中）	7 000 万
革新性纤维及织物制造（RFT - MII）	国防部（筹建中）	7 500 万

资料来源：http：//www. manufacturing. gov/，上海科学技术情报研究所整理，引自王德生，美国制造业创新研究所概况，http：//www. istis. sh. cn/list/list. asp？ id = 10027。

通过梳理可以发现，国防部支持了国家增材制造业创新研究所、轻型和当代金属制造业创新研究所等 5 个制造业创新研究所，能源部支持了国家增材制造业创新研究所、下一代电力电子制造业创新研究所等4个制造业创新研究所。这两个部门支持的研发重点既包括军用项目，也包括民用项目以及军民两用项目。这种做法秉承了美国国防高级研究计划局（DARPA）的特点，强化了军民融合式的科技创新。

美国国家制造业创新研究所加深了产业界和学术界在制造领域的合作，实现强强联合，并通过管理机制、绩效评估以及知识产权管理制度来促进技术成果产业化，提升竞争力。2013年11月，美国国家先进制造计划办公室发布了《国家制造创新网络机构绩效评价标准草案》，主要指标包括技术实现商业化生产的数量、在不同技术成熟度/制造成熟度等间的转化效率、催生的新企业数量等，借此对技术转移绩效进行多层次的评估。先进制造国家计划办公室还成立了知识产权小组，并于2013年11月发布了《基于绩效的相关知识产权指导草案》，通过灵活的知识产权管理制度，推进制造技术成果产业化。

2. 强大的人才队伍是美国制造业复苏的重要支撑

人才曾被认为是美国重返制造业的最大障碍。据统计，1997年至2010年间，美国企业大幅将生产作业外移，导致制造业就业人口锐减600万人，相当于总人力资源的1/3。因此，当美国出现制造业回流的趋势后，技术人才短缺一度被认为是发展的一大障碍。

为克服这一大障碍，美国在其发布的《重振美国制造业框架》《美国制造业促进法案》《先进制造伙伴计划》《先进制造业国家战略计划》《国家制造业创新网络计划》等文件中，都对人才培育给予了高度关注，强调要培育和开发包括来自国内外最优秀人才在内的熟练劳动力，满足美国先进制造业发展的需要。

美国官产学研各界对人才培养也采取了积极的措施。如麻省理工学院（MIT）斯隆商学院联合工程学院旗下的8个专业，共同设立了制造业领袖项目（LFM），2009年改名为全球运营领袖项目（LGO），迄今为止已为美国制造业培养了 1 000 多名优秀人才。2014 年，美国劳工部设立 1 亿美元的“美国学徒奖金竞赛”，以促进新的学徒模式发展，在先进制造业等领域产生了规模效应。先进制造业指导委员会的成员陶氏化学、美国铝业公司和西门子公司等已开始进行学徒制试点，并为参加学徒制培训战略项目的雇员发放指导手册。2015 年，美国 6 名议员还联名向国会提交《2015 年制造业大学法案》，以期加强大学与产业界的合作，培养更多具备制造业实践经验的学生以及服务于产业界的工程博士，使大学在支持制造业发展中发挥更大作用。

3. 小企业成为美国先进制造业供应链的中坚力量

据统计，在全美所有行业中，制造业提供的就业岗位排第 4 位，小企业又雇用了 42% 的全美制造业工人，因而备受美国政府的重视，小企业在美国先进制造业供应链中的地位不断上升。但是，美国小企业存在创新意识和研发能力不足的问题。有数据显示，超过 2/3 的制造业研发活动是由占 2% 的大企业完成的，前 20 家规模最大的企业完成了制造业 39% 的研发活动。

为弥补这一缺陷，美国白宫、能源部、国防部、商务部、小企业管理局等均给予小企业以大力支持，帮助其尽快获得技术和能力。例如，白宫主办了供应链创新圆桌会议，为 28 家具有领先地位的制造商、供应商（其中包括小企业）和小企业牵线搭桥，提升其在美国本土供应链中的能力；并与各市长和州长合作，将联邦、州和地方的创新资产结合起来，帮助制造商和创业者获得技术和工具。能源部提供 2 000 万美元的创新券，帮助小企业和制造商从橡树岭国家实验室、太平洋西北地区国家实验室、国家可再生能源实验室、桑迪亚国家实验室和劳伦斯伯克利国家实验室 5 个国家实验室获取技术和能力。国防部授予 20 个州、超过 5 000 万美元的供应链拨款，帮助小企业改进制造工艺、进行新技术认证，以及开发高级质量管理系统等。商务部实施制造业扩展伙伴计划，该项目将投资 1.3 亿资金，面向 55 个区域中心、3 万个小企业提供供应链优化服务，帮助小型制造企业发展新技术，推广新产品。小企业管理局和美国国家标准与技术研究所合作，加强小企业与大型原始设备制造商的联系，把制造业投资转向美国，并召开3个以制造业为中心的美国供应商主动招商引资峰会，为小型制造企业提供与联邦商业供应链的合作机会。

4. 美国发展先进制造业的经验对我国的启示

综上，美国将加快制造业创新、打造人才梯队、改善小企业发展环境作为振兴美国先进制造业的三大支柱。这种思路集中反映在2014年10月27日美国先进制造业联盟指导委员会发布的《振兴美国先进制造业》报告2.0版以及奥巴马总统的行政措施中。当前，我国正大力推进《中国制造2025》的实施，其中很多内容与美国促进先进制造业发展的做法有相通之处。在制造业领域，中美之间面临着新一轮的竞争，我国有必要借鉴美国先进制造业的发展经验，壮大中国制造，从而真正成为制造强国。

一是推动产学研创新合作。美国通过建立15家制造业创新研究所实现产学研的网络式合作，从已建成或待建的制造业创新研究所来看，国防部、能源部在其中发挥着重要的支持作用，充分体现了军民间的高度融合，并强化了产学研创新合作。同样地，我国在推动制造业产学研创新合作的时候，也应积极探寻军民融合、产学研结合的发展之路，完善以企业为主体、市场为导向、政产学研用相结合的制造业创新体系，建立一批产业创新联盟，开展政产学研用协同创新，加快推动制造业整体水平的提升。

二是培养制造业专门人才。2006年，上海交通大学与MIT合作设立中国制造业领袖项目，后来也随之改名为中国全球运营领袖项目，取得了良好效果。我国应继续加强与美国、德国、日本等制造业强国间的合作交流，提高本土制造业人才的管理和技术水平。另外，我国应加强制造业企业与高校之间的实践合作，强化高端人才培养，培养制造业发展急需的专业技术人才、经营管理人才和技能人才，举办高规格的竞赛，培养出适合当前制造企业实际需求的人才。

三是全面扶持小企业成长。从美国的经验来看，在白宫、国防部、能源部、商务部和小企业管理局等政府部门的引导下，制造业领域的小企业得到了政府机构的大力支持，并与大企业之间结成了紧密的供应链合作关系。我国也应积极营造大众创业、万众创新的氛围，为小企业创新发展提供良好的环境，鼓励大学、科研院所、工程中心等对中小企业开放共享各种实（试）验设施，发展一批主营业务突出、竞争力强、成长性好、专注于细分市场的专业化“小巨人”企业，形成以龙头企业为核心、小企业聚集的制造业产业集群。

四、中国制造业的发展现状

2014 年，我国工业增加值达到 22.8 万亿元，占 GDP 的比重达到 35.85%。

2014 年，我国制造业产出占世界比重达到 20.8%，连续 4 年保持世界第一大国地位。在 500 余种主要工业产品中，我国有 220 多种产品的产量位居世界第一。

2014 年，我国共有 100 家企业入选“财富世界 500 强”，比 2008 年增加 65 家，其中制造业企业 56 家（不含港澳台），连续两年成为世界 500 强企业数仅次于美国（130 多家）的第二大国。

1. 自主创新能力仍比较弱

虽然我国制造业取得了长足进展，但关键核心技术受制于人的局面仍然没有得到根本改变，大量的关键零部件、系统软件和高端装备基本都依赖进口。例如，2013 年，我国 80% 的芯片都依赖进口，进口总额达到了 2 313 亿美元，同比增长了 20.5%，进口额超过了原油，是我国第一大进口商品。我国技术对外依存度高达 50% 以上，95% 的高档数控系统、80% 的芯片、几乎全部高档液压件、密封件和发动机都依靠进口。与发达国家相比，我国制造企业开展技术创新的动力不足、活动不够活跃，尚未真正成为技术创新的主体。由于创新能力不强，我国在国际分工中尚处于技术含量和附加值较低的“制造—加工—组装”环节。

2. 对资源依赖程度较大

中国原油需求增量占全球原油需求增量的44%，铁矿石需求增量约占全球的105.1%，铝土矿需求增量约占全球的78%，铜矿需求增量约占全球的149.5%。2013年，我国粗钢产量约占全球产量的52%，电解铝占46%，成品油占12%，乙烯占12%，化肥占35%，水泥产量占58%，平板玻璃占60%，纸和纸板占25%。

3. 信息化水平不高

信息基础设施建设和应用水平仍然滞后于发达国家。2012年，我国网络就绪指数（NRI）为4.03，低于美、日、德、韩等国，由第51位下滑至2013年的第58位。

企业利用信息技术改造传统生产方式和工艺流程的意愿偏低，大部分地区和行业仍处于以初级或局部应用为主的阶段，且不同地区、行业及不同规模企业间的信息化水平差距明显。

关系国家经济、社会安全的高端核心工业软件主要依赖进口，信息化与信息安全相关领域人才储备严重不足。

目前，发达国家和地区已开始步入制造业与信息技术全面综合集成，以数字化、网络化应用为特点的新阶段。例如，德国的制造水平、信息化发展水平世界领先，提出了工业4.0战略。按照德国的划分标准，我国工业企业整体处于2.0的水平，需要弥合从工业2.0到3.0的差距，才能实现向工业4.0的方向发展。

4. 国际化水平不高

我国的工业企业“走出去”仍处于初级阶段。在投资规模上，我国对外投资的存量只占世界的2.5%，相当于美国的10%左右，中国的海外净资产相当于日本的一半左右。

在产业类型上，中国主要集中在煤炭、钢铁、有色金属、石油等能源资源行业和劳动密集型产业，在电子信息、高端装备制造、新能源等高新技术领域还有很大的发展潜力。

许多企业欠缺对外投资的长期发展战略与人才储备，缺乏大型投资管理和大型资本运作管理等方面的经验，对国际市场变化做出的反应也相对滞后。

中国企业对东道国的投资环境、法律体系、文化底蕴、外商投资政策点等缺少深入了解，在投资时就会有很大风险。有一项统计显示，我国海外矿业收购失败率高达70%～80%。

可见，没有强大的制造业，就没有国家和民族的强盛。

五、中国制造的未来发展之路

中国制造业的成长速度很快，未来发展空间广阔，当然也将面临一些严峻考验。传统制造业尤其是一些基础产业，发展规模庞大，基础雄厚，发展前景良好。但是，美国、欧洲等发达国家和地区为应对金融危机大力推进新兴产业发展，全球经济格局与产业分工正在经历新的调整，中国制造业的发展必须要抓住这一契机，实现现代化、科技化的升级转型。

1. 师夷长技，实现产学研多方联合促发展

无论是应对金融危机，还是推进产业结构升级，美国政府都发挥着重要的作用，同时也逐步确立了官民并举、产学研联手的多方合作的发展格局。

美国竞争力委员会发布题为《铸就：美国制造业运动》的战略报告，以阐述美国如何在21世纪先进制造业领域引领世界潮流，以促进美国经济的长期增长与繁荣。该委员会作为非营利组织，由企业CEO、大学校长以及工会领导组成，主要为美国提高国际竞争力提供政策建议。

为重振制造业，美国启动了“先进制造业伙伴”计划，该计划由陶氏化学公司主席、麻省理工学院院长共同领导的程序委员会负责贯彻落实。委员会就如何发展制造业这一问题在大学展开调研，并与科研机构、制造业公司等相关机构进行沟通。

通过政府引导、产学研合作发展的模式，美国重振制造业的政策措施已

经取得成效。中国制造业转型升级，要尽快推动国家创新体系的建设和完善，通过自主创新提升科技进步，实现制造业由低端装配向高端研发的升级。同时，进一步推动政府、科研机构和企业的合作，完善产学研相结合的技术创新体系和战略联盟，加强知识产权保护。

2. 依靠科技，实现从中国制造到中国创造

目前，中国制造业在全球制造业链条上仍处于低端位置，未来产业结构调整必将面临诸多挑战，依靠科技进步，提高研发水平是实现中国制造业向高端转变的根本途径。

中国制造业发展历史悠久，煤炭、钢铁等基础产业规模位居世界前列，近年来发展速度之快更是引人注目。2011 年，中国制造业产值达 2.05 万亿美元，而美国制造业产值为 1.78 万亿美元，被称为“历史性的超越”。但是，在关键生产环节和核心技术上，中国制造业仍然处于较低水平。

目前，中国企业在数控机床、芯片、软件、钢铁工业等领域广泛存在着跨国合作，对合资外方的技术依赖程度较高。在以市场换技术的过程中，外方企业大多提供成熟甚至开始衰退的技术，这样并不能够真正提升企业的技能和生产水平。

美国政府推出的“再工业化”战略，其核心就是推动先进制造业发展，重点发展复杂、精密、高度系统整合的产品，在研发、设计、技术等关键环节抢占先机。美国在具有国家战略意义的新兴产业领域的投资更是规模巨大，鼓励科研机构、企业、私人进行技术创新，以推动美国经济的持续增长。

技术创新是产业升级转型的核心，也是实现从中国制造到中国创造的推动力。中国的产业发展，必须依靠具有自主知识产权的技术进步，实现技术和品牌的提升，加大在新兴产业和新技术领域的投资力度，大力发展高端制造业，从根本上实现由工业大国向工业强国的转变。

3. 重塑制造文化，发挥企业主体作用

中国经济发展面临复杂的国内外形势，产业发展环境风云变幻，企业是科技创新的主体力量，也是各项政策贯彻落实的关键。

中国正处于工业化进程的中后期，有庞大的投资需求，同时民间资本规模也不容小觑。通过各项激励政策和措施，引导民间资本流向实体经济，推动技术进步，避免金融、房地产泡沫的产生，充分发挥中小企业和民营经济在产业转型中的作用。

同时，企业是技术创新的主体，政府要充分发挥引导作用，支持并鼓励高技术产业和创新型企业的发展，建立健全知识产权保护、科技成果转化、产权交易等方面的相关机制，鼓励企业增加科技研发投入，实现产品和技术创新，打造具有自主知识产权的高端产品。

4. 集成制造技术，实现产业互动与协同发展

制造业通过不断吸收微电子、信息、计算机、机械、材料、生物、航空航天、环保以及现代管理技术等方面的成果，生产方式发生了重大变革，不断向先进制造业转变。制造业要集成制造技术，而不是单一领域的发展。

美国的“再工业化”战略，着眼于以先进制造业为核心的产业结构升级，同时大力推进新能源、新材料、信息技术、网络开发、生物医药等新兴产业的发展，不断强化科技研发，促进产业转型，完善配套服务体系。

中国产业的发展与转型升级，要在巩固传统产业的基础上，推进制造业向产业链高端发展，培育新兴产业和节能环保产业，实现各个产业间的协同发展。完善生产性服务行业，强化系统设计、工程承包、远程诊断维护、回收再制造等方面的服务能力。

|附　录|

附录一　解读创新型国家建设

创新始终是推动一个国家、一个民族向前发展的重要力量。当前，我国经济发展进入新常态，新一轮科技革命和产业变革正在孕育兴起，加快创新跨越，实施创新驱动发展已经成为国家繁荣、民族复兴的强大引擎，目前我国创新政策和制度环境的现状是怎样的？如何更好地推动创新发展、优化创新环境，全面增强我国的自主创新能力？“中国网”的《中国访谈》栏目邀请科技部中国科学技术发展战略研究院研究员赵刚博士为网友们进行权威解读。①

中国网：创新始终是推动一个国家、一个民族向前发展的重要力量。当前，我国经济发展进入新常态，新一轮科技革命和产业变革正在孕育兴起，加快创新跨越，实施创新驱动发展已经成为国家繁荣、民族复兴的强大引擎，目前我国创新政策和制度环境的现状是怎样的？如何更好地推动创新发展、

① 节目时间为2015年6月12日。

优化创新环境，全面增强我国的自主创新能力？您对把科技创新摆在国家发展全局的核心位置，对于“核心位置”这样的定位，是怎么理解的？

赵刚：把科技创新列为国家发展全局当中的核心位置，我的理解主要有三个内容：

第一，在中国的经济发展当中，我们应该突出创新的促进作用。大家知道，过去改革开放30多年来，中国经济高速发展，现在已经成为世界第二大的经济体，但中国产业竞争力不强，我们的企业还没有涌现出像微软、英特尔、脸书这样有竞争力的企业。同时，我们也没有中国本土的科学家获得过诺贝尔科学奖，这说明了中国经济发展的量很大，但是质不高。所以，把创新驱动作为核心位置，就是改变过去我们仅仅依靠廉价的土地，廉价的劳动力，牺牲了资源和环境为代价换来的这种经济高速增长。所以，这也契合了现在中国正在强调的转型升级的理念。

第二，这就要求各级政府、各级官员要在工作当中一定要把科技创新摆在一个特别重要、特别突出的位置。我们制定各项政策、各项法律，鼓励企业发展、经济发展，都要把科技创新摆在第一位。

第三，鼓励全社会、全体中国老百姓想办法创新。所以，我们现在强调要大众创业、万众创新，就是要形成这么一种社会的氛围。

中国网：您如何评价我国目前的政策和制度环境现状？存在哪些不足呢？

赵刚：第一，应该说我国现在正处在转型发展阶段，从中央政府到地方政府的各级政府对这个问题已经有了高度共识，倡导了大众创业、万众创新，也出台了很多的政策。比如说，提供便利化的全方位的服务，低成本的创业空间，各个地方在原有的孵化器、科技园区基础上，把城市当中很多闲置厂房、办公楼等，以很便宜的价格，甚至免费租给这些年轻的创业者。

第二，我们有很多的支持政策，特别是在创业的扶持资金、创新技术的补贴等方面，也有一些资金的支持。

第三，我们还帮助这些创业者寻找市场，安排对接，让他们生产的产品或者是创办的新企业能够得到更快的提升。

但是，我们差距还是很大。首先，中国原来是一个农业社会，改革开放以后迅速进入了工业化，特别是重工业化。我们一直走的是一条资源型、加工型、贸易型、粗放型的道路，对技术的理解、重视，对创新创业方面的一些很精细化的、专业化的支持政策还不够。

其次，我们全社会真正鼓励创新、重视创新的氛围还有待提高。比如，我们现在看到了马云、雷军这样的创业成功的人，但是实际上还有无数的失败的人，还有千千万万在奋斗当中的默默无闻的人，他们得到社会的帮助还是很少，鲜有人关注他们。他们需要帮助的时候，却找不到门，找不到人，找不到路，这些都是需要我们在发展过程中改进的。

另外，我们的国际化程度还不够。现在全球创新的时代来临了，欧美、日韩这些发达国家重视创新，它们有一套比较成熟和完善的制度环境，我们在这方面要和它们接轨，向它们学习，跟它们一起竞争，我们还是需要提升。

最后，公平的环境还不够，我们在很多方面存在垄断、进入门槛高等这样一些制度和体制的障碍，也需要克服。

中国网：您刚才提到最后一点，公平的问题，我们知道很多行业都存在一定的垄断性。推进创新改革，增强市场主体创新动力，除了政策环境和制度环境之外，营造激励创新的公平竞争环境也非常重要。您认为未来应如何营造好公平公正的环境呢?

赵刚：公平公正的环境对企业创新创业太重要了。第一，应该说在整个支持创新发展当中，应把它列为第一条需要改进的方面。我们这方面的例子比比皆是。

第二，我们还有一些行业和领域，像资源型、能源型这样一些基础设施行业，现在一些民营企业或者一些小企业、小微企业也很难进入，像石油、勘探、开采、铁路等实际上门槛都非常高，不利于创新者进入。有时候生产的一种新产品、新技术，它要求别人用过，并且要有业绩，创新的东西肯定没有人用过，因而没有人敢用它，不愿意给它提供第一次的机会，这也是我们需要在公平方面来改进的地方。

第三，知识产权。作为技术人员，或者是科学家，发明一项技术成果要付出艰辛的劳动，甚至终生的精力。但出来以后很容易被别人抄袭、模仿、剽窃，得不到有力的保护，它的贡献没有办法获得回报，这也是不公平的一方面。

第四，我们无数的科技人才非常聪明，应该说，只要给他机会和阳光，他就会灿烂，但我们高度行政化的学术体制对他们带来了很大的压抑甚至伤害。比如在大学里面，在科研机构中，我们很多都按行政级别，大学的校长、院长、系主任，他们掌握了资源的分配权，能够获得充足的资源，但实际上搞研究的可能是那些普通的科学家、工程师和科技人员，但他们在名誉、地位、收入方面与他们的贡献不成正比，因而应该要尊重科学家、尊重劳动者，让他们站在第一线并得到最大的回报。行政人员、校长也好，院长也好，是为科学家、教授、为这些劳动者服务的，不应因行政权力得到最高的待遇，所以，我觉得在这一方面，我们也需要改变。

中国网：科技人员是创新的主力军，让科技人员在创新活动中得到一个合理回报是理所当然的，也是大家关注的焦点，要统一成果转化创造财富，您对此有没有好的建议？

赵刚：我国一直存在着成果转化难的问题，现在转化据统计不到5%，转化率很低，很多的成果都是论文、报告、样品、样机放在那里就算完成了科研任务了。但实际上作为创新来讲是指整个的产业链和创新链，它是你整个的想法和技术，在实验室里研究出样机、样品，写出论文报告，中试、应用、商业化，到最终用户消费者手中，这么一个完整的过程才能叫创新。我们现在只是到了实验室阶段就认为完成任务了，而我们现在的机制又没有充分地激励和鼓励这些科研人员把自己的成果转化为产品。

第一，从制度上不允许，你的工作就到这儿为止了，你再去当企业家，你就要离开这里去企业，而不能再兼顾。

第二，评院士、评教授、评博导等评职称，过去的方法就是看你发表的论文数或者完成课题的数量、经费总额等这些指标，而不是看到底我为社会创造了多少价值，带来了多少回报，或者是市场占有率多高。所以，这也是积极性不高、激励不足的原因之一。

第三，这项技术成果即使转化和产业化了，真正的发明人和成果所有人得到的收入并不高，过去我们可能给百分之几到个人头上就不错了，而且还是一个团队大家来分。现在为了鼓励这一点，这一次力度还是比较大的，50% ~70%，甚至90%或者99%都可以归成果所有人，这样来奖励你。只有这样，成果所有人才更有积极性投入到新技术的研发，新产品的推广和应用中，形成一个良性的价值，良性的回报。

中国网：这是一个非常有效的激励作用。对于培养和吸引人才方面的政策措施，怎样更好地实现人尽其才、才尽其用、用有所成?

赵刚：我觉得中国人是非常勤劳聪明的，我国古代有四大发明，给世界做出很大的贡献，但近代以来，我们确实在科学技术方面落伍了，主要原因是科研人员的积极性没有发挥出来。主要体现在：第一，没有一个良好的环境和制度来让这些科研人员发挥他的聪明才智。

中国网：环境的问题。

赵刚：对，环境的问题。对科学家和知识分子、科研人员重视不够。

第二，我们没有人尽其才。很多人才没有把他放到应有的位置上，有些科学家和工程师做出优异成绩了，让他去当官，却把他放在行政管理的岗位上。其实他可能不太擅长搞行政管理，他就擅长搞科研，你把他放到那儿，就是浪费人才。同时，有些人可能擅长搞研发，你又不让他过来搞，这是一种错位。

第三，我们吸引人才是海纳百川，吸引全世界优秀人才为我所用，这样的体制、制度环境还不够。比如，我们现在有千人计划，但我们怎么能够让他们来到中国，让他们的聪明才智更好地发挥，而不是让他们先在你这儿适应好多年的环境，让我们的一些不好的东西改造了他们，结果本来他90%的精力用在科研上，但最后只有10%的精力用在科研上，90%的时间搞关系，这样本来很优秀的人才到了中国以后就很难发挥出他应有的作用。

第四，我们在优秀人才的引进上还要更加开放。双向选择和交流中国的优秀人才到国外去，国外的优秀人才到中国来，应该不限肤色、不限国籍、不限岗位、不限时间，要更加开放，不同的岗位、不同的行业、不同的职位应该更灵活一些。有的人可能到中国来就一个月，也很好啊，一个月能够跟别人进行交流，把你的创新思想和火花交流出来也很重要，并不是说时间多长，而是你真正有没有这种非常优秀的想法，非常优秀的思想。所以，这一点我觉得应该是更加开放。

中国网：以更加开放的姿态展开国际人才的交流与合作。金融创新对技术创新有着非常重要的助推作用，未来如何更好地落实金融创新的作用，发挥金融工具的协同支持的优势？您有什么好的建议？

赵刚：金融不仅是经济的血液，它也是我们在科技创新中的血液，没有金融的支持，科技创新很难成功。从开始的研发阶段就需要资金的支持和投入，在实验室中需要资金，在创业的时候需要资金，在生产扩大规模的时候也需要资金，市场销售的时候也需要资金等。每一个环节都需要资金，所以，这次中央的文件中特别强调，我们要按照产业链来部署创新链，按照创新链来部署资金链，我们的金融体系要设计围绕着科技创新来运转的机制，前面提到的科技创新是我们核心的位置，金融工作的核心就是围绕着实业创新，为它来服务，对那些风险比较大、周期比较长的一些项目，应该设计成比如有政府的政策银行、有一些保险公司来给它做一些金融支持。对于一些风险大，但很快见成效的项目，创业的项目，我们有天使资金、风险投资，这些政府可以出一些引导性的资金，关键是要调动整合全社会的资源、国内外的这样一些金融资源来为我们的创业企业服务。

比如研发阶段的基础研究，这个是看不见、摸不着的，很多年可能用不上，但这体现了一个国家的实力。比如，我们国家为什么到现在为止，中国本土的科学家还没有获得诺贝尔科学奖，就是因为我们原创性不够。原创性不够的根源就是基础研究做得不够，基础研究不够的原因是我们没有一大批科学家坐冷板凳来搞研发。这是为什么呢？缺乏足够的经费支持。在欧美这些发达国家，在它们的整个科研经费当中用于基础研究的经费占15%～25%，目前我国仅仅是5%左右，远低于这些发达国家的水平。所以，我觉得这是应由国家来投入的。

当然我们发展到一定阶段，可以有社会的一些资金和企业资金来投入，但是还是要以国家支持为主。

如果我们到了一定的产业化阶段，将会有国家的一部分支持，引导资金的支持，更多的是要调动社会的资源。现在民间蕴藏的资金量非常大，也都在寻找投资的出路。过去我们投资房地产和股票，然后我们要以建立各种基金、投资公司等这样的方式，吸纳社会资金，进入我们的科技创新领域。

我觉得这里有很多文章可以做，科技创新离不开金融，金融如果离不开科技创新，我们的金融业也就活了，也就强了。

中国网：所以金融业对于科技创新来说有着举足轻重的作用，在不同阶段、不同主体都在发挥着不同的作用。那么，建设创新型国家，政府扮演怎样的角色，应该发挥怎样的作用呢？如何从政府层面更好地推动创新发展？

赵刚：建设创新型国家，充分发挥科技创新驱动经济发展的作用，政府的作用是非常重要的。第一，政府需要营造公平竞争的环境，这是需要政府来做的。过去，我们政府既当裁判员又当运动员，将来我们更多地要当裁判员，你要建立规则，监管市场，激励机制，这个你要设计好。比如，知识产权的保护应该是政府来做的，假冒伪劣就要打击，保护发明人的权益。

第二，国际竞争、国际规则也是需要政府出面的，积极参与，现在我们强调治理，包括国际治理经济也好，科技也好，贸易也好，规则和话语权这个你也要由政府来提供的，因为治理的是公共产品。

第三，基础教育、培养人才，这个阶段由政府来做，创新离不开人才，教育需要政府来投入，这个是免不了的。

第四，政府的激励机制，谁创新做得好，我就来激励谁，让他更有动力，形成一种真正的良性竞争环境，一个导向作用。我们现在政府的经费支持、科研项目或者其他的税收等这样的一些政府可以用的政策性工具和杠杆要往创新型的企业、创新型的人才、创新型的产业、创新型的地区等，要往这方面来调节，要引导全社会往这方面来投入，这是政府要做的。

中国网：在创新驱动发展中，除了政府的支持之外，企业也是另外一支主力军了。应该扩大企业在国家创新决策中的话语权，建立高层次、常态化的企业技术创新对话、咨询制度，发挥企业和企业家在国家创新决策中的重要作用。您怎么评价企业和企业家的作用，下一步如何更好地扩大他们的话语权？

赵刚：我们的科技创新有一个最关键的因素就是企业家，企业家在这里整合各种创新的资源。无论是人才资源、资金资源、技术资源、市场资源等，都有一个组织者。这个组织者是谁呢？就是企业家。过去创新理论的鼻祖，美籍奥地利经济学家熊彼特最早提出创新的概念，他认为创新就是创造性地破坏，那么我就要破坏现有的，建立一个新的，创造性地破坏这个人，破坏者是谁呢？就是企业家，只有企业家才能创新，这是他的一个核心的理论。

我们政府特别明确了企业是技术创新的主体，企业家在创新当中起到一个很核心的作用，既然他们具有这么重要的作用，我们又把科技创新列为国家发展当中的核心位置，那么我们的企业和企业家应该在这里面发挥很重要的作用了。过去我们的科技发展、项目立项、规划还有这些体制改革等一系列的政策也好、制度也好，这些设计，企业家基本上是缺席的，没有话语权，即使是有话语权的，也是部分国有企业。但经过这些年的发展，一大批的民营企业，特别是高科技企业和创新型企业都起来了，他们代表了真正创新的方向，他们在创新的一线，他们最了解市场，最了解用户，最了解技术。所以，我们国家这样一些重大制度改革、重大政策制定一定要听取这些企业家的意见，听取来自企业的意见。同时，在我们国家各种专家委员会，或者是各种论坛、各种政府的座谈会，我们都会请一些创新型的企业家参加，现在也已经开始做了很大的改善。像我们在每年的《政府工作报告》之前征求意见，就会邀请一些企业家参加，听取他们的意见。我觉得我们下一步要制度化、专业化、系统化地让企业来参与。

中国网：这是一个循序渐进的过程，让企业逐渐加入进来。5 月5 日，中央全面深化改革领导小组第十二次会议召开，审议通过了《关于在部分区域系统推进全面创新改革试验的总体方案》《深化科技体制改革实施方案》等，指出在部分区域系统推进全面创新改革试验，这里强调了系统推进和全面创新改革试验，您认为这样区域性的试验会发挥怎样的作用，试点区域如何发挥好示范带动作用?

赵刚：中国要想成为创新型国家，实现创新驱动的发展目标，区域的作用非常重要。想想当年改革开放，我们就是从深圳这一改革开放的窗口、特区，农业改革是从小岗村开始的，我觉得科技体制的改革和科技创新的发展也是一样。我们现在有 100 多家国家级的高新区，它们承担了这样一些科技体制改革和创新先行先试的任务，我们现在有几个国家自主创新示范区，像中关村、武汉的东湖、上海的张江、深圳等，这都是我们作为区域性的科技体制改革和科技创新先行先试的一些地区。

下一步，我们会在更大的区域，比如，我们会在北京、上海、深圳等这样的现代科技发展、创新发展比较好的地方，通过整个区域来进行先行先试综合改革，像北京提出要建设全国的科技创新中心，上海提出要建设全球影响力的科技创新中心，深圳提出来要建设现代化国际化的创新型城市等，这实际上就是要来承担这样一些科技体制改革的任务，科技创新先行先试的一些综合性的试点。当然，我们可能还有更多的区域。这些区域发展起来了，带动其他的区域，全国科技创新就发展起来了。

中国网：最后一个问题，会议强调力争到2020年，在科技体制改革的重要领域和关键环节取得突破性的成果，基本建立适应创新驱动发展的战略要求，符合社会主义市场经济规律、科技创新发展规律的国家创新体系，您是如何评价这个目标的？怎样看待建立国家创新体系的前景呢？

赵刚：这个目标也非常鼓舞人心，但是任务也非常艰巨。国家创新体系实际上包含了方方面面，比如说我们刚才提到的有区域创新体系，有企业为主体的技术创新体系，有居民融合的创新体系，我们还有各种服务业、中介机构这样的一些创新体系等，方方面面都需要来配合和结合。所以，要建立这么一个良好运转的、高效率的、能够实现我们创新国家目标的国家创新体系，还需要我们做很多的工作。

我们现在差距还是不小，比如说，我们到2020年建设创新型国家有几个指标。第一，研发投入占GDP的比重要到2.5%以上，我们现在才2.0%多，这还有较大的提升空间。第二，我们的科技进步对经济发展的贡献率要达到70%以上。第三，我们对外的技术依存度要到30%以下，而现在我们是50%以上，我们很多的技术，特别是先进的技术还不是中国自己提供的，我们还是从外部购入、引进、买入、合作，等等。另外，我们的基础科学、原创科学方面，比如说本土的科学家，能不能获得诺贝尔科学奖，这是很多中国科技人员、很多科学家的梦想，也寄托了国人的很多梦想，每一年的诺贝尔科学奖公布的时候，公布前后都会在中国社会引起很大的反响，很多人都会去评论、议论，也都希望我们能够拿到这个奖。我们不是为了拿到这个奖本身，而是体现出我们科学的一些领域进入了世界的先进水平，我觉得这些现状其实和我们的目标都是有不小的差距，需要我们付出很大的努力，全社会共同努力才能实现。

附录二　京津冀问题只能通过科技创新解决

（2016 年 5 月 19 日）

新浪财经讯“中关村·保定协同创新发展论坛”于 2016 年 5 月 19 日在北京举行。科技部中国科技战略研究院研究员赵刚出席并演讲。他表示，京津冀地区蕴藏着非常大的科技潜能，但也面临非常巨大的挑战，怎么样解决？只有通过科技创新解决。

以下为会议实录：

3 年前我们有一个设想，就是建立全球创新中心。今天很高兴宣布，全球创新中心初步设立，我们在美国的硅谷有 3 个，我们和国内的高新技术园区、大学企业一起设立了全球创新中心的总部，大概买了两个办公楼，2.8 万平方米，设立了研发区、孵化区、人才的交流区，基本上现在 80% 以上的人员都是美国人或者欧洲人。中国的华人或者中国人不超过 20%，真正实现了国际化。

我们成立了亚太创新基金会，和台湾大学新竹科技园建立生命科技园，我们在韩国同韩国的 6 所大学一起合作，成立韩国研究院，把它们的技术和成果产业化，和中国的地区或者园区企业一起合作，现在也有几十项成果在进行落地，应该说取得了一定的进展和良好的效果。

3 年只是我们的一个设想，通过 3 年的努力，现在基本上初步建成了全球创新中心，经过分析，创新最活跃的地区全球有三大地区，分别是北美地区，以美国为代表的北美地区，英法德为代表的欧洲地区，中日韩、俄罗斯为代表的东亚地区，建立研发中心、孵化中心、技术转移中心、人才交流中心，同时还跟斯坦福大学、旧金山大学等大学合作建立创业学院，我们把国外这些非常好的已经经过十几年实践检验好的教学的课程、教学体系和中国结合，让大家与国际接轨，要有全球的视野。

我们现在还在做一个非常好的事情，我们在联合12个诺贝尔物理学奖和化学奖获得者，联合成立一个世界新能源联合研发中心，就是要解决未来能源革命的问题。很多科学家和企业家预计，下一轮科技革命和工业革命会产生在能源领域、IT领域、智能制造领域、新材料领域、生物技术领域。这里头最可能的就是能源领域，因为我们看看历史，第一次的工业革命就是用煤炭取代了木柴，第二次工业革命用石油取代煤炭，成为主要的能源，新的未来的工业革命很可能就是用一种能源取代了现在的石油、煤炭，比尔·盖茨曾经做过预测，最有可能的一是太阳能，二是核能，把能源做成像电脑一样、笔记本一样、手机一样，既是能源的消费者，又是能源的需求者，还是能源的供应者，这样就能彻底解决人类能源问题、环境问题、气候变化的问题。

我们和美国几大实验室一起，已经有12个人来支持我们，共同参加我们现在正在细化瞩目的方向，而且我们提出来要把研发中心总部放在中国，因为中国是最大的能源消费市场，他们基本上愿意和我们一起来做这件事情。

今天的题目是全球视野看京津冀创新，京津冀地区应该说蕴藏着非常大的科技潜能，这么多的高校，这么多的企业，而且污染环境问题、重工业都是现在非常巨大的挑战，怎么样解决？只有通过科技创新解决，解决这个问题的时候，会产生爆发性、革命性的成长，我们希望京津冀地区、东亚的创新中心将来就是世界的创新中心，我觉得是有这个潜力的，问题多，紧迫性就高。俄罗斯和我们谈一个大的合作，中国在节能的技术、环保的技术上还是有一些优势的，上次来谈的时候，和他们提出来，不能仅仅针对俄罗斯，要搞一个世纪大工程，建立北京、贝加尔湖、北冰洋的绿色经济带、绿色经济走廊，他们回去和普京汇报了，普京非常高兴，和我们继续商谈。

我希望这个世纪大工程，通过解决京津冀和贝加尔湖、北冰洋的绿色经济带，土壤污染的问题、水污染的问题、空气污染的问题，重工业转型成科技含量更高的产业，把伏尔加汽车、油气资源都布置在那条带上，把伏尔加汽车改成新能源汽车，我们国家电网在做全球能源互联网，把太阳能、风力发电调到中国来，这样就会减少火力发电。通过这样的一些项目，通过跨境和跨国的合作，在全世界调动资源、配置资源，为京津冀服务，在这个过程当中，希望京津冀地区成为世界新的创新中心。

参考文献

1. 赵刚. 大变局：经济危机与新技术革命［M］. 北京：电子工业出版社，2010.

2. 王觉非. 近代英国史［M］. 南京：南京大学出版社，1997.

3. 王逸舟. 当代国际政治析论［M］. 上海：上海人民出版社，1995.

4. 冯宋彻. 科技革命与世界格局［M］. 北京：北京广播学院出版社，2003.

5. 李景治. 科技革命与大国兴衰［M］. 北京：华文出版社，2000.

6. 宋则行，樊亢. 世界经济史（上卷）［M］. 北京：经济科学出版社，1998.

7. 余志森. 美国史纲——从殖民地到超级大国［M］. 上海：华东师范大学出版社，1992.

8. 蒋孟引. 英国史［M］. 北京：中国社会科学出版社，1988.

9. 胡才珍. 20世纪科技革命与世界历史进程［M］. 北京：中国青年出版社，1999.

10. 王杨. 第三次科学技术革命的历史背景、特点及其影响［J］. 学习月刊，1998（4）.

11. 于德惠，赵一明．理性的辉光：科技革命与世界新格局[M]．长沙：湖南出版社，1992.

12. 赵锡玲．苏联经济的调整与改革［M］．成都：四川大学出版社，1988.

13. 宋则行，樊亢．世界经济史（下卷）［M］．北京：经济科学出版社，1998.

14. 王春法．经济全球化背景下的科技竞争之路［M］．北京：经济科学出版社，2000.

15. 冯江源．当代科学交流与国际关系［M］．北京：中国科学技术出版社，1990.

16. 江流，陈之骅．苏联演变的历史思考［M］．北京：中国社会科学出版社，1994.

17. 赵刚．关于创建科技开放特区的战略构想［N］．第一财经日报，2014－03－24.

18. 贺飞．世界格局下的中国科研发展态势．http：//blog. sciencenet. cn.

19. 张介岭．国外实施创新战略面面观（五）美国　以创新战略推动可持续增长［N］．经济日报，2009－12－02.

20. 何亚非．核心技术对外依存度超50%［J］．中国新闻周刊，2015－09－30.

21. 马化展．部分核心技术“受制于人”走向“中国制造2025”还需“由大变强”［N］．羊城晚报，2015－09－23.

22. 2014年全国科技经费投入统计公报。

23. 2014年创新城市指数（Innovation Cities™ Index 2014）。

24. 杜德斌，段德忠．全球科技创新中心的空间分布、发展类型及演化趋势［J］．上海城市规划，2015（1）．

25. 赵刚．为塑造引领型发展添柴［J］．瞭望，2016（18）．

26. 赵刚．用政策鼓励企业开展基础性、前沿性创新研究［J］．瞭望，2016（15）．

27. 丁涛，胡汉辉．金融支持科技创新国际比较及路径设计［J］．软科学，2009（3）．

28. 张志勤．欧盟促进科技创新的实践及经验［J］．全球科技经济瞭望，2012（1）．

29. 张腾．我国金融机构支持中小企业技术创新保障体制的设计［R］．中国改革论坛，2012－10－23.